Genießer unterwegs
MEXIKO

Genießer unterwegs
MEXIKO

Rezepte und kulinarische Notizen

Text und Rezepte
MARILYN TAUSEND

Foodfotos
NOEL BARNHURST

Landschaftsfotos
STEVEN ROTHFELD
IGNACIO URQUIZA

CHRISTIAN VERLAG

ESTADOS UNIDOS

BAJA CALIFORNIA NORTE

CHIHUAHUA

COAHUIL

GUAYMAS

SONORA

MAR DE CORTÉS

MÉXICO

NUEV

BAJA CALIFORNIA SUR

SINALOA

DURANGO

ZACATECAS

NAYARIT

SAN LUIS P

MAZATLÁN

AGUASCALIEN

GUANAJUA

GUADALAJARA

PUERTO VALLARTA

JALISCO

COLIMA

MICHOACÁ

OCÉANO PACÍFICO

AC

KM
0   100   200   300
0   50   100   150   200
MILES

Inhalt

EINFÜHRUNG

Die mexikanische Küche

Umgeben von Tropenwald schlummert La Antigua an der Mündung des gleichnamigen Flusses, bis jeden Sonntag Dutzende von Großfamilien aus der Umgebung in den Ort strömen, um den Ruhetag mit Essen, Trinken und Musik gebührend zu feiern. Vor beinahe 500 Jahren war hier Hernán Cortés mit 508 Soldaten, 100 Seeleuten und vier Priestern gelandet, hatte mithilfe der in dem Gebiet ansässigen Totonaken eine Kirche, erste Quartiere und einen Verwaltungssitz errichtet und das Ganze *Villa Rica de la Vera Cruz* – »Reiche Stadt des Wahren Kreuzes« – getauft. Heute spaziere ich, nachdem ich in einem Restaurant gleich am Fluss eine Schale Blaukrabben in einer feurigen Brühe genossen und dabei den traditionellen Liedern einer Mariachi-Kapelle gelauscht habe, zu einer von Moosen und Ranken überwucherten Ziegelruine mit eingebrochenem Dach, den einzigen Überresten dieser historischen Stätte.

Dort, wo Cortés seine Eroberung der Neuen Welt begann und wo sich heute der Bundesstaat Veracruz erstreckt, will auch ich mit meinen Lesern den kulinarischen Streifzug durch Mexiko beginnen. Wie Cortés und seinen Gefolgsleuten werden uns imposant aufragende Berge, fruchtbare Ebenen, Nadelwälder, undurchdringliche Sumpfgebiete, dichter Urwald und karge Steppen begegnen. Mit Unternehmungsgeist und Gewalt eroberte Cortés eine hoch entwickelte Zivilisation und gab damit der kulinarischen Geschichte Mexikos und letztlich auch der der ganzen Welt eine neue Wendung. Bei meinen Erkundungen ist genau das Gegenteil geschehen: Die Menschen, ihre Kultur und Essgewohnheiten haben mich

Linke Seite: Vergoldeter Stuck schmückt das Innere der im 18. Jahrhundert in Acatepec erbauten Kirche San Francisco. **Ganz oben:** Das reiche Erbe der Maya offenbart sich überall auf der Yucatán-Halbinsel, ob in den eindrucksvollen Ruinenkomplexen Chichén Itzá und Uxmal oder in den farbenprächtigen Stickereien auf den *huipiles*, den traditionellen Gewändern der einheimischen Frauen. **Oben:** Die getrockneten, schlanken, scharlachroten *chiles de árbol* sind auf nahezu jedem Markt zu finden und bereichern mit ihrem rauchigen, feurig scharfen Geschmack so manches mexikanische Gericht.

mit Freundlichkeit für sich eingenommen und lassen mich nicht mehr los. Diese Erfahrung möchte ich mit meinen Lesern teilen.

Etwas südlich von Veracruz schufen die Olmeken vor über 3 000 Jahren die Mutterkultur des alten Mexiko. Erhalten blieben davon nur die aus Stein gemeißelten Kolossalköpfe, die in der Erde vergraben aufgefunden wurden. Eine folgenreiche Hinterlassenschaft dieses Volkes war auch die Einführung des Maisanbaus, von dem alle folgenden Kulturen Mexikos wesentlich profitierten. Schon früh entwickelten die Einheimischen ein Verfahren, bei dem sie die Körner mit Kalk oder Holzasche in Wasser einweichten. So ließ sich der Mais nicht nur leichter mahlen, sondern zugleich wurde die Proteinausbeute und damit sein Nährwert gesteigert.

Zusammen mit den Bohnen sicherte der Mais den Menschen, die vornehmlich von der Agrarwirtschaft lebten, eine beinahe komplette Versorgung mit Eiweiß. Als dann noch Kürbis, Tomaten und feurige Chilischoten sowie wilde Blattgemüse und tropische Früchte hinzukamen, wurde die Ernährung von einer rein lebenserhaltenden zu

Rechts: Bei einer Prozession am *Diá de la Candelaria* (Mariä Lichtmess) übergibt ein Priester, während er singt und betet, dem Rio Papaloapan Sträuße langstieliger weißer Blumen. **Unten:** Die stahlblau schimmernden Agaven sind für die Tequila-Herstellung bestimmt.

einer zugleich genussorientierten Angelegenheit. Eine besondere kulinarische Attraktion Mexikos ist die vielfältige Auswahl exotischer Früchte, die von Ananas und Papaya bis zu weniger bekannten Sorten wie Pitahaya, Mamey und Sapote reicht. Um ihren Fleischbedarf zu decken, hatten Azteken, Maya und andere Indio-Stämme den Truthahn domestiziert und hielten Moschusenten sowie eine inzwischen ausgestorbene Hunderasse. Hirsche, Vögel, Pekaris (Nabelschweine), Leguane und Gürteltiere, dazu Fische, Meeresfrüchte und eine Vielzahl von Insekten und Larven rundeten das Nahrungsangebot ab.

Auf meinen zahlreichen Abstechern in abgelegenere Gegenden des Landes habe ich im Lauf der Jahre viele für die jeweilige Region typische Ingredienzen gekostet. Ich muss gestehen, dass mir im

Hochland von Guerrero ein einziger Bissen eines *taco* genügte, der mit lebhaft sich windenden *jumiles* – kleinen, grünlichen, annähernd dreieckigen Insekten – gefüllt war, obwohl es sich um eine besondere Delikatesse handeln sollte. Dagegen schmeckte mir eine gekochte Tomatensauce, die mit gerösteten und gemahlenen Käfern abgerundet war, recht gut. In einem Restaurant in Hidalgo wurden als Spezialität fette, kräftig gesalzene und gebratene *gusanos de maguey* angepriesen, die Larven eines Insekts, die sich in den Strunk der Agaven bohren. Ein anderes Mal entdeckte ich *escamoles* – die gebratenen Eier einer bestimmten Ameisenart – auf einer Speisekarte. Wer die Dorfmärkte im Bundesstaat Oaxaca besucht, kann die Frauen nicht übersehen und überhören, die in Hauseingängen hocken, neben sich Körbe mit

kleinen, auf den Feldern gesammelten und mit Chilis gebratenen Grashüpfern, die als Füllung für *tacos* dienen. Mit dem Ruf *»chapulines, chapulines«* preisen sie ihre Ware an. Einst zu Zeiten von Missernten aus schierer Not gegessen, gelten solche ungewöhnlichen Speisen inzwischen als Delikatesse und werden in Nobelrestaurants serviert.

Die Küche Mexikos, wie wir sie heute kennen, wurde geboren, als die Spanier, die eine 28 Generationen während Maurenherrschaft hinter sich hatten, hier landeten. Das Repertoire ihres Speisezettels – Vieh und Geflügel, Reis und Weizen, Zwiebeln und Knoblauch, Zitrusfrüchte, Zuckerrohr und Gewürze aus dem Fernen Osten – verband sich mit den traditionellen Nahrungsmitteln der Eingeborenen, wodurch sich die Essgewohnheiten der Eroberer genauso nachhaltig änderten

Ganz oben: Mexiko-Stadt, eine pulsierende Metropole mit über 23 Millionen Einwohnern, wartet mit modernsten Gebäuden, Kolonialarchitektur und großartigen Museen auf. **Oben:** Großbetriebe produzieren pro Tag Zehntausende Mais-Tortillas. Ungleich besser aber schmeckt das »täglich Brot« der Mexikaner, von Hand gemacht und auf einer glühend heißen *comal* gebacken. **Rechte Seite:** Weiße, leichte Baumwollkleidung schützt die Arbeiter vor der sengenden Sonne Yucatáns.

wie die der Unterworfenen. Wesentliche Impulse gingen dabei auch von den Klöstern aus, wo die Nonnen ihr ganzes Können einsetzten, um hochrangigen Gästen exquisite Speisen vorzusetzen. Komplexe Zubereitungen wie etwa *moles* oder verschiedene Desserts hielten bald Einzug in vornehme spanische Häuser und werden heute in den Familien und Restaurants aller Gegenden des Landes serviert, insbesondere aber in Puebla und Oaxaca, wo die Kirche einst einen besonders starken Einfluss ausübte.

Bei meinen Besuchen der verschiedenen Landschaften Mexikos fiel mir auf, wie derselbe Name von Region zu Region völlig unterschiedliche Dinge bezeichnen kann. An den Straßenständen in Tlaxcala oder Puebla bekommt, wer *barbacoa* bestellt, sehr wahrscheinlich Lammfleischstücke, in Pulque mariniert und anschließend mit einer feurig scharfen *adobo* (Sauce) überzogen, in die dünne Außenhaut großer Agavenblätter gewickelt und in heißer Kohlenglut gegart. Der gleiche Name bezeichnet dagegen in Coahuila, wo intensiv Rinderzucht betrieben wird, den ganzen Kopf eines jungen Ochsen, in Oaxaca das Fleisch junger Ziegen oder Lämmer, beträufelt mit Mescal und in Bananenblätter gehüllt, und in Yucatán Schweinefleisch,

gewürzt mit einer knoblauchreichen Mischung aus *achiote*, Gewürzen und dem Saft von Bitterorangen.

Nicht nur den modernen Transportmitteln und Kühltechniken ist es jedoch zu verdanken, dass die natürlichen Grenzen der regionalen Küchen zusehends schwinden. Fernsehsendungen und Zeitschriften, die von ungewöhnlichen Zubereitungsarten berichten, tun ein Übriges, genauso wie die Märkte in größeren Städten, die Lebensmittel aus dem gesamten Land anbieten. Hinzu kommen innovative Restaurantköche, die traditionelle Zutaten auf neue Art verwenden und überlieferte Rezepte zeitgemäß interpretieren.

Nach wie vor bestimmt hingegen der natürliche Rhythmus der Jahreszeiten entscheidend mit, was auf den Tisch kommt: wildes Blattgemüse im Frühjahr, mit frischem Mais zubereitete *tamales* und Pilzgerichte in der Regenzeit, *chiles en nogada* im Frühherbst, wenn die frischen Walnüsse geerntet werden und die Granatäpfel reif sind.

Eine andere unverrückbare Konstante bildet der kirchliche Kalender. Seit jeher kommt dem Essen in Mexiko auch eine wichtige rituelle Bedeutung zu und die zahlreichen katholischen Feiertage bieten reichlich Gelegenheit für bestimmte Gerichte und Zubereitungen. In der Fastenzeit isst man fleischlose Speisen wie Suppe von getrockneten

Ganz oben: Mit ihren zwei imposanten Türmen, deren Kuppeln mit blau glasierten Kacheln – *azulejos* genannt – verkleidet sind, ist die aus rosa Sandstein erbaute Barockkathedrale von Morelia ein unübersehbarer Blickpunkt. **Oben:** Knackige Radieschen bilden nicht nur eine erfrischende Beilage zu *flautas, frijoles refritos* oder *tacos.* Sie stehen auch im Mittelpunkt der *Fiesta de los Rábanos* (Rettichfest), die am 23. Dezember in Oaxaca stattfindet (siehe Seite 182). Unter anderem sind dabei aus den Rettichwurzeln gefertigte Figuren zu sehen.

Garnelen, mit Käse gefüllte Chilis und, an einem bestimmten Tag als süßen Abschluss der Mahlzeit, den mit Rosinen und Nüssen gefüllten Brotpudding namens *capirotada*. Ein Fest, das den Mexikanern ganz besonders am Herzen liegt, ist der *Día de los Muertos*, der »Tag der Toten«. Am 2. November gedenkt man der verstorbenen Familienmitglieder, deren Seelen im Volksglauben an diesem Tag die Lebenden besuchen. Daher werden ihnen zu Ehren in den Häusern geschmückte Altäre mit den Lieblingsspeisen der Toten aufgebaut.

Zu Weihnachten ist *bacalao*, ein besonders schmackhafter und festlicher Eintopf aus Klippfisch mit Oliven, Tomaten und kleinen gekochten Kartoffeln, ein Muss. Gemeinsam bereiten die Verwandten außerdem *tamales* zu und genießen die klassischen *moles* sowie den *ensalada de Noche Buena*, einen farbenfrohen Weihnachtssalat mit Roten Beten, Yamsbohne, Granatapfelkernen und anderen Früchten. Am 6. Januar genießt man den *rosca de reyes* (Dreikönigskranz) mit heißer Schokolade oder *atoles*, mit Maisstärke angedickte und mit verschiedenen zerkleinerten Früchten aromatisierte Getränke.

Jede Ortschaft und Stadt hat einen eigenen Schutzpatron, dem sie gewöhnlich mit ausgiebigen Festivitäten huldigt. Im Herzen der Kaffeeanbauregion im Hochland von Veracruz versammeln sich um Mitternacht des 22. Juli die festlich gekleideten Bewohner von Xico, ausgestattet mit Kerzen, in großer Zahl vor der ockerfarbenen Kirche und beginnen das Fest zu Ehren ihrer geliebten Schutzheiligen Maria Magdalena mit dem Lied »Las Mañanitas«. Die Feierlichkeiten setzen sich am folgenden Tag fort: In den bunt geschmückten Straßen drängen sich Menschen, die der Musik lauschen, tanzen und – natürlich – essen, unter anderem mit Dörrpflaumen gesüßte *mole* und Gerichte mit *longaniza*-Wurst.

Den Höhepunkt des Tagesprogramms bildet die Darbietung der Vogelmenschen, eine Tradition der Totonaken aus vorspanischer Zeit. Fünf Indios erklimmen einen vor der Kirche hoch aufragenden Mast. Angebunden an Seile, lassen sich vier von ihnen in ihrer federgeschmückten Tracht kopfüber in die Tiefe hängen, wobei sie sich dreizehnmal drehen. Wenn die Musik des Flötenspielers, der noch oben auf einer winzigen Plattform hockt, verhallt, taucht vielleicht kurz der irritierende Gedanke auf, dass hier ein heidnisches Ritual für eine christliche Heilige vollführt wird. Aber irgendwie scheint in Mexiko das alles zusammenzupassen.

Unten: Im sanften Morgenlicht wird diese eigenwillige Bronzeskulptur des bekannten mexikanischen Künstlers Adolfo Riestra, die in Acapulco steht, täglich abgestaubt. Von den bildhauerischen Arbeiten der Olmeken, des ältesten Kulturvolks Mittelamerikas, bis zu den eindrucksvollen Bildern Frida Kahlos werden die Kunstschätze des Landes in Ehren gehalten und bekommen den gebührenden Platz eingeräumt: Mexiko-Stadt hat gleich 70 Museen vorzuweisen.

ANTOJITOS, BOTANAS Y ENTRADAS

Diese kleinen Leckerbissen genießt man unterwegs am Straßenstand, bei einem Drink oder zum Auftakt eines Essens.

Vorhergehende Doppelseite: Ob in Körbe oder Holzschachteln gefüllt, frisch oder gereift, vom Frischkäse- oder Hartkäsetyp – das mexikanische Käseangebot ist überaus verlockend.
Ganz oben: In bunt bemalten Holzfässern reift der aus der Agave gewonnene Mescal. **Oben:** Im Bundesstaat Jalisco wird in dem Städtchen Tequila der Schnaps gleichen Namens erzeugt. Gewissenhaft wird geprüft, ob der ein Jahr fassgereifte *tequila añejo* auch die weiche, sanfte Art besitzt, die man von ihm erwartet. **Rechte Seite:** Die *piña,* der Strunk der blauen Agave, wird gedämpft und zerdrückt. Der dabei gewonnene Saft wird nach der Gärung zweimal fermentiert, bevor er abgefüllt und als Tequila auf den Markt gebracht wird.

Mein Mann Fredric und ich waren unterwegs nach Jalapa, der Hauptstadt des Staates Veracruz. Etwa 17 Kilometer vor dem Ziel drang Qualm unter der Motorhaube hervor und eine aufblinkende Warnleuchte ließ uns erkennen, dass unser Wagen Kühlwasser brauchte. Da wir nicht einmal Mineralwasser mitgenommen hatten, machte sich Fredric per Anhalter auf in die nächstgelegene Stadt.

Während ich am Rand der schmalen, zweispurigen Landstraße auf ihn wartete, lösten sich die niedrigen Nebelschwaden auf, und ich stellte fest, dass wir an einem denkbar schönen Ort gestrandet waren. Die plötzlich hervorbrechende Sonne strahlte den Pico de Orizaba an, den mit 5 700 Metern höchsten Berg Mexikos, der sich silberweiß gegen den strahlend blauen Himmel abzeichnete. Eine barfüßige Frau ging, einen leeren, flachen Korb auf dem Kopf balancierend, an mir vorüber und warf mir ein scheues Lächeln zu. Etwa eine Stunde später kehrte sie, mit ihren Markteinkäufen bepackt, zurück und stutzte, als sie mich immer noch an derselben Stelle stehen sah. Offensichtlich besorgt, versuchte sie, aus meinen bruchstückhaften spanischen Äußerungen herauszuhören, was mein Problem war, und brach in Lachen aus, als sie schließlich begriff, dass mein Mann in der Stadt Wasser

Unten: Ein Straßenhändler packt einen Stapel *tacos de salpicón de pescado* mit knackigem Kohl, saftigen Tomatenscheiben und frisch gegrilltem Fisch ein. **Ganz unten:** *Nopales,* die flachen »Blätter« des Feigenkaktus, erinnern im Geschmack an grüne Bohnen und verleihen Salaten, Salsas und Bohnengerichten eine feine Konsistenz. **Rechte Seite:** In vielen Gegenden Mexikos, in denen die Tortillas bis heute täglich von Hand hergestellt werden, wird der Mais noch auf althergebrachte Weise auf einer großen, rechteckigen Basaltplatte namens *metate* gemahlen.

für unser Auto holte, denn gleich am Fuß der Straßenböschung floss, wie sie mir zeigte, ein kleiner Bach. Die freundliche Frau, die sich als María vorstellte, öffnete ihren mit einem bunt bestickten Tuch ausgekleideten Korb und teilte mit mir zwei der köstlichsten *gorditas de frijol,* die ich jemals aß: dick und saftig, die *masa* hergestellt aus schwarzen Bohnen und gewürzt mit Zwiebeln, *epazote,* einem mexikanischen Würzkraut mit leichtem Zitronengeschmack, und *chiles jalapeños.* Bevor sie den Heimweg in ihr Dorf ganz in der Nähe antrat, reichte sie mir noch eine ihrer süß-aromatischen Avocados. Mit Worten hatten wir uns kaum verständigen können. Trotzdem hatte sie begriffen, dass ich in einer misslichen Lage war, und mich getröstet, wie sie es am besten vermochte: Sie hatte ihr Essen mit mir geteilt.

Gorditas gehören zu den *antojitos,* jenen vielfältigen kleinen Leckerbissen aus Mais-*masa,* die sich die Mexikaner zwischendurch an einem Straßenstand oder beim Marktbesuch genehmigen und mit denen oft auch ein Essen in einer *fonda* oder einem Restaurant auf dem Land beginnt.

Seit über 5 000 Jahren bildet Mais eine Säule der mexikanischen Küche. In einem ewigen Kreislauf wird er gesät, gehegt, geerntet und verbraucht – bis auf ein Quantum der Körner, das man für eine ausreichende Ernte im kommenden Jahr abzweigt.

In dem sehr feuchten und heißen Gebiet, das heute von den Bundesstaaten Veracruz und Tabasco eingenommen wird, entstand die älteste Hochkultur Mittelamerikas. Dass ihre Schöpfer, die Olmeken, und später die Maya so erfolgreich waren, ist wesentlich in ihrer Fähigkeit begründet, Mais anzubauen. Wenn ich in Mexiko unterwegs bin, sehe ich oft die Bauern ihre *milpas* (Maisfelder) in den Hügeln auf die gleiche mühselige Weise bestellen, wie es schon ihre Vorfahren taten. Sie pflanzen im zeitigen Frühjahr, indem sie mit einem zugespitzten Stock Löcher in die Erde bohren und einzeln die Samen hineinfallen lassen. Ein Teil der Kolben wird gepflückt, solange die Körner noch weich sind. Das Gros aber wird Ende November im voll ausgereiften und eingetrockneten Zustand geerntet, eingelagert und zu *masa* oder *pozole* verarbeitet, wobei eine ausreichende Menge als Saatgut für das nächste Jahr beiseite gelegt wird.

Masa bildet die Grundlage der meisten *antojitos*. Die getrockneten Körner werden in Kalkwasser eingeweicht, geschält und anschließend gemahlen. Aus dem so gewonnenen Maismehl entsteht eine schier endlose Vielfalt von Speisen.

An erster Stelle ist dabei die Tortilla zu nennen. Sie ist nicht nur das »tägliche Brot« der Mexikaner, sondern erfüllt zugleich praktische Zwecke. Kurz auf einer *comal* gebacken, wird der Fladen verwen-

Linke Seite: In der fruchtbaren Erde nahe der geschichtsträchtigen Stadt Puebla gedeiht Koriander sichtlich gut. Das frische Grün, das in Mexiko *cilantro* heißt und optisch, allerdings nicht geschmacklich an glatte Petersilie erinnert, würzt die berühmten Salsas, Suppen, *tacos* und andere Spezialitäten der Region. **Unten:** Mais ist nicht nur in Form ganzer Kolben erhältlich, die abgestreiften getrockneten Körner werden auch lose verkauft. **Ganz unten:** In Holzkisten warten zahllose glattschalige, weiße Melonen auf den Abtransport zum nächsten Markt.

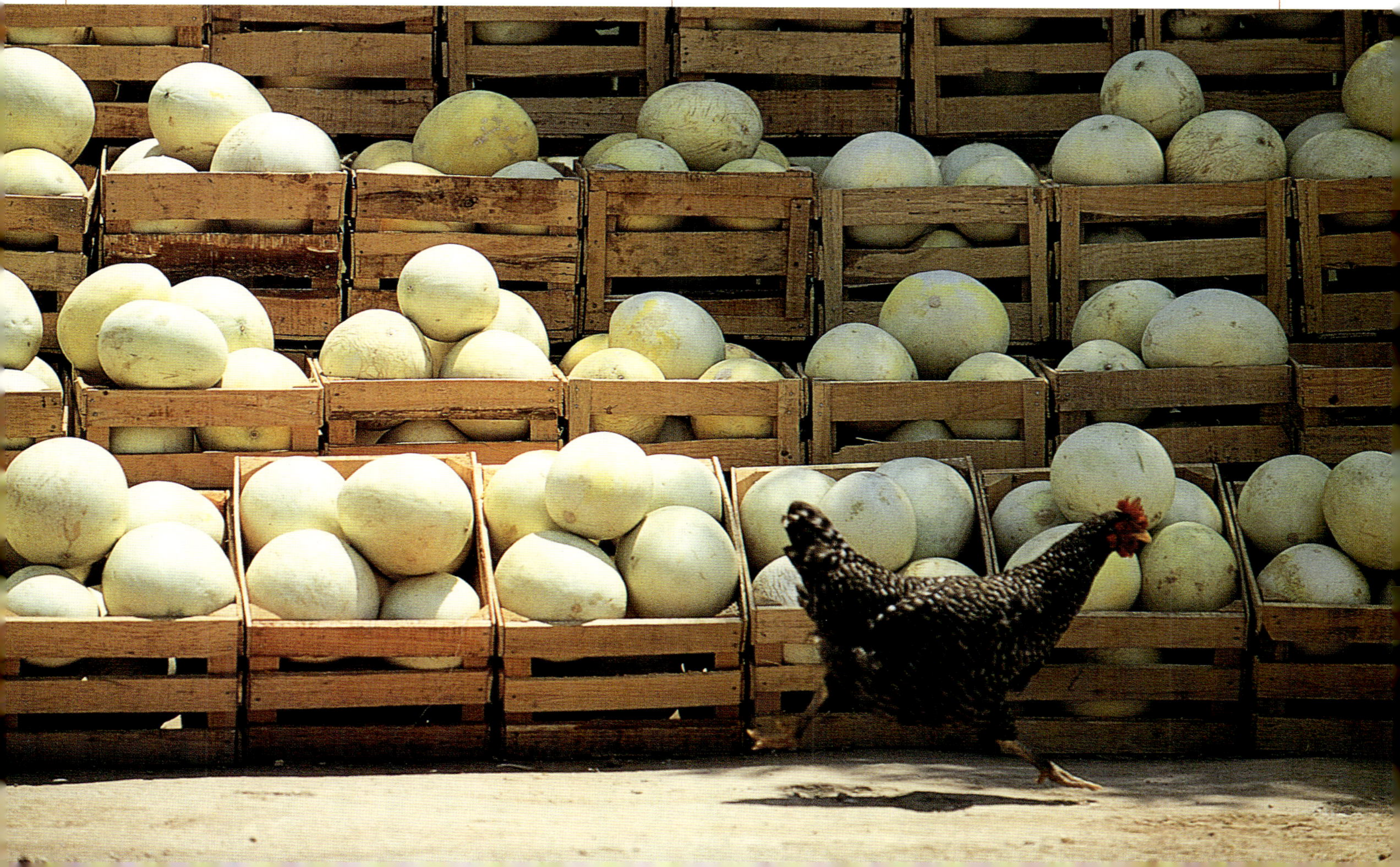

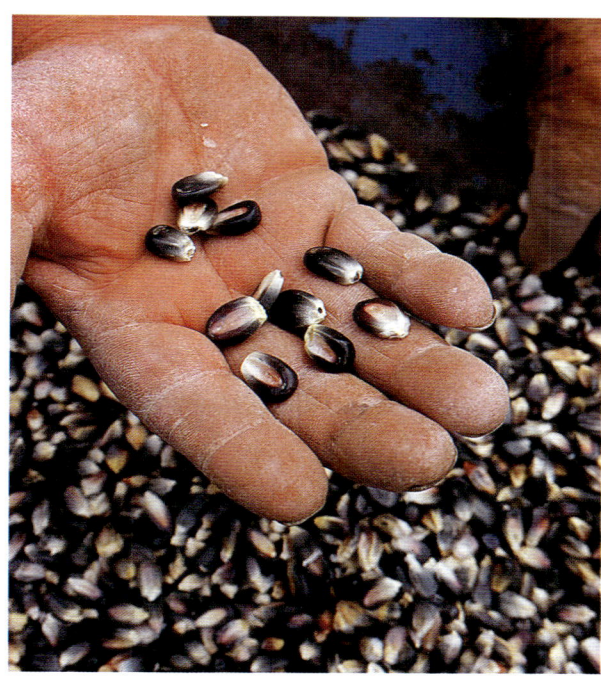

det, um Bohnen, Eintopfgerichte und *moles* vom Teller aufzunehmen und in den Mund zu befördern. Knusprig gebraten, wird die Tortilla zu einer *tostada*, die zugleich als Teller dient. In Baja California wird sie häufig mit *ceviche* serviert, in Campeche dagegen mit schwarzer Bohnenpaste bestrichen, zu der noch eingelegte rote Zwiebeln kommen. Mit Käse und einem würzigen *epazote*-Blatt belegt und einmal zusammengeklappt, wandelt sich die Tortilla zur klassischen *quesadilla*, während sie in Kombination mit den verschiedensten anderen, teils auch exotischeren Zutaten, ob gefaltet oder gerollt, als *taco* bezeichnet wird. Ein gebratener *taco* erhält den Zusatz *dorado*, aufgerollt heißt er dagegen *flauta*.

Bei Camineros, einer *taquería* in der Nähe meines Hotels in Mexiko-Stadt, bestelle ich bei einem der Köche hinter dem Tresen *tacos de bistec y queso* mit einer ordentlichen Portion *cebolla asada*. Dünne Rindfleischscheiben werden kurz gebraten, darauf wird Käse zum Schmelzen gebracht und dann wird das Ganze auf einen Stapel kleiner, heißer Tortillas gehäuft, sodass man seine eigenen *tacos* herstellen kann. Ich füge etwas Salsa und einige der samt dem Grün gegrillten, rauchig-süß duftenden Frühlings-

Ganz oben: Der Cinco de Mayo, der 5. Mai, wird besonders ausgelassen in Puebla gefeiert, wo bunt kostümierte Stelzenläufer die fehlgeschlagene französische Invasion von 1862 nachspielen. **Oben:** Kunstvolle Friese mit stilisierten figürlichen Darstellungen, die vermutlich den Regengott Chac zeigen, schmücken die Bauten von Uxmal, einer bedeutenden Stadtanlage und Zeremonialstätte der Maya. **Rechte Seite oben:** Der in Puerto Vallarta abgefüllte und ausschließlich aus der blauen Agave hergestellte Porfidio-Tequila weist als besonderen Gag einen gläsernen Miniaturkaktus in der Flasche auf. **Rechte Seite unten:** Die Cafés von Morelia, Hauptstadt von Michoacán und lebendige Universitätsstadt, laden zu einem kühlen Bier und einem Plausch ein.

zwiebeln hinzu und schon bin ich im siebten Genießerhimmel.

Tortillas können die unterschiedlichsten Größen haben und mit verschiedenen Belägen kombiniert werden. Jede Region hat ihre eigenen Spezialitäten, deren Namen mitunter allerdings zu einiger Verwirrung führen. So haben die untertassengroßen *sopas* aus Colima, gefüllt mit Rindfleischstreifen in einer feurigen, mit Kreuzkümmel gewürzten Salsa, wenig mit einem Gericht aus Jalisco gemein, das ganz ähnlich heißt. *Panuchos* können in Campeche mit saftigem Haifischfleisch und in Essig marinierten roten Zwiebeln gefüllt sein, während sie im nahe gelegenen Yucatán nur schwarze Bohnen enthalten. *Chalupas*, *molotes* und *memelas*, *huaraches*, *tlacoyas* und *polkanes* lauten einige der weiteren Namen dieser immer wieder unterschiedlich großen und verschieden geformten Kreationen, die aber allesamt unbedingt einen Versuch wert sind.

Ganz anders und insgesamt schlichter als im südlichen Mexiko fallen die *antojitos* im Norden des Landes aus. Er war einst nur von Nomaden bevölkert, die ihren Lebensunterhalt durch Jagen, Fischen und das Sammeln von Pflanzen und Früchten sicherten. So konnten sich hier nie eigenständige kulinarische Traditionen herausbilden. Auf ihren Eroberungszügen führten die Spanier den Weizen ein und legten den Grundstein für die heute in großem Stil betriebene Rinderzucht. Nur in den nördlichen Bundesstaaten werden die Tortillas aus Weizen- anstelle von Maismehl hergestellt. Neben Rindfleisch, das, in feine Scheiben geschnitten und getrocknet, zu *carne seca*, *cecina* oder geschnetzelter *machaca* wird, bildet Käse die meistverwendete Zutat der regionalen *antojitos*. Chihuahua-Käse, der in stattlichen Rädern von den im Norden ansässigen Mennoniten hergestellt wird, ist als Füllung für *quesadillas* unbestritten die Nummer eins.

Eine schmackhafte Angelegenheit sind die *tortas*, knusprige Brötchen mit saftigen Lagen von Fleisch, Käse und Gemüse. *Ceviche* oder andere Meeresfrüchtecocktails, kleine Portionen Fleisch und fantasievolle Zubereitungen mit Gemüse gehören zu den beliebtesten *entradas*, die bei einem Essen zunächst den Appetit wecken sollen. Wer schließlich einfach nur mit Freunden etwas trinken möchte, bestellt dazu Kleinigkeiten wie gesalzene Nüsse, *totopos* (Chips) mit verschiedenen Dips sowie pikant eingelegte Chilis und Gemüse. Eigentlich sollten diese *botanas* nur auf Rezept ausgegeben werden, denn sie machen unweigerlich süchtig.

Jalisco

Flautas de pollo deshebrado

Knusprige Tortilla-Rollen
gefüllt mit Hähnchenstreifen

Diese knusprig ausgebackenen »tacos« werden mit Tortillas zubereitet, deren oberste Lage vor dem Aufrollen abgeschabt wurde und die deshalb »raspadas« heißen. Zwar nicht so dünn, aber dennoch köstlich und ohne allzu großen Zeitaufwand geraten die »flautas« mit normalen Tortillas.

FÜR DIE FÜLLUNG

2 halbe Hühnerbrüstchen

¼ weiße Zwiebel

1 EL Pflanzenöl

60 g weiße Zwiebel, gehackt

3 »chiles serranos« (Seite 247), Samen entfernt, gehackt

1 Knoblauchzehe, gehackt

1 große, reife Tomate, enthäutet und gehackt, oder 220 g gehackte Tomaten aus der Dose, abgetropft

Meersalz

FÜR DIE TORTILLAS

12 dünne Mais-Tortillas (15–18 cm groß), fertig gekauft

Erdnussöl zum Braten

ZUM GARNIEREN UND ALS BEILAGE

185 g Weißkohl, in feine Streifen geschnitten und nach Geschmack mit dem Saft von 1 Limette beträufelt

Avocado-Salsa (Seite 190)

250 ml »crema« (Seite 246)

12 Radieschen, in Scheiben geschnitten oder zu Blüten geschnitzt (nach Belieben)

Salsa aus getrockneten Chilis (Seite 178)

◆ Für die Füllung die Hühnerbrüstchen mit 1 l Wasser und dem Zwiebelviertel in einem großen Topf einmal aufkochen und dann bei mittlerer Temperatur zugedeckt 15–20 Minuten köcheln lassen, bis das Fleisch gar ist. Die Hühnerbrüstchen aus dem Topf nehmen und abkühlen lassen – die Brühe anderweitig verwerten. Enthäuten, auslösen und in Streifen schneiden.

◆ Das Öl in einer Pfanne erhitzen und die gehackte Zwiebel mit den Chilis und dem Knoblauch in etwa 3 Minuten eben weich schwitzen. Die Tomate hinzufügen und einige Minuten bei mittlerer bis hoher Temperatur unter gelegentlichem Rühren dünsten, bis sie eine dunklere Farbe annimmt und

der überschüssige Saft verdampft ist. Die Pfanne vom Herd nehmen und das Hühnerfleisch untermischen. Die Füllung salzen und abkühlen lassen.

◆ Falls Sie *raspadas* (siehe Rezepteinleitung) herstellen möchten, eine *comal*, Backplatte oder große, schwere Pfanne bei niedriger Temperatur ohne Fett erhitzen. Eine Tortilla hineinlegen und 3–5 Minuten trocknen lassen, ohne sie zu bräunen. Herausnehmen und sogleich mit einem Messer die obere Schicht abkratzen – wenn Sie Glück haben, hat sie sich beim Braten bereits gelöst. Die übrigen Tortillas genauso vorbereiten.

◆ Unmittelbar vor der Herstellung der *flautas* etwa 3 Esslöffel Öl in einer schweren, tiefen Pfanne bis unterhalb des Rauchpunktes erhitzen. Die Tortillas einzeln kurz durchs Öl ziehen und jeweils einmal wenden. Auf Küchenpapier abtropfen lassen.

◆ Für die Herstellung der *flautas* einen großen Löffel Füllung entlang der Mittellinie einer Tortilla verteilen. Die Tortilla fest aufrollen und mit einem Zahnstocher, der waagerecht hineingesteckt wird, fixieren.

◆ Die zuvor für die Tortillas verwendete Pfanne 2 cm hoch mit Öl füllen und dieses bei mittlerer bis hoher Temperatur kräftig erhitzen. Die *flautas* portionsweise jeweils etwa 2 Minuten ausbacken und dabei mehrmals drehen, sodass sie gleichmäßig leicht bräunen. Mit einer Zange herausnehmen, abtropfen lassen und auf Küchenpapier gegen einen Topf lehnen, um das restliche überschüssige Öl ablaufen zu lassen. Im Backofen bei niedriger Temperatur warm stellen, bis die restlichen Rollen ausgebacken sind.

◆ Die *flautas* auf einzelnen Tellern auf einem Bett aus Kohlstreifen anrichten. Mit der Avocado-Salsa und *crema* beträufeln, mit den Radieschen garnieren und die Salsa aus getrockneten Chilis dazu reichen. Alternativ die *flautas* auf dem Bett aus Kohlstreifen nur mit den Radieschen garnieren und alle drei Saucen separat dazu reichen, sodass die Gäste selbst wählen können.

Für 6 Personen

Die mexikanischen Bauern bestellen ihre »milpas« (Maisfelder) auf die gleiche mühselige Weise wie schon ihre Vorfahren.

Oaxaca

Verduras en escabeche

Eingelegtes Gemüse

Überall in Mexiko stehen auf den Tresen der »fondas«, in denen man einfache Hausmannskost bekommt, Schüsseln mit den farbenfrohen Gemüsestücken. Mir schmeckt diese Variante aus Oaxaca am besten.

125 ml Pflanzenöl

4 Knoblauchknollen, nur von der papierartigen Außenhaut und der Spitze befreit

6 Möhren, geschält und in 6 mm dicke Scheiben geschnitten

6 »chiles jalapeños«, Samen entfernt und in gut 1 cm dicke Ringe geschnitten (Seite 247)

1 weiße Zwiebel, längs in gut 1 cm dicke Scheiben geschnitten

1 l milder weißer Essig

2 EL getrockneter Oregano (möglichst aus Mexiko)

3 Lorbeerblätter

2 TL Pfefferkörner

3 Gewürznelken

Etwa 2 TL Meersalz

185 g kleine Blumenkohlröschen

20 grüne Bohnen, von den Enden befreit und in 4 cm lange Stücke geschnitten

6–8 sehr kleine Kartoffeln, ungeschält knapp gar gekocht

◆ Das Öl in einer großen, tiefen Pfanne bei mittlerer Temperatur erhitzen. Die Knoblauchknollen unter häufigem Rühren etwa 5 Minuten braten, bis die Haut leicht knusprig wird. Die Möhren 2 Minuten mitdünsten. Die Chilis und die Zwiebel untermischen und noch etwa 2 Minuten rühren – das Gemüse soll zuletzt noch Biss haben.

◆ Den Essig, 500 ml Wasser, den Oregano, die Lorbeerblätter, die Pfefferkörner, die Gewürznelken und das Salz hinzufügen und zum Kochen bringen. Den Blumenkohl und die Bohnen hinzufügen und in 3–5 Minuten eben gar kochen. Die Kartoffeln untermischen und aufwärmen.

◆ Das Gemüse mit der Brühe in zwei sterilisierte Gläser füllen und abkühlen lassen. Fest verschlossen über Nacht in den Kühlschrank stellen. Vor dem Servieren auf Raumtemperatur bringen.

Ergibt etwa 2 l

Jalisco

Jícama, pepinos y piña con cacahuates

Saure Sticks von Yamsbohne, Gurken und Ananas mit pikanten Erdnüssen

In Guadalajara bieten Straßenhändler vor den wichtigen Gebäuden und an großen Kreuzungen Pappbecher mit verschiedenen Obst- und Gemüsestücken feil. Die Mischung verlockt nicht nur aufgrund ihrer erfrischenden Wirkung, sondern auch wegen der appetitlichen Größe der Bestandteile. Stets ist Gurke dabei, gewöhnlich auch Mango oder Ananas und im Winter außerdem die angenehm knackige Yamsbohne. In Jalisco findet diese »botana« (Knabberei), die im Volksmund »pico de gallo« (Hahnenschnabel) heißt, Tag und Nacht bereitwillige Abnehmer.

2 Salatgurken, geschält, längs halbiert und von den Samen befreit

1 kleine Ananas, geschält, längs halbiert und vom Strunk befreit

1 Yamsbohne, geschält (Seite 250)

Saft von 6 Limetten

1 TL Meersalz

150 g rohe Erdnüsse, enthäutet

4 »chiles de árbol«, geröstet, Samen entfernt (Seite 247)

◆ Die Gurken, die Ananas und die Yamsbohne in etwa 7,5 cm lange und knapp 1 cm dicke Stifte schneiden. Nebeneinander in eine flache Glasschüssel legen, mit dem Limettensaft beträufeln und salzen. Zugedeckt in den Kühlschrank stellen und gelegentlich wenden.

◆ Die Erdnüsse in einer Pfanne bei mittlerer Temperatur in etwa 15 Minuten ohne Zugabe von Fett hellbraun rösten und dabei häufig durchmischen. Die Chilis über den Nüssen zerkrümeln und die Mischung in einer Gewürzmühle grob mahlen.

◆ Die Sticks mit der Nussmischung bestreuen. Vor dem Servieren die Sticks in ein enges Gefäß füllen, sodass sie aufrecht stehen, oder dekorativ auf einem flachen Teller auslegen.

Für 6–8 Personen

Cinco de Mayo

Es ist 7 Uhr früh. Im kristallklaren Morgenlicht zeichnet sich der Popocatépetl mitsamt den weiß gesäumten, purpurnen Rauchschwaden, die er beständig ausstößt, deutlich gegen den blauen Himmel ab. Wie an jedem Tag seit gut zehn Jahren baut Emelia López gemeinsam mit ihrer kleinen Tochter an der Straße nahe dem größten Markt von Puebla ihre Garküche auf.

Als der erste Kunde auftaucht, rollt die Tochter etwas von der *masa* aus blauem Mais mit ihren kleinen Händen zu einer Kugel und gibt diese ihrer Mutter. Emelia formt daraus eine dicke, ovale Tortilla, die sie schwungvoll in das bereits heiße Schmalz gleiten lässt. Sie wendet die Tortilla, brät sie von der zweiten Seite fertig, verteilt schwarze Bohnen darauf, fügt etwas von dem zitronenduftigen Würzkraut namens *epazote* und weitere Zutaten hinzu und reicht die fertige *memela* dem sehnsüchtig wartenden Mann.

Dies ist kein beliebiger Tag, sondern der Cinco de Mayo, dem in Puebla eine besondere Bedeutung zukommt: Am 5. Mai 1862 schlug hier eine kleine mexikanische Armee eine 6 000 Mann starke französische Übermacht. Obwohl die Stadt ein Jahr später doch bezwungen und in der Folge der österreichische Erzherzog Maximilian von Habsburg zum Kaiser von Mexiko ernannt wurde, steht dieser Tag bis heute für die Unbeugsamkeit des mexikanischen Volkes.

In anderen Landesteilen ist der Cinco de Mayo zwar ein offizieller Feiertag, geht aber eher sang- und klanglos vorüber. Dagegen drängen sich in Puebla gegen Mittag in den Straßen unzählige Besucher und Kapellen, die Marschmusik spielen. Der zentrale Platz hat sich inzwischen in ein einziges Freiluftlokal verwandelt. Auch auf dem nahe gelegenen, seinerzeit heiß umkämpften Festungshügel Los Fuertes de Loreto y Guadalupe finden sich zahlreiche Familien und Cliquen von Freunden ein, um den Tag mit Spielen, Hahnenkämpfen und natürlich kulinarischen Genüssen ausgelassen zu feiern.

Veracruz

Gorditas de frijol

Dicke Tortillas aus schwarzen Bohnen

In der lebendigen Hafenstadt Veracruz serviert Señor Atenogenes Machorro den zahlreichen Gästen seines kleinen Restaurants diese lockeren Tortillas.

1 Knoblauchzehe, ungeschält geröstet (Seite 248)

220 g Bohneneintopf (Seite 201), zubereitet aus schwarzen Bohnen, dazu etwas von der Brühe, sofern benötigt

1 Avocadoblatt (nach Belieben), geröstet und zerkrümelt (Seite 246)

500 g frisch zubereitete »masa« oder 280 g »masa harina« für Tortillas, mit Wasser angerührt (Seite 249)

125 ml »crema« (Seite 246)

Meersalz

2 EL Mehl (nach Bedarf)

Erdnussöl zum Ausbacken

Salsa mit »chiles chipotles« (Seite 174)

◆ Die geröstete Knoblauchzehe enthäuten. Mit den Bohnen und dem Avocadoblatt, sofern verwendet, in den Mixer geben und alles zu einer dicken Paste verarbeiten. Dabei nach Bedarf Brühe hinzufügen.

◆ In einer Schüssel das Bohnenpüree mit der *masa*, der *crema* und Salz nach Geschmack vermengen – die Mischung soll die Konsistenz von Plätzchenteig haben. Falls sie zu feucht ist, das Mehl untermischen. Aus dem Teig etwa 20 Kugeln formen und mit Klarsichtfolie abdecken. Eine schwere Pfanne gut 1 cm hoch mit Öl füllen und bei mittlerer bis hoher Temperatur erhitzen, bis das Fettthermometer 190 °C anzeigt.

◆ Die Kugeln zwischen zwei Lagen dicker Plastikfolie in einer Tortilla-Presse (Seite 251) zu knapp 10 cm großen Kreisen von etwa 6 mm Stärke formen. Portionsweise vorsichtig ins heiße Öl gleiten lassen. Die *gorditas*, sobald sie an die Oberfläche steigen, mit etwas heißem Öl beträufeln, damit sie locker aufgehen. Wenn sie nach etwa 1 Minute unten goldgelb sind, wenden und nach weiteren 15 Sekunden herausnehmen. Auf Küchenpapier abtropfen lassen. Sogleich servieren und die Salsa dazu reichen.

Ergibt etwa 20 »gorditas«

Puebla

Buñuelos de flor de calabaza

Kürbisblüten mit Käsefüllung

In dieser leichten Version esse ich die ausgebackenen Kürbisblüten besonders gern, zumal Ziegenkäse als Kochzutat in Mexiko eher eine Seltenheit ist. Dabei begegnet man Ziegen fast überall im Land. Nahe der Stadt, in der Mónica Mastretta lebt, die mir das Rezept überließ, gibt es ein Heim für Straßenjungen, das ebenfalls Ziegen hält und aus ihrer Milch einen exzellenten Käse herstellt. »Guacamole« (Seite 43) bildet zu den ausgebackenen Kürbisblüten eine perfekte Ergänzung.

20 größere Kürbisblüten (Seite 249)

750 g Ziegenfrischkäse

20 frische »epazote«- oder Korianderblätter (Seite 193 und 248)

5 Eier, getrennt

Meersalz und frisch gemahlener Pfeffer

Erdnussöl zum Ausbacken

3 EL Mehl

◆ Die Kürbisblüten von den Staubgefäßen befreien. Durch vorsichtiges Eintauchen in eine Schüssel mit Wasser säubern und mit dem Stielansatz nach oben auf Küchenpapier abtropfen lassen.

◆ Den Käse in 20 Stücke von etwa 2 × 2 × 2,5 cm schneiden. Jede Blüte mit einem Käsestück und einem *epazote*- oder Korianderblatt füllen und die Spitzen leicht zusammendrehen.

◆ Die Eiweiße mit einem Schneebesen zu weichem Schnee schlagen. Die Eigelbe einzeln gründlich unterziehen und mit einer Prise Salz und reichlich Pfeffer würzen.

◆ Eine schwere, tiefe Pfanne oder einen Wok 2,5 cm hoch mit Öl füllen und erhitzen, bis es leicht raucht.

◆ Inzwischen das Mehl in einem tiefen Teller ausstreuen und die gefüllten Blüten behutsam darin wenden. Portionsweise durch das Ei ziehen und ins heiße Öl gleiten lassen. In etwa 3 Minuten goldgelb ausbacken, dabei gelegentlich wenden. Mit einer Schaumkelle herausnehmen und auf Küchenpapier abtropfen lassen. Auf einer Platte anrichten und sogleich servieren.

Für 4–6 Personen

Chihuahua

Chile con queso

Chilis mit geschmolzenem Käse

Nordmexiko ist das Land der Rinderfarmen, und Rezepte wie dieses von Elba Valencia de Salcido, die von Milchprodukten reichlich Gebrauch machen, sind typisch für die Küche der Region. Servieren Sie die Sauce mit »totopos« (Seite 251) zum Dippen oder füllen Sie sie für eine sättigende Mahlzeit in Weizen-Tortillas (Seite 251).

2 EL Butter oder Pflanzenöl

2 kleine weiße Zwiebeln, fein gehackt

4 »chiles jalapeños« (Seite 247), Samen entfernt, in Streifen geschnitten

15 Anaheim-Chilis (Seite 247), geröstet, enthäutet, Samen und Scheidewände entfernt, in lange, schmale Streifen geschnitten

2 reife Tomaten, enthäutet und gehackt

250 ml Crème double

Meersalz

500 g »queso asadero« (Seite 248) oder ein anderer heller, gut schmelzender Käse, gerieben

◆ In einer großen Pfanne die Butter bei mittlerer Temperatur zerlassen oder das Öl erhitzen. Die Zwiebeln mit den *chiles jalapeños* in etwa 5 Minuten goldgelb dünsten. Die Anaheim-Chilis und die Tomaten einrühren. Noch etwa 5 Minuten garen, bis alle Chilis weich sind. Die Crème double, 60 ml warmes Wasser und Salz nach Geschmack einrühren und alles noch einige Minuten köcheln lassen.

◆ Den Käse unterziehen, einen Deckel auflegen und die Pfanne vom Herd nehmen. Sobald der Käse geschmolzen ist, die Mischung in eine gut vorgewärmte Schüssel gießen. Sehr heiß servieren, da sich der Käse beim Abkühlen abscheidet und Fäden zieht.

Für 10–12 Personen als Dip oder für 6 Personen als Füllung für Tortillas

Chihuahua wurde als Hauptquartier des legendären Revolutionsführers Pancho Villa berühmt.

Veracruz

Ceviche rojo de camarón y sierra

Meeresfrüchtecocktail in würziger roter Sauce

»Ceviche« bezeichnet eine jahrhundertealte Zubereitung, bei der Fisch und Meeresfrüchte nicht durch Hitze, sondern durch die Säure von Zitrusfrüchten »garen«. Ricardo Muñoz Zurita, der in Tabasco und Veracruz aufwuchs, verwendet dafür gern »sierra«, die bunt gezeichnete Spanische Makrele aus dem Golf von Mexiko, doch schmecken mir Schwarzer Sägebarsch oder Red Snapper genauso. Kredenzen Sie zu dieser erfrischenden Spezialität ein würziges Bier auf Eis (Seite 243).

250 g Filet von magerem, weißfleischigem Fisch (siehe Rezepteinleitung), gewürfelt

125 ml frisch gepresster Limettensaft

250 g kleine, geschälte Garnelen

75 g weiße Zwiebel, gehackt

2 TL gehackter Knoblauch

2 TL Meersalz

½ TL frisch gemahlener Pfeffer

10 g frische Korianderblätter, fein gehackt

250 ml Tomatenketchup

1 EL Sauce von »chiles chipotles en adobo« (Seite 247)

»totopos« (Seite 251)

1 Avocado, vom Kern befreit, geschält und in Scheiben geschnitten

◆ Die Fischwürfel in einer flachen Glasschüssel mit dem Limettensaft beträufeln. Zugedeckt bei Raumtemperatur bis zu 2 Stunden marinieren lassen, bis der Fisch seinen glasigen Schimmer verliert. (Im Kühlschrank »gart« der Fisch nicht so rasch.)

◆ Die Garnelen, die Zwiebel, den Knoblauch, das Salz und den Pfeffer untermischen. Zugedeckt für etwa 30 Minuten in den Kühlschrank stellen.

◆ Die überschüssige Marinade abgießen. Den Koriander, den Ketchup und die *adobo*-Sauce gründlich untermischen. Den Cocktail in Gläser füllen und mit den Avocadoscheiben garnieren. Dazu *totopos* reichen.

Für 6 Personen

Colima

Ceviche de callo de hacha con aguacate

Jakobsmuschel-Ceviche mit Avocadobällchen

Fast jede Bucht der mexikanischen Pazifikküste weist herrliche Sandstrände und mit Palmwedeln gedeckte »palapas« auf, die ihren Gästen »ceviche« und andere lokale Seafood-Spezialitäten auftischen. Jeder Koch hat sein eigenes Rezept. Diese ungewöhnliche und besonders exquisite Variante genoss ich am abgeschiedenen Strand von Boca de Pascuales in dem kleinen, feucht-heißen Bundesstaat Colima.

500 g ausgelöste Jakobsmuscheln

125 ml frisch gepresster Limettensaft, nach Bedarf auch mehr

3 Avocados

1 reife Tomate, gewürfelt

1 »chile serrano« (Seite 247), Samen entfernt, gehackt

1 EL fein gehackte frische Korianderblätter

80 ml natives Olivenöl extra

Meersalz

◆ Die Jakobsmuscheln in einer Glasschüssel mit 125 ml Limettensaft vermischen und zugedeckt bei Raumtemperatur 10–15 Minuten marinieren.

◆ Die Avocados halbieren und den Kern herauslösen. Das Fruchtfleisch entweder mit einem Spezialwerkzeug in kleinen Kugeln ausstechen oder fein würfeln. Die Jakobsmuscheln abseihen. Die Tomate, den Koriander, den Chili und das Öl gründlich untermischen. Zuletzt vorsichtig die Avocado unterheben. Den *ceviche* mit Salz und nach Geschmack mit weiterem Limettensaft abschmecken.

◆ In den dekorativen Schalen der Jakobsmuscheln, alternativ auch in kleinen, transparenten Schalen oder hohen Weingläsern servieren.

Für 6 Personen

Puebla

Guacamole con totopos

Avocado-Dip mit Mais-Chips

Bei dieser rustikalen »botana« ist die Qualität der Avocados das A und O: Aromatisch und weich sollen sie sein, aber nicht matschig. Zu harte Avocados wickeln Sie für einige Tage in eine Zeitung, dann reifen sie schneller nach. In der Aztekensprache »náhuatl« heißt das Wort »guacamole« schlicht Avocadomischung.

1 reife Tomate, fein gehackt

2 EL fein gehackte weiße Zwiebel

3 »chiles serranos«, Samen entfernt, fein gehackt (Seite 247)

Etwa ½ TL Meersalz

3 große Avocados

2 EL fein gehackte frische Korianderblätter

ZUM GARNIEREN (NACH BELIEBEN)

1 EL kleine, frische Korianderblätter

1 EL fein gehackte weiße Zwiebel

1 EL fein gehackte reife Tomate

»totopos« (Seite 251), aufgewärmt

◆ Die Tomate, die Zwiebel, die Chilis und ½ Teelöffel Salz in eine *molcajete* (Seite 86) oder kleine Schüssel füllen. Mit einem Stößel oder einer Gabel zu grobem Püree zerdrücken. Die Avocados halbieren, den Kern entfernen und mit einem Löffel das Fruchtfleisch herauslösen. Zusammen mit dem gehackten Koriander zur Tomatenmischung geben. Alles vermischen und zerdrücken, sodass eine nicht zu glatte Mischung entsteht. Mit Salz abschmecken.

◆ Die *guacamole* nach Belieben mit einer oder allen zur Garnierung vorgeschlagenen Zutaten bestreuen und möglichst gleich servieren. Mit Klarsichtfolie abgedeckt, die aber direkt auf der Oberfläche aufliegen muss, lässt sie sich bei Raumtemperatur bis zu 1 Stunde aufbewahren. Bis zu 3 Stunden hält sie sich, wenn Sie den Koriander erst unmittelbar vor dem Servieren untermischen und die *guacamole* bis dahin zugedeckt in den Kühlschrank stellen. Die aufgewärmten *totopos* in einem Korb dazu reichen.

Ergibt etwa 500 g

Aguacates

Auf dem Weg in die *tierra caliente,* das heiße Land von Michoacán, passiere ich eine meiner Lieblingsgegenden Mexikos. Während mich die Straße vom kiefernbewachsenen Hochland durch die Hügellandschaft eines vulkanischen Gebirgszuges in niedrigere Gefilde führt, gewinnen die Temperaturen allmählich angenehm gemäßigte Dimensionen. Hier und da bildet der Río Cupatitzio, der ansonsten gemächlich dahinfließt, einen langen Wasserfall, und die Hänge sind von dunkelgrünen *aguacates* (Avocadobäumen) beschattet. Mein Ziel ist stets Uruapan, ein landwirtschaftliches Zentrum, dessen Name – er entstammt der Sprache der hier lebenden Purépecha –»ewiger Frühling« bedeutet.

In der Stadt angekommen, genieße ich die wunderbare Kulisse, schwelge in lokalen Spezialitäten und besuche meinen alten Freund Enrique Bautista, dessen Familie zu den führenden Avocadoproduzenten des Landes gehört. Von den zahlreichen Sorten, die neben der dunkelschaligen, runzligen »Hass« auf ihren Plantagen wachsen, mag ich besonders die kleine, runde *criollo,* eine inzwischen in Kultur genommene Wildform. Ihre Schale ist so zart, dass man bis auf den kleinen Samen die ganze Frucht essen kann, und die Blätter verleihen vielen regionalen Gerichten eine eigenwillige, zarte Anisnote.

Oaxaca

Tostadas de chileajo con verduras

Tostadas mit kaltem Gemüse in Chili-Knoblauch-Sauce

Als ich die pikante Mischung aus gekochtem Gemüse das erste Mal probierte, war sie auf eine knusprige, leicht ausgehöhlte Brötchenhälfte gehäuft. Später begegnete mir das »chileajo«, wie die Zubereitung wegen der in der Sauce enthaltenen Chilis und Knoblauchzehen heißt, wieder auf dem Central de Abastos, dem »Indianermarkt« von Oaxaca, diesmal allerdings auf einer knusprigen »tostada« angerichtet. Während sie stets Kartoffeln enthält, können die übrigen Bestandteile variieren.

FÜR DIE SAUCE

6 »chiles guajillos«, Samen entfernt, geröstet (Seite 247)

Etwa 300 ml kochendes Wasser

6 EL (90 ml) milder weißer Essig

6 Knoblauchzehen, ungeschält geröstet (Seite 248)

1 Gewürznelke

1 Pimentkorn

1 EL getrockneter Oregano (möglichst aus Mexiko)

1 TL Meersalz

FÜR DAS GEMÜSE

1 gehäufter TL Meersalz, nach Geschmack auch mehr

250 g neue Kartoffeln, geschält und gewürfelt

125 g grüne Bohnen, von den Enden befreit und in gut 1 cm lange Stücke geschnitten

125 g Möhren, geschält, längs halbiert und in gut 1 cm dicke Scheiben geschnitten

185 g kleine Blumenkohlröschen, grob gehackt

125 g Zucchini, gewürfelt

FÜR DIE TOSTADAS

12 kleine Mais-»tostadas« (Seite 251)

220 g gebratenes Bohnenpüree (Seite 182), zubereitet aus schwarzen Bohnen

100 g kleine weiße Zwiebeln, quer in feine Scheiben geschnitten und in Ringe geteilt

250 g »queso fresco« (Seite 248) oder Mozzarella, zerkrümelt

◆ Für die Sauce in einer Schüssel die gerösteten Chilis mit kochendem Wasser bedecken und 15 Minuten einweichen – sie sollen richtig geschmeidig werden. Abseihen und dabei das Einweichwasser auffangen. Die Chilis mit dem Essig, dem Knoblauch, der Gewürznelke, dem Piment und etwa 250 ml des Einweichwassers im Mixer zu einem glatten Püree verarbeiten und dabei nach Bedarf weiteres Wasser hinzufügen. Das Püree mit dem Rücken eines Holzlöffels durch ein feines Sieb streichen. Die Sauce zuletzt mit dem Oregano und dem Salz würzen.

◆ Für das Gemüse 1 l Wasser mit 1 Teelöffel Salz in einem Topf zum Kochen bringen. Die Kartoffeln in etwa 5 Minuten eben gar kochen. Mit einer Schaumkelle herausnehmen und in eine Schüssel mit eiskaltem Wasser geben, um den Garprozess sofort zu stoppen. Die übrigen Gemüsesorten einzeln genauso auf Biss garen und abschrecken: Bohnen und Möhren benötigen etwa 4 Minuten, Blumenkohl und Zucchini etwa 3 Minuten.

◆ Das gesamte abgekühlte Gemüse aus dem Wasser nehmen und auf Küchenpapier abtropfen lassen. Vorsichtig unter die Chili-Knoblauch-Sauce mischen und mit Salz abschmecken. Zugedeckt mindestens einige Stunden in den Kühlschrank stellen.

◆ Die *tostadas* dünn mit Bohnenpüree bestreichen und darauf das Gemüse mit der Sauce anrichten. Mit Zwiebelringen und Käse bestreuen und sogleich servieren.

Ergibt 12 »tostadas«

Chihuahua

Burritos con frijoles
y queso

Burritos mit Bohnen-Käse-Füllung

An der Grenze zu Texas stehen auf halber Strecke zwischen Chihuahua und Ciudad Juárez am Rand des Highways zahlreiche Straßenverkäufer. Manche von ihnen bieten »burritos« an, die nur mit einer besonderen Art »queso asadero« gefüllt sind. Ein schlichter, aber überaus köstlicher Imbiss!

1 EL Pflanzenöl

125 g weiße Zwiebeln, gehackt

2 »chiles jalapeños« (Seite 247), Samen entfernt, gehackt

875 g gebratenes Bohnenpüree (Seite 182), zubereitet aus Wachtelbohnen

Etwa ½ TL Meersalz

6 große, dünne Weizen-Tortillas (18–20 cm groß), selbst hergestellt (Seite 251) oder fertig gekauft

250 g »queso asadero« (Seite 248) oder ein anderer heller, gut schmelzender Käse, gerieben

Salatstreifen und gehackte Tomaten

Salsa aus rohen Tomaten und Chilis (Seite 173)

◆ Das Öl in einer Pfanne erhitzen und die Zwiebeln mit den Chilis in etwa 8 Minuten goldbraun anschwitzen. Das Bohnenpüree einrühren und gründlich aufwärmen. Mit Salz abschmecken.

◆ Eine *comal*, Backplatte oder schwere Pfanne bei mittlerer bis hoher Temperatur ohne Fett erhitzen. Eine Tortilla rasch kräftig erwärmen, dabei einmal wenden. Die Tortilla mit Bohnenpüree bestreichen, sodass ein gut 1 cm breiter Rand frei bleibt. Auf den Bohnen einige Löffel Käse sowie etwas von den Salatstreifen und Tomatenstückchen verteilen – die Menge der Füllung hängt von der Größe der Tortillas ab. Den unteren Rand der Tortilla über die Füllung legen und die Tortilla aufrollen. Die anderen Tortillas ebenso füllen. Sogleich servieren und die Salsa dazu reichen.

Ergibt 6 »burritos«

Tacos de salpicón de pescado

Fisch-Tacos

Überall an der langen Küste von Veracruz sieht man verwitterte, mit Palmwedeln gedeckte Essensstände, die mit solchen Tacos und diversen Seafood-Cocktails locken. Sobald der Wirt dann noch Flaschen mit eiskaltem mexikanischem Bier und »guacamole« mit »totopos« (Seite 43) auf den Tresen stellt, sind die Sorgen des Alltags schnell vergessen.

> 750 g Filets von Red Snapper oder einem anderen Fisch mit festem, weißem Fleisch
>
> 1 TL Meersalz
>
> Frisch gemahlener Pfeffer
>
> 125 g Mehl
>
> 60 ml Maiskeim- oder Erdnussöl
>
> 500 ml Salsa aus rohen Tomaten und Chilis (Seite 173)
>
> 10 Mais-Tortillas, selbst hergestellt (Seite 251) oder fertig gekauft, aufgewärmt
>
> 90 g Weißkohl, in sehr feine Streifen geschnitten
>
> 2 Limetten, geviertelt

◆ Die Fischfilets von beiden Seiten salzen und großzügig pfeffern. Das Mehl auf einem Teller ausstreuen. Die Filets darin wenden, bis sie gleichmäßig überzogen sind, und den Überschuss wieder abschütteln.

◆ Das Öl in einer großen Pfanne bei mittlerer bis hoher Temperatur kräftig erhitzen – es soll jedoch nicht rauchen. Die Fischfilets von beiden Seiten in nur etwas mehr als 1 Minute goldgelb braten, dabei einmal wenden. Mit einem Bratenwender herausheben und kurz auf Küchenpapier abtropfen lassen. Den noch heißen Fisch mit einer Gabel zerpflücken und in einer Schüssel mit der Salsa vermischen.

◆ In jede Tortilla etwas Fisch und knackigen Kohl füllen. Die Limettenviertel dazu reichen.

Ergibt 10 »tacos«

Chorizo

Im Lauf der Jahre habe ich mich auf zahlreichen Märkten in Mexiko nach der besten *chorizo* umgesehen, jener Schweinswurst, die auf traditionelle Art nach überlieferten Familienrezepten hergestellt wird. In Zacatecas wird das Fleisch, wie ich feststellte, immer kräftig mit Kreuzkümmel aromatisiert, während man es im Norden des Landes feiner zerkleinert, aber kaum würzt. Ganz besonders mag ich die lange, dünne *longaniza* aus Yucatán, die mit *achiote* und Piment gewürzt und geräuchert wird.

In Tepatitlán im Bundesstaat Jalisco, einer Gegend, die einst für ihre *chorizo* berühmt war, hörte ich von einem Metzger, dessen Erzeugnisse einmalig sein sollten. Ich traf den Mann, als er auf seinem Stand gerade eine Partie seiner begehrten Wurst zubereitete. Das nicht zu fette, aber auch nicht zu magere Schweinefleisch wurde mit *chiles anchos* und einer geheimen Gewürzmischung abgeschmeckt, bevor es dann noch mit Mandeln und einem Hauch Schokolade abgerundet wurde. Leider hätte dieser Meister sein Rezept nicht einmal seinem besten Freund verraten, wie er sagte.

Auf dem Mercado Juárez in Toluca bekommt man neben der allgegenwärtigen *chorizo rojo* eine grüne Version mit frischen Chilis und Kräutern. Ein Brötchen, mit Wurst, klein geschnittenem Kohl, Avocadoscheiben, eingelegten *jalapeños* und gehackten Zwiebeln herzhaft gefüllt, oder wenigstens ein *taco* mit *chorizo* und Kartoffeln sind für mich bei jedem Besuch ein Muss.

Molotes

Mit Chorizo und Kartoffeln gefüllte Masa-Krapfen

An den Tagen vor Weihnachten werden in Oaxaca die Straßen, die vom »zócalo«, dem zentralen Platz, abzweigen, für den Verkehr gesperrt und ganz den Straßenhändlern überlassen. Einige Essensstände bieten diese ungewöhnlichen, spindelförmigen »molotes« an, die mit einer Sauce aus schwarzen Bohnen und anderen Beigaben auf einem Salatblatt serviert werden.

FÜR DIE SAUCE

185 g Bohneneintopf (Seite 201), zubereitet aus schwarzen Bohnen, dazu eine größere Menge der Brühe

½ »chile de árbol« (Seite 247), geröstet, Samen entfernt und zerkrümelt

1 kleines Avocadoblatt (Seite 246), geröstet und zerkrümelt (nach Belieben)

2 TL Pflanzenöl

1 EL fein gehackte weiße Zwiebel

Meersalz

FÜR DIE MOLOTES

1 »chile guajillo« (Seite 247), geröstet, Samen entfernt

125 ml kochendes Wasser

1 TL Pflanzenöl

60 g »chorizo« (Seite 246), zerkrümelt

2 EL fein gehackte weiße Zwiebel

2 Knoblauchzehen, fein gehackt

2 kleine neue Kartoffeln, gewürfelt, gekocht und grob zerdrückt

Meersalz und frisch gemahlener Pfeffer

250 g frisch zubereitete »masa« oder 155 g »masa harina« für Tortillas, mit Wasser angerührt (Seite 249)

Erdnussöl zum Ausbacken

ZUM GARNIEREN

12 kleine ganze Innenblätter, dazu 60 g feine Streifen von Romana-Salat

Avocado-Salsa (Seite 190)

60 g »queso fresco« oder »queso ranchero« (Seite 248), zerkrümelt

◆ Für die Sauce die Bohnen mit reichlich Brühe, dem *chile de árbol* und dem Avocadoblatt, falls gewünscht, im Mixer zu einem glatten, dünnen Püree verarbeiten.

◆ 2 Teelöffel Öl in einer Pfanne bei mittlerer Temperatur erhitzen. Die Zwiebel in 4 Minuten goldgelb schwitzen. Das Bohnenpüree hinzufügen und 5 Minuten unter gelegentlichem Rühren köcheln lassen. Mit Salz abschmecken und warm stellen.

◆ Gleichzeitig für die *molotes* die *chile guajillo* mit dem kochenden Wasser übergießen und etwa 10 Minuten einweichen. 1 Teelöffel Öl in einer kleinen Pfanne bei niedriger Temperatur erhitzen. Die *chorizo* in 3−5 Minuten knusprig und braun braten. Den Chili abtropfen lassen und mahlen oder zu einer Paste zerreiben. Aus der Pfanne mit der *chorizo* überschüssiges Fett abgießen. Die Zwiebel sowie nach einigen Minuten Chili und Knoblauch einrühren und alles etwa 8 Minuten braten, bis die Zwiebel glasig ist. Die zerdrückten Kartoffeln untermischen und mit Salz und Pfeffer würzen. Bei höherer Temperatur noch 1 Minute braten.

◆ Die *masa* nach Bedarf mit etwas Wasser besprengen, sodass sich ein weicher Teig ergibt, und nach Geschmack mit einer kleinen Prise Salz würzen. Zu 12 Kugeln von etwa 2,5 cm Durchmesser formen und mit einem feuchten Küchentuch oder Klarsichtfolie abdecken, damit sie nicht austrocknen. Die Ku-

geln zwischen zwei Lagen dicker Plastikfolie in einer Tortilla-Presse (Seite 251) zu etwa 13 cm großen Kreisen von 3 mm Stärke formen. Die obere Folie abziehen. In die Mitte jedes Teigstücks einen kleinen Löffel der *chorizo*-Kartoffel-Masse setzen. Den Teig mithilfe der unteren Folie um die Füllung legen und das Ganze auf einer Arbeitsfläche mit leicht eingeölten Händen zu einer in der Mitte dickeren und an den Enden zugespitzten Rolle formen. Unter dem feuchten Küchentuch oder der Folie vor dem Austrocknen schützen, bis alle *molotes* geformt sind.

◆ Eine schwere Pfanne 2,5 cm hoch mit Erdnussöl füllen und bis kurz vor dem Rauchpunkt erhitzen. Die *molotes* portionsweise in etwa 5 Minuten goldbraun ausbacken. Mit einer Schaumkelle herausnehmen und auf Küchenpapier abtropfen lassen. Im Backofen bei niedriger Temperatur warm halten, bis alle Krapfen fertig sind.

◆ Auf jedes Salatblatt einen Krapfen legen und mit jeweils einem Löffel der Bohnensauce, einigen Salatstreifen und etwas Avocado-Salsa garnieren. Mit dem Käse bestreuen und sogleich servieren.

Ergibt 12 »molotes«

Jalisco

Tortas ahogadas

Sandwiches mit Schweinefleisch und zwei Salsas

Die erste Kostprobe einer »torta ahogada«, fand mein Freund Carlos, sollte etwas ganz Besonderes sein. Also kutschierte er mich durch die engen Gassen Guadalajaras dorthin, wo man seiner Meinung nach das beste jener außen knusprigen und innen wundervoll lockeren Sandwiches bekommt. Die typischen mexikanischen Brötchen »bolillos« werden dazu gefüllt mit Schweinefleisch und anschließend mit einer milden und einer höllenscharfen Sauce überzogen. Carlos' Lieblingsstand war umringt von zahlreichen Kunden, die auf ihre Bestellung warteten oder bereits verzückt mit den Tränen kämpften. Tatsächlich habe ich nie wieder eine so köstliche »torta ahogada« gegessen!

1,5 kg Schweinskarree mit Knochen

4 Knoblauchzehen

1 TL getrockneter Oregano (möglichst aus Mexiko)

1 TL Meersalz

½ TL frisch gemahlener Pfeffer

FÜR DIE MILDE SALSA

3 reife Tomaten, geviertelt, oder 180 g abgetropfte gehackte Tomaten aus der Dose

3 EL gehackte weiße Zwiebel

2 Knoblauchzehen, grob gehackt

2 Prisen gemahlener Kreuzkümmel

2 Prisen getrockneter Majoran

Etwa ½ TL Meersalz

1 EL Erdnussöl

FÜR DIE PIKANTE SALSA

3 reife Tomaten, geviertelt, oder 180 g abgetropfte gehackte Tomaten aus der Dose

15 »chiles de árbol«, geröstet (Seite 247) und Samen entfernt

¼ kleine weiße Zwiebel, gehackt

2 Knoblauchzehen, grob gehackt

125 ml milder weißer Essig

2 Prisen gemahlener Kreuzkümmel

Etwa ½ TL Meersalz

8 »bolillos« oder kleine französische Brötchen

440 g gebratenes Bohnenpüree (Seite 182), zubereitet aus Wachtelbohnen oder einer anderen rosa bis bräunlichen Sorte, aufgewärmt

2 große, reife Tomaten, in Scheiben geschnitten

2 Avocados, vom Kern befreit, geschält und in Scheiben geschnitten

¼ Kopfsalat, in Streifen geschnitten

2 Limetten, geviertelt

◆ Den Backofen auf 180 °C vorheizen.

◆ Das Fleisch mit einem spitzen Messer in gleichmäßigen Abständen einstechen. Den Knoblauch mit dem Oregano, dem Salz und dem Pfeffer zerdrücken und das Fleisch mit der Mischung einreiben. In einen Bräter, der nur etwas größer als das Fleisch selbst ist, legen und gut 1 cm hoch Wasser einfüllen. Mit Alufolie abdecken. Das Schweinskarree braten, bis ein Fleischthermometer an der dicksten Stelle 65 °C anzeigt. Die Folie entfernen und weiterbraten, bis das Fleisch oben gebräunt ist und das Thermometer 68 °C anzeigt. Den Braten 10 Minuten abkühlen lassen, danach das Fleisch von den Knochen lösen und in mundgerechte Stücke hacken.

◆ Gleichzeitig die Salsas zubereiten. Für die milde Variante die Tomaten, die Zwiebel, den Knoblauch, den Kreuzkümmel, den Majoran und das Salz im Mixer oder in der Küchenmaschine glatt pürieren. In einem schweren Topf das Öl erhitzen und das Püree etwa 5 Minuten unter gelegentlichem Rühren braten. Leicht abkühlen lassen und durch ein mittelfeines Sieb streichen.

◆ Für die pikante Salsa die Tomaten mit den Chilis, der Zwiebel, dem Knoblauch, 250 ml Wasser, dem Essig, dem Kreuzkümmel und dem Salz in einem Topf bei mittlerer Temperatur einmal aufkochen. Anschließend bei niedriger Temperatur 20–25 Minuten köcheln lassen, bis die Sauce sämig ist. Etwas abkühlen lassen, im Mixer oder in der Küchenmaschine glatt pürieren und durch ein mittelfeines Sieb streichen. Beide Salsas schmecken raumtemperiert am besten.

◆ Die *bolillos* oder Brötchen quer durchschneiden und die Hälften etwas aushöhlen. Die Unterteile mit dem warmen Bohnenpüree bestreichen. Darauf etwas Fleisch, Tomaten- und Avocadoscheiben sowie zuletzt etwas Salat geben.

◆ Da man eine *torta* gewöhnlich aus der Hand isst, wird sie oft nur zur Hälfte mit der milden Salsa überzogen, und die pikante Sauce in einer Schale dazu gereicht. Manche Köche bestreichen hingegen die gesamte *torta* mit milder Salsa, die sie mit ein, zwei Klecksen der pikanten Variante aufpeppen. Daneben gibt es jene Hartgesottenen, die die *torta* mit der scharfen Salsa förmlich tränken. Einige Spritzer Limettensaft unterstreichen noch das Geschmackserlebnis.

Für 8 Personen

Tabasco

Plátanos machucos

Bananen-Tostadas

*Im heiß-feuchten Staat Tabasco, dessen Name der Azte-
kensprache »náhuatl« entstammt und »überflutetes Land«
bedeutet, werden Kochbananen besonders fantasievoll
verwendet. Diesen für die Region typischen Imbiss lernte
ich durch meine Freundin Doña Gloria Bulnes kennen.
Sie hat zwar eine großartige Köchin, lässt es sich aber
nicht nehmen, die knusprigen Bananen-Tostadas für
ihre Familie zur nachmittäglichen »comida« selbst zuzubereiten.*

1 EL Meersalz

2 EL Wasser

Erdnussöl zum Frittieren

2 noch sehr feste Kochbananen

Salsa nach Wahl

◆ Das Salz in einer Schüssel im Wasser auflösen.

◆ Eine schwere, tiefe Pfanne 4 cm hoch mit Öl füllen und bei mittlerer bis hoher Temperatur erhitzen.
Inzwischen die Bananen schälen und in 5 cm lange
Stücke schneiden. Die Bananen portionsweise im
heißen Öl in 1–2 Minuten hellgelb frittieren. Mit
einer Schaumkelle herausnehmen. Die Temperatur
auf die niedrigste Stufe herunterschalten.

◆ Die noch heißen Bananenstücke mit Küchenpapier abtupfen, um sie zu entfetten, und anschließend mit der Handfläche flach drücken. Zwischen
zwei Lagen Plastikfolie in einer Tortilla-Presse (Seite
251) das erste Bananenstück leicht zusammendrücken, bis es die Form eines gleichmäßig dünnen
Fladens annimmt, dafür nach Bedarf mehrmals
wenden. Aus der Presse nehmen und leicht mit dem
Salzwasser besprengen. Die übrigen Bananenstücke
genauso behandeln.

◆ Das Öl wieder bei mittlerer bis hoher Temperatur
erhitzen. Die Bananen-»Tortillas« einzeln vorsichtig
hineingleiten lassen und in 1–2 Minuten goldbraun
und knusprig frittieren. Mit einem Bratenwender
herausheben, auf Küchenpapier abtropfen lassen und
im Backofen bei niedriger Temperatur warm stellen,
bis alle *tostadas* fertig sind. Die *tostadas* auf einer Platte oder in einem Korb anrichten und sogleich mit
Salsa servieren.

Ergibt 10–12 »tostadas«

Quintana Roo

Tostaditas con queso
y mariscos

Kleine Tostadas mit Garnelen, Krebs-
fleisch und geschmolzenem Käse

*Die Isla Mujeres –»Fraueninsel« – bildet ein angenehmes
Kontrastprogramm zum Trubel des nahe gelegenen Cancún.
Es gibt kaum etwas zu tun, außer sich im weißen Sand zu
aalen oder Seafood zu genießen. Den »nachos« aus dem
Norden Mexikos ähnelt dieser Snack, der leicht zuzuberei-
ten und genauso unkompliziert zu essen ist.*

10 dünne Mais-Tortillas (15 cm groß), fertig gekauft

Maiskeim- oder Erdnussöl zum Ausbacken

1 EL Butter

1 EL Pflanzenöl

250 g Garnelen, geschält, vom Darm befreit und
grob gehackt

250 g gekochtes Krebsfleisch, etwaige Panzerreste
entfernt, zerpflückt

250 ml saure Sahne

½ TL Kreuzkümmel, geröstet

Meersalz

375 g Manchego (Seite 248) oder ein anderer
gut schmelzender Käse, gerieben

10 eingelegte »chiles jalapeños« (Seite 247), Samen
entfernt, in Ringe geschnitten

Salsa mit »chiles chipotles« (Seite 174)

Avocado-Salsa (Seite 190)

◆ Tortillas in Viertel schneiden. Die Stücke ausbacken (Seite 251) und beiseite stellen. Den Backofen auf 260 °C vorheizen.

◆ Die Butter mit dem Öl in einer Pfanne bei mittlerer Temperatur zerlassen. Die Garnelen etwa 3 Minuten pfannenrühren, bis sie sich leicht rosa färben. Mit
einer Schaumkelle in eine Schüssel füllen. Das Krebsfleisch und die saure Sahne untermischen. Den
Kreuzkümmel im Mörser zerdrücken. Die Garnelen-
mischung mit dem Kreuzkümmel und Salz würzen.

◆ Auf jedes Tortilla-Stück etwa 1 Esslöffel Garne-
lenmischung geben und mit Käse bestreuen. Die
Stücke auf ein Backblech setzen und für etwa 30 Sekunden in den Ofen schieben, bis der Käse schmilzt.

◆ Die *tostaditas* auf einer Platte anrichten und jeweils mit einem Chiliring garnieren. Sogleich servieren und in Schalen die Salsas als Dip dazu reichen.

Für 4–6 Personen

Oaxaca

Tacos con cecina a la parrilla

Tacos mit pikanter Schweinelende vom Grill

In den meisten Gegenden Mexikos versteht man unter »cecina« dünne Rindfleischscheiben, in Oaxaca hingegen lange, schmale Streifen von chiligewürztem Schweinefleisch.

FÜR DAS FLEISCH

5 »chiles guajillos«, Samen entfernt, geröstet (Seite 247)

4 »chiles anchos«, Samen entfernt, geröstet (Seite 247)

Kochendes Wasser nach Bedarf

6 Knoblauchzehen, ungeschält geröstet (Seite 248)

60 ml milder weißer Essig

Etwa 1 gehäufter TL Meersalz

½ TL getrockneter Oregano (möglichst aus Mexiko)

10 Pfefferkörner oder ¼ TL frisch gemahlener Pfeffer

1 Stück echte Zimtrinde (gut 1 cm lang) oder ½ TL gemahlener Zimt

1 ganze Gewürznelke oder 1 Prise gemahlene Gewürznelken

500 g Schweinelende, von überschüssigem Fett befreit

FÜR DIE BEILAGEN

12 große Frühlingszwiebeln, vom Wurzelansatz befreit

12 kleine Anaheim-Chilis (Seite 247)

2–3 EL Olivenöl

4 Limetten, halbiert

2 Avocados, vom Kern befreit, geschält und in Scheiben geschnitten

Avocado-Salsa (Seite 190)

Salsa aus rohen Tomaten und Chilis (Seite 173)

12 kleine Radieschen, möglichst mit frischem Grün

12 Mais-Tortillas, selbst hergestellt (Seite 251) oder fertig gekauft, aufgewärmt

◆ Die gerösteten Chilis mit kochendem Wasser bedecken und etwa 20 Minuten einweichen. Abseihen und dabei das Einweichwasser auffangen. Die Chilis fein zerpflücken, den Knoblauch schälen. Beides mit dem Essig, dem Salz, dem Oregano und den übrigen Gewürzen in den Mixer geben – falls Sie ganze Gewürze verwenden, diese zuvor in einem Mörser fein mahlen. Den Momentschalter des Mixers betätigen, bis eine dicke *adobo* (Sauce) entsteht, dabei nach Bedarf etwas Einweichwasser hinzufügen.

◆ Das Fleisch mit einem sehr scharfen Messer wie eine Ziehharmonika einschneiden. Dafür das Lendenstück in Querrichtung auf ein Schneidbrett legen und 3 mm vom Rand bis etwa 3 mm vor dem anderen Ende ein-, aber nicht durchschneiden. Die Unterseite nach oben drehen und wie zuvor den nächsten Einschnitt vornehmen. Weiter immer wieder drehen und einschneiden und dabei das Stück auseinander falten, bis es schließlich ausgebreitet vor Ihnen liegt. Von beiden Seiten mit der *adobo* einreiben und wieder zur ursprünglichen Form zusammenlegen. In Klarsichtfolie einwickeln, mindestens 2 und bis zu 12 Stunden im Kühlschrank marinieren.

◆ Im Holzkohlengrill ein Feuer entfachen. Sobald die Kohlen richtig glühen, eine doppelte Lage starke Alufolie auf die heißeste Stelle legen. Die Frühlingszwiebeln und Anaheim-Chilis mit Öl einreiben und unter häufigem Wenden etwa 10 Minuten bräunen. In einer flachen Schüssel mit etwas Limettensaft beträufeln. Das Fleisch quer zu den Einschnitten in lange Streifen schneiden, mit Öl bestreichen und auf dem Grillrost von beiden Seiten 2–3 Minuten bräunen, dabei einmal wenden.

◆ Die Frühlingszwiebeln, die Chilis, die Limetten, die Avocados, die Salsas und die Radieschen in einzelnen Schüsseln servieren. Jeder Gast erhält eine Portion Fleisch sowie 2 oder 3 Tortillas und bedient sich nach Geschmack von den Beilagen.

Für 4–6 Personen

Tacos en Oaxaca

Gleich gegenüber von Oaxacas betriebsamem Mercado Benito Juárez steht ein großer roter Ziegelbau. Zu jeder Tageszeit wird er von Einheimischen angesteuert, die sich drinnen bei einer der zahlreichen *fondas* mit ihrem Lieblings-*taco* stärken wollen.

Beim Betreten der Halle fallen sofort die langen Markttische ins Auge, auf denen dicht an dicht verschiedene Salsas, Avocados, Radieschen, Frühlingszwiebeln und die für die Region typischen, bissigen *chiles de agua* für die Kunden bereitstehen. Von einer der Frauen hinter diesen Tischen bekommt man einen großen, flachen Korb gereicht, in den man die Chilis und Zwiebeln packt, die man für seinen *taco* gegrillt haben möchte.

Als Nächstes muss man das Fleisch aussuchen, wobei *chorizo*, frisches *tasajo* (dünne Rindfleischscheiben), gepökeltes und gereiftes *tasajo*, lange Gekrösestücke sowie würzige *cecina* (luftgetrocknete Streifen von Schweinefleisch) zur Wahl stehen. Zusammen mit den Chilis und Zwiebeln aus dem Korb kommt das gewünschte Fleisch auf den Grill. Bis alles fertig und wieder in den Korb gefüllt ist, bezahlt man erst einmal das Fleisch. Dann bahnt man sich seinen Weg zurück zu der ersten Frau, von der man nun nach Wunsch die Salsas und andere würzende Beilagen bekommt. Eine weitere Frau erscheint mit einem Korb großer, heißer Tortillas, in die man das Fleisch und die anderen Zutaten hüllt.

Nachdem man jetzt alles für seinen *taco* beisammen hat, nimmt man auf einer der umgedrehten Getränkekisten Platz. Man bestellt noch eine Dose Mineralwasser, und nun steht dem Essen nichts mehr im Weg. Manchmal liefert ein blinder Mann, der von seinem kleinen Enkel begleitet wird, auf einer Geige die fröhliche Hintergrundmusik dazu. Sobald man schließlich Anstalten macht zu gehen, bekommt man – meist von einem Jungen – ein Stück Papier in die Hand gedrückt, auf dem notiert ist, wie viel Pesos man für die köstliche Mahlzeit noch schuldig ist.

Oaxaca

Empanadas de maíz
con hongos

Tortillas mit Pilzfüllung

Am Eingang zum Mercado Merced in Oaxaca bilden sich morgens stets Trauben von Menschen. Sie warten auf die »empanadas« von Olivia Castro, die ein wundervolles Frühstück abgeben. Ich kann mich immer kaum entscheiden zwischen den vielen unterschiedlichen Füllungen, die Olivia anbietet. Zu meinen Favoriten gehören aber zweifellos »tinga« (Seite 158), weiter eine Mischung aus Kürbisblüten, »epazote« und »quesillo de Oaxaca«, außerdem »huitlacoche« (Maispilz) und schließlich diese mit viel Knoblauch gebratenen Pilze.

Auch wie Olivia ihre »empanadas« zubereitet, ist einzigartig. Alles beginnt mit einer großen Tortilla, die sie auf einer irdenen »comal« über einem Kohlenbecken leicht gart. Darauf häuft sie die gewünschte Füllung, klappt die Tortilla zusammen, verschließt ihre Ränder und bräunt sie auf der »comal«. Dann wird die »empanada« in einem ofenähnlichen Fach unter der »comal« fertig gegart und kommt zuletzt noch einmal kurz oben auf die heiße Platte, um die Bräunung zu vollenden. Die Methode lässt sich zu Hause schwerlich nachahmen. Bestimmt werden Ihnen aber auch diese kleineren »empanadas« vorzüglich munden.

FÜR DIE PILZE

2 EL Butter oder Pflanzenöl

1 weiße Zwiebel, fein gehackt

1 »chile serrano« (Seite 247), Samen entfernt und fein gehackt

6 Knoblauchzehen, gehackt

375 g frische, aromatische Pilze (beispielsweise Steinpilze oder Portobello), sorgfältig abgerieben und grob gehackt

2 EL frische »epazote«-Blätter (Seite 246), fein gehackt (nach Belieben)

Etwa ½ TL Meersalz

½ TL frisch gemahlener Pfeffer

FÜR DIE EMPANADAS

500 g frisch zubereitete »masa« oder 280 g »masa harina« für Tortillas, mit Wasser angerührt (Seite 249)

185 g »quesillo de Oaxaca« (Seite 248) oder Mozzarella, gerieben

250 ml Tomatillo-Salsa (Seite 178) oder eine andere Salsa

◆ Für die Pilze in einer Pfanne bei hoher Temperatur die Butter zerlassen oder das Öl erhitzen. Die Zwiebel mit dem Chili in etwa 30 Sekunden glasig schwitzen. Den Knoblauch hinzufügen und einige Sekunden mitdünsten. Die Pilze untermischen und etwa 4 Minuten braten, dabei mehrmals umrühren. Sobald aus den Pilzen Saft austritt, die *epazote*-Blätter, falls gewünscht, das Salz und den Pfeffer einrühren. Die Pfanne sofort vom Herd nehmen und den Inhalt abkühlen lassen.

◆ Die *masa* nach Bedarf mit etwas Wasser besprengen, sodass sich ein weicher Teig ergibt. Zu Kugeln von etwa 4 cm Durchmesser formen und mit einem feuchten Küchentuch oder Klarsichtfolie abdecken, damit sie nicht austrocknen. Einzeln die Tortillas in der Tortillapresse herstellen (Seite 251) – dabei kräftigen Druck ausüben, damit Fladen von 15–18 cm Durchmesser entstehen. Die *masa* auf der Plastikunterlage mehrmals drehen, sodass die Tortillas gleichmäßig dick geraten.

◆ Die obere Folie abziehen. Auf der unteren Hälfte jeder Tortilla 1 Esslöffel Käse und darauf etwas Pilze verteilen, wobei der Teigrand frei bleiben muss. Die zweite Tortilla-Hälfte über die Füllung legen und die Ränder zusammendrücken. Folie abziehen.

◆ Eine *comal*, Backplatte oder große, schwere Pfanne bei mittlerer bis hoher Temperatur kräftig erhitzen. Vorsichtig die erste *empanada* darauf legen und 1 Minute braten, bis sie leicht gebräunt ist. Wenden und zur Seite schieben, wo sie fertig brät, während die nächste *empanada* in die Mitte kommt. *Empanadas*, die von beiden Seiten gut gebräunt sind, werden im Ofen bei niedriger Temperatur warm gehalten, bis alle fertig sind. Die *empanadas* heiß servieren. Die Salsa dazu reichen.

Für 4–6 Personen

Seit mehr als fünf Jahrtausenden bildet Mais eine der Säulen der mexikanischen Küche.

Veracruz

Camarones rellenos envueltos con tocino

Garnelen mit Käsefüllung im Speckmantel

Schon seit Jahren gehört El Lugar in Veracruz zu meinen Lieblingsrestaurants für Seafood. Oft aß ich dort diese herzhaften Röllchen mit einer explosiven Mayonnaise.

375 ml Mayonnaise

3 »chiles chipotles en adobo« (Seite 247), fein gehackt, mit 1 TL »adobo«-Sauce

1 Knoblauchzehe, gehackt

1 EL frisch gepresster Limettensaft

1 EL abgeriebene Limettenschale, gehackt

12 mitteldicke Scheiben magerer Frühstücksspeck, quer halbiert

24 große Garnelen, geschält, vom Darm befreit und wie ein Buch aufgeklappt, Schwanzfächer intakt

Frisch gemahlener Pfeffer

185 g Manchego (Seite 248) oder ein anderer gut schmelzender Käse, gewürfelt

Etwa 4 EL (60 ml) Olivenöl

◆ Die Mayonnaise mit den Chilis und ihrer Sauce, dem Knoblauch, dem Limettensaft und der -schale in einer Schüssel oder der Küchenmaschine gründlich vermischen. Zugedeckt bis zur Verwendung in den Kühlschrank stellen.

◆ In einer großen, schweren Pfanne die Speckscheiben portionsweise bei mittlerer bis niedriger Temperatur etwa 5 Minuten braten, bis sich der glasige Schimmer verliert – der Speck soll weich bleiben und wird, damit er sich nicht wölbt, mit einem Spatel flach gedrückt. Auf Küchenpapier abtropfen lassen. Die Pfanne auswischen.

◆ Die Garnelen mit Küchenpapier trockentupfen. Mit Pfeffer würzen, mit jeweils einem Stückchen Käse füllen und zusammenklappen. Jeweils mit einer Speckscheibe so umwickeln, dass der Käse beim Schmelzen nicht herauslaufen kann, und eventuell mit einem Zahnstocher fixieren. In der Pfanne 2 Esslöffel Öl bei mittlerer Temperatur erhitzen. Die Garnelenröllchen portionsweise unter häufigem Wenden etwa 10 Minuten braten, bis der Speck gebräunt ist und sich die Garnelen rosa färben. Bei Bedarf weiteres Öl in die Pfanne geben. Die fertigen Röllchen auf Küchenpapier abtropfen lassen. Auf einzelnen Tellern anrichten und die pikante Mayonnaise dazu reichen.

Für 6–8 Personen

Puebla

Rollo de queso y aguacate

Avocado-Frischkäse-Rolle

Der leicht herbe Duft, das milchige Weiß, die weiche Konsistenz und der volle, säuerliche Geschmack: Wie köstlich war doch der hausgemachte »queso panela«, den ich in Michoacán serviert bekam, in einem Körbchen aus Rohr, das am Ufer des Lago Pátzcuaro wuchs! Auch wenn der Geschmack natürlich nicht vergleichbar ist, gelingt die Avocado-Frischkäse-Rolle ebenso mit fertig gekauftem Doppelrahmfrischkäse. Das Rezept stammt von Ana Elena Martinez, die in Puebla einen Partyservice betreibt.

250 g »queso panela« (Seite 248) oder Doppelrahmfrischkäse, raumtemperiert

1 Avocado

2 EL gehackte frische Korianderblätter

1 EL fein gehackte weiße Zwiebel

1 »chile serrano« (Seite 247), Samen entfernt, fein gehackt

¼ TL frisch gepresster Limettensaft

Meersalz

60 g »chicharrones« (Seite 246), zerkrümelt, oder 185 g Sesamsamen, geröstet

»totopos« (Seite 251) oder kleine Crackers

◆ Den Käse zwischen zwei Lagen Pergamentpapier mit einem Nudelholz zu einem gut 1 cm dicken Rechteck von etwa 15 × 20 cm ausrollen. Das obere Papier abziehen.

◆ Die Avocado halbieren und den Kern herauslösen. Das Fruchtfleisch mit einem Löffel aus den Schalen lösen und in einer Schüssel zerdrücken, die Masse sollte nicht ganz fein sein. Den Koriander, die Zwiebel, den Chili, den Limettensaft und Salz nach Geschmack untermischen. Die Masse gleichmäßig auf dem Käse verstreichen. Das Ganze mithilfe der unteren Papierlage aufrollen.

◆ Die Rolle mit den *chicharrones* oder Sesamsamen gleichmäßig überziehen. Leicht mit Klarsichtfolie abdecken und vor dem Servieren für 15 Minuten in den Kühlschrank stellen. Die Rolle kann auch im Voraus hergestellt und für 6–8 Stunden im Kühlschrank aufbewahrt werden, wobei man sie 30 Minuten vor dem Servieren herausnimmt. Die Folie abnehmen und die Rolle auf einer Servierplatte anrichten. Dazu *totopos* oder Crackers reichen.

Für 6–8 Personen

Pepitas

Schon vor der Ankunft der Spanier bereicherten *pepitas* (Kürbiskerne) viele süße und herzhafte Zubereitungen der mexikanischen Küche. Egal, ob im Ganzen geröstet, gemahlen oder als edles Öl, verfeinern sie die Gerichte der Maya-Küche.

Pipianes, mit gemahlenen Kürbiskernen sämig gemachte grüne *moles*, gehören in unterschiedlichen Varianten in vielen Gegenden zu den typischen Spezialitäten. In Guerrero bekam ich eine so dicke *mole verde*, dass ein *totopo* aufrecht darin stehen blieb. In Puebla aß ich Hühnerbrüstchen, überzogen mit einer eleganten, blassgrünen Kürbiskernsauce, und in Tamaulipas Fisch, der mit einer Mischung aus *pipián* und Sahne angerichtet war.

Yucatán kann mehr Zubereitungen mit *pepitas* vorweisen als jeder andere Staat. Ein *tamale* mit dem zungenbrecherischen Namen *dzotobichay* wird mit gehackten Eiern und gemahlenen Kürbiskernen gefüllt. Von Doña Lupita, einer Maya-Köchin, erfuhr ich ein Rezept für *polkanes*, einen *masa*-Snack, der wie der Kopf einer Schlange aussieht und als Füllung Kürbiskerne mit zarten weißen Bohnen enthält. Für *papadzules* werden Tortillas in eine Kürbiskernsauce getaucht, um zerkrümelte hart gekochte Eier gewickelt und dann mit einer Tomatensauce überzogen, die durch das Kürbiskernöl besonders verführerisch schimmert. Schließlich ergeben wiederum gemahlene Kürbiskerne mit Chilis und Tomaten einen der besten Dips überhaupt, nämlich *zicil-P'ak*.

Coahuila

Nueces y pepitas picantes

Pikante Nüsse und Samen

Während Pecannüsse ebenso wie verschiedene Sorten von Kürbiskernen echt mexikanische Erzeugnisse sind, liegt die ursprüngliche Heimat der Erdnüsse (eigentlich gar keine Nüsse, sondern Hülsenfrüchte) in Afrika. Alle drei werden gern zu Bier oder anderen Drinks geknabbert und bilden, mit Chilis, Knoblauch oder auch Limettensaft abgerundet, eine unwiderstehliche Mischung.

1 EL Erdnussöl

10 kleine Knoblauchzehen, geschält

240 g rohe Erdnüsse, enthäutet

240 g rohe grüne Kürbiskerne

125 g Pecannusshälften

Etwa 1 TL Meersalz

Etwa 1 TL gemahlene getrocknete »chiles de árbol« (siehe Seite 247) oder Cayennepfeffer

◆ Den Backofen auf 135 °C vorheizen.

◆ Das Öl in einer Pfanne erhitzen und die Knoblauchzehen in 3–4 Minuten goldgelb dünsten. Die Nüsse und Samen einrühren, bis sie gleichmäßig vom Öl überzogen sind. Die Mischung nach Geschmack mit Salz und Chilis oder Cayennepfeffer würzen.

◆ Auf einem Backblech gleichmäßig verteilen und 15–20 Minuten im Ofen backen, dabei gelegentlich durchmischen. Die jetzt intensiv nussig duftende Mischung in eine Servierschale füllen, nach Belieben mit weiterem Salz würzen und warm servieren.

Ergibt 625 g

Zicil-P'ak

Kürbiskern-Dip

Der Name des Rezepts aus vorspanischer Zeit verbindet die Maya-Wörter für Kürbiskerne und Tomate und nennt damit schon die Hauptkomponenten, die nur noch durch einige Zutaten geschmacklich abgerundet werden. Diese Version übernahm ich vom Restaurante El Príncipe Tutul Xio in Mani, inmitten der hügeligen Puuc-Region südlich von Mérida gelegen. Servieren Sie das »zicil-P'ak« als Dip mit knusprigen »totopos« (Seite 251) oder streichen Sie es auf dünne Scheiben von gegrilltem Schweinefleisch, die Sie in Mais-Tortillas hüllen.

150 g rohe grüne Kürbiskerne

1 große, reife Tomate oder 4 Eiertomaten, geröstet
(Seite 250)

1 »chile habanero«, geröstet, Samen entfernt
(Seite 247)

2 EL gehackte frische Korianderblätter

2 EL fein gehackter frischer Schnittlauch

Etwa 1 TL Meersalz

1 Spritzer frischer Limettensaft

◆ Eine schwere Pfanne bei mittlerer bis niedriger Temperatur kräftig erhitzen. Die Kürbiskerne hineingeben und, sobald sie zu hüpfen beginnen, ständig rühren, bis sie sich aufblähen – dabei sollen sie nicht bräunen. Abkühlen lassen und in einer Gewürzmühle fein mahlen.

◆ Die Tomate mit dem Chili im Mixer oder der Küchenmaschine kurz zerkleinern. In einer kleinen Schüssel mit den gemahlenen Kürbiskernen, dem Koriander, dem Schnittlauch und dem Salz vermischen. 30 Minuten ruhen lassen.

◆ Unmittelbar vor dem Servieren den Limettensaft hinzufügen. Den Dip, falls er nicht richtig streichfähig ist, mit etwas Wasser verdünnen.

Ergibt etwa 250 ml

Chiapas

Sincronizadas

Tortilla-Sandwiches mit Schinken und Käse

Mit seinen vielen Flüssen und Seen, Küstenstrichen, Gebirgslandschaften und Regenwäldern ist Chiapas von einer überwältigenden Schönheit. Einst Teil Guatemalas, wird der Bundesstaat noch heute von den Nachfahren der Maya bevölkert. In diese Welt scheinen die Tortilla-Sandwiches, eine moderne kulinarische Schöpfung, viel weniger zu passen als in die mexikanische Fastfood-Szene. Trotzdem sind mir nirgends so gute »sincronizadas« untergekommen wie jene, die ich an einem Straßenstand im nebelverhangenen Hochland von Chiapas aß. Zwischen den zwei Tortillas enthielten sie einfach nur Schinken und Käse, der beim Braten auf der »comal« weich zerlaufen war. Sowohl der würzige Kuhmilchkäse als auch der in der Bergluft gereifte Schinken, beides Spezialitäten der Region, waren von ausgezeichneter Qualität. Ich brate die »sincronizadas« gern mit etwas Öl, weil ich finde, dass sie dann schöner bräunen.

1 EL Erdnussöl (nach Belieben)

12 dünne Mais-Tortillas (15 cm groß), selbst hergestellt (Seite 251) oder fertig gekauft

6 dünne Scheiben Trappistenkäse oder ein anderer kräftiger Käse (insgesamt etwa 150 g)

6 dünne Scheiben gekochter Schinken (insgesamt etwa 150 g)

6 TL Salsa mit »chiles chipotles« (Seite 174) oder eine andere Salsa

»Guacamole« (Seite 43)

◆ Eine schwere Pfanne oder *comal* bei mittlerer Temperatur erhitzen und das Öl, falls verwendet, hineingeben. 6 Tortillas mit jeweils einer Scheibe Käse und Schinken belegen und darauf 1 Teelöffel Salsa streichen. Mit einer zweiten Tortilla bedecken. Das Ganze in der heißen Pfanne braten, bis der Käse schmilzt und sich auf dem Teig braune Sprenkel bilden. Wenden, von der zweiten Seite fertig braten und auf einer Platte warm stellen.

◆ Die Sandwiches mit *guacamole* servieren.

Ergibt 6 Sandwiches

Chihuahua

Discadas

Burritos mit Ragout nach Bauernart

Selbst wenn das Metallstück eines Pflugs arg verbeult ist, wirft man es im Norden Mexikos nicht weg, denn es kann immer noch verwendet werden, um über einem offenen Feuer dieses deftige, unkomplizierte Gericht zuzubereiten. Genauso eignet sich dafür natürlich der ganz ähnlich geformte Wok. Durch nichts zu ersetzen ist hingegen eine gute »chorizo«, weshalb es sich empfiehlt, die frische Schweinswurst im mexikanischen Lebensmittelladen zu beziehen. Servieren Sie diese »burritos« mit gebratenem Bohnenpüree (Seite 182).

½ weiße Zwiebel am Stück, dazu 2 Zwiebeln, fein gehackt

250 g magerer Frühstücksspeck, gehackt

250 g »chorizo« (Seite 246), zerkrümelt

1 rote Paprikaschote, Samen entfernt, gehackt

3 reife Tomaten, geröstet (Seite 250) und gehackt, oder 450 g gehackte Tomaten aus der Dose, leicht abgetropft

375 g Schweinelende, in 2 cm große Würfel geschnitten

500 g Rindfleisch (z. B. Unterschale), in 2 cm große Würfel geschnitten

1 »chile serrano« (Seite 247), Samen entfernt, fein gehackt

Meersalz

½ Kopfsalat, in feine Streifen geschnitten

250 g »guacamole« (Seite 43, nach Belieben)

Salsa nach Wahl

8 – 10 Weizen-Tortillas (20 cm groß), selbst hergestellt (Seite 251) oder fertig gekauft

◆ Einen Wok bei mittlerer bis hoher Temperatur erhitzen und mit der Zwiebelhälfte ausreiben, die anschließend weggeworfen wird. Den Speck hineingeben und, sobald das Fett ausbrät, die *chorizo* hinzufügen. Alles unter ständigem Rühren 8 – 10 Minuten braten, bis das Fleisch gar, aber noch nicht gebräunt oder knusprig ist.

◆ Die gehackten Zwiebeln mit der Paprikaschote zu dem Fleisch in den Wok geben und bei mittlerer bis niedriger Temperatur in etwa 10 Minuten goldgelb dünsten. Das überschüssige Fett mit einem Löffel in eine große Pfanne umfüllen. Die Tomaten zu den anderen Zutaten in den Wok geben und

das Ganze noch einige Minuten schmoren, bis die Tomaten musig sind und der Saft weitgehend verkocht ist.

◆ Gleichzeitig das Fett in der Pfanne bei mittlerer bis hoher Temperatur erhitzen. Die Fleischwürfel etwa 5 Minuten anbraten, bis der austretende Saft verdampft und das Fleisch kräftig gebräunt ist. Zur Tomaten-Wurst-Mischung in den Wok geben und alles gut vermischen. Das Ragout mit dem Chili und dem Salz würzen und nochmals gründlich durchwärmen.

◆ Eine *comal*, Backplatte oder schwere Pfanne bei mittlerer bis hoher Temperatur erhitzen. Eine Tortilla rasch kräftig erwärmen, dabei einmal wenden. Auf einen Teller legen und etwas von dem Ragout darauf verteilen. Die Tortilla locker über der Füllung zusammenfalten und zusammen mit dem Salat, der *guacamole* und der Salsa servieren. Alternativ den unteren Rand der Tortilla über die Füllung legen und die Tortilla aufrollen. In diesem Fall kann man den *burrito* auch aus der Hand essen.

Für 8 Personen

SOPAS Y
SOPAS SECAS

Mindestens einmal am Tag
kommt in mexikanischen
Familien eine Suppe
auf den Tisch.

Vorhergehende Doppelseite: Bei einem Strandfest in Puerto Vallarta machen die gegrillten Fische und Garnelen Touristen und Einheimischen gleichermaßen Appetit. **Linke Seite:** Im *rebozo* (Rückentuch) lassen sich nicht nur die Einkäufe gut tragen, sondern auch ein Kleinkind, wenn die Mutter die Hände frei haben will. **Ganz oben:** Mit ihrer kunstvoll gestalteten Fassade und den aufwendigen Vergoldungen im Inneren ist die im 16. Jahrhundert erbaute Kirche Santo Domingo das Schmuckstück von Oaxaca. **Oben:** Aus den getrockneten Körnern von rotem, gelbem und blauem Mais entsteht die *masa,* die zu Tortillas verschiedener Farben geformt wird.

Allein die köstlichen Suppen sind für mich Grund genug, immer wieder nach Mexiko zu reisen. Mit viel Erfahrung und Liebe zubereitet, schaffen sie es, nicht nur meinen Hunger zu stillen, sondern auch mein Wohlgefühl zu steigern. Erfreulicherweise kommt in Mexiko wenigstens einmal am Tag eine Suppe auf den Tisch. Dabei kann es sich um eine Tasse einfacher Garnelenbrühe handeln, die mit ihrer herzhaften Würze den Appetit anregen soll, oder um eine Schöpfkelle *caldo,* angereichert mit Tomaten, einigen Möhrenstücken, etwas Reis und Hühnerstreifen zum Auftakt einer Mahlzeit, aber auch um eine Schale mit einer so sättigenden und nahrhaften Zubereitung, dass man anschließend nichts weiter braucht. Jedenfalls gehört zu einem mexikanischen Essen, ob in der Familie oder in einem Restaurant, eine Suppe einfach unbedingt dazu.

Das war jedoch nicht immer so. Die Maya, Azteken und andere Indio-Völker kochten zwar in großen, irdenen *ollas* dicke Eintopfgerichte, aber erst die Spanier machten richtige Suppen und Brühen in Mexiko bekannt. In Spanien wurden dafür seit jeher die in

Ganz oben: Mit seinem Mauerwerk einfachster Machart und den kühlen Farben liefert dieses Haus in Yucatán ein typisches Beispiel für die lokale Bauweise. **Oben:** Stundenlang wird Mais in einer Mischung aus Wasser mit gelöschtem Kalk eingeweicht, bevor er zu *masa* (Maisteig) für Tortillas gemahlen wird.
Rechte Seite: Nach einer langen Nacht in den Gewässern vor Puerto Vallarta kehrt ein Fischer bei Tagesanbruch mit seinem Fang zurück.

den jeweiligen Regionen günstig und leicht erhältlichen Zutaten verwertet. Einige dieser Zutaten, vor allem das Fleisch, brachten die Eroberer mit, aber bei anderen mussten ihre Köche, oft Indios, beim Nachkochen der traditionellen Rezepte improvisieren. Chilis, Mais, Bohnen und Tomaten – die klassischen Elemente der lokalen Küche – hielten Einzug in die Gerichte der spanischen Siedler, und so gab es anstelle des in Spanien sehr beliebten *cocido* mit Siedfleisch vom Rind und Kichererbsen einen *menudo* mit *pozole* und Kutteln oder den *caldo de gato,* eine gehaltvolle Rinderbrühe mit dicken Fleisch- und Gemüsestücken.

Solche Suppen werden landauf, landab in den *fondas* auf den Märkten und in den kleinen *restaurantes* serviert, die eine feste *comida corrida* anbieten. In der quirligen Hafenstadt Veracruz beginne ich den Tag oft mit einer Krabbensuppe, die mit ihrer Chiliwürze meinen Lebensgeistern auf die Sprünge hilft. Kaum drei Autostunden entfernt, lasse ich mir in Xico, im Hochland des Bundesstaates, eine Suppe aus schwarzen Bohnen schmecken, gewürzt mit rauchig duftenden Chilis und einem seltenen Kraut namens *xonequi,* das schon im benachbarten Coatepec oder Jalapa nicht mehr verwendet wird. Mit ihrem herzhaften Geschmack und den Klöß-

Ganz oben: In Yucatán kümmert sich ein Mann um seinen Gemüsegarten hinter dem Haus. In säuberlichen Reihen wachsen hier *tomatillos* und *chiles habaneros*. **Oben:** *Huitlacoche* heißt ein silbrig-schwarzer Pilz, der auf Maiskolben sprießt und in Mexiko wegen seines pikanten, rauchig-süßen Geschmacks geschätzt wird. **Rechte Seite oben:** Fast ebenso häufig wie das äußerst beliebte Schweinefleisch kommt heute in Mexiko Geflügel auf den Tisch, etwa in Form einer Hühnersuppe mit Kichererbsen (Seite 101) oder auch in aufwendigen Gerichten wie Hühnchenrouladen mit Kürbisblüten (Seite 132). **Rechte Seite unten:** Auf dem Markt von Tlacolula bei Oaxaca halten eine Händlerin und ihre Kundin einen fröhlichen Plausch.

chen aus *masa* von blauem Mais ist diese ebenholzfarbene Suppe auf jeden Fall den Ausflug wert.

Eine kräftige Hühnerbrühe bildet die Grundlage vieler mexikanischer Suppen. Auf fast jedem Markt ist ein Bereich eigens für Federvieh reserviert. An den Füßen aufgehängt, baumeln stattliche, fette Hühner über den Ständen, die bereits federlosen Leiber von den gelben Ringelblumenblüten, die den Tieren als Futter verabreicht wurden, golden getönt. Sorgsam wählen die Käufer das in ihren Augen beste Suppenhuhn aus, wobei ältere Hennen und vor allem solche, die noch Eier enthalten, bevorzugt werden. Zum ganzen Huhn kommen in den Suppentopf außerdem etliche Hühnerfüße, die die Brühe mit Gelatine anreichern. Köchinnen und Köche, die ihr Handwerk verstehen, garen das Huhn stundenlang bei niedriger Temperatur und nur mit ein paar Zwiebelstücken, Petersilienzweigen oder Knoblauchzehen, um den zarten Fleischgeschmack nicht zu übertönen.

Niemals werde ich die Hühnersuppe vergessen, die ich in einem kleinen Restaurant in Tuxtla Gutiérrez in Chiapas aß. Es ging mir nicht gut und ich sehnte mich nach etwas Heißem, Nahrhaftem. Auf der Speisekarte entdeckte ich eine *consomé de pollo,* und genau das bekam ich. Das Besondere aber war die Art, wie die im Grunde schlichte Brühe serviert wurde. Die Kellnerin trug sie in einer Terrine auf, füllte meinen Teller und fügte dann Stückchen von Tomaten, einer schnittlauchartigen Zwiebel und Avocado hinzu, bevor sie noch etwas frisches, gehacktes Koriandergrün darüber streute. Nachdem ich die Suppe mit ihren aromatischen und knackigen Einlagen verspeist hatte, fühlte ich mich wie neugeboren.

Ähnliche Brühen bilden die Ausgangsbasis für viele andere mexikanische Suppen. Ein Klassiker ist dabei die auf der Speisekarte fast aller Lokale des Landes verzeichnete Tortilla-Suppe, die allerdings in Michoacán nach den in der Region lebenden Indios *sopa Tarasca* heißt. Auch in diesem Fall wird die mit Tomaten und Chilis aromatisierte Suppe erst durch die Einlagen zu einem Genuss der besonderen Art: Sie wird auf einer Hand voll knuspriger Tortilla-Streifen angerichtet und mit Streifen gebratener *chiles anchos* sowie Käsewürfeln bestreut. Ich bekam diese Suppe eines eisigen Abends in einem Hochtal von Michoacán, als ich in Gesellschaft von einem Dutzend kleiner Katzen bibbernd vor einem Kaminfeuer hockte. Noch köstlicher schmeckt sie, wenn man sie mit Avocadostücken und einem Löffel dicker *crema* anreichert.

Ich erinnere mich noch wie heute an das erste Mal, als ich in einem Restaurant in Mexiko-Stadt *sopa de arroz* bestellte. Einen Teller roten Reis mit Erbsen hätte ich bestimmt nicht erwartet. Da ich Reis mag und mir das Gericht gut schmeckte, aß ich einfach auf und verlor auch kein weiteres Wort, als der Hauptgang aufgetragen wurde. Am nächsten Tag orderte ich in einem ziemlich vornehmen Lokal *sopa de fideos* und wieder bekam ich keine Suppe, sondern diesmal einen Teller voller dünner Nudeln in Tomatensauce. Da dämmerte es mir, dass ich in meiner Unwissenheit jedes Mal eine *sopa seca* bestellt hatte, was übersetzt »trockene Suppe« bedeutet. Bei einem formellen Essen wird bis heute zunächst eine »richtige« und anschließend eine »trockene« Suppe aufgetragen, so wie man in Italien vor dem Hauptgang ein Nudel- oder Reisgericht isst. Außer aus Reis oder Nudeln kann ein solcher Zwischengang auch aus Crêpes oder einem pikanten Gemüse-*budín* (Flan) bestehen, die beide den starken französischen Einfluss auf die mexikanische Küche spiegeln.

Meine Lieblingsfüllung für Crêpes besteht aus *huitlacoche,* jenem silbrig-schwarzen Pilz, der gelegentlich auf Maiskolben sprießt. Als mein Vater an dem Mais, den wir auf unserer Farm in Idaho anbauten, die deformierten Körner entdeckte, verbrannte er die Kolben sofort, um eine Ausbreitung der vermeintlichen Krankheit auf den Feldern zu verhindern. In Mexiko dagegen ist der Pilz seit langem als Delikatesse geschätzt, und dieses kulinarische Interesse hat auch auf die USA übergegriffen, wo einige Farmer den Pilz inzwischen gezielt kultivieren. Der wenig ansehnliche, aber sehr wohlschmeckende Pilz ist mittlerweile sogar in Dosen über den Versandhandel erhältlich.

Oben: Aromatischer Kreuzkümmel verleiht vielen mexikanischen Gerichten einen nussig-pikanten Geschmack.
Rechts: Wie Scherenschnitte zeichnen sich zwei Agaven vor dem goldenen Abendhimmel ab. **Unten:** Zahlreiche Chilisorten sind, frisch oder getrocknet, im Ganzen oder zerkleinert, an der mexikanischen Küche beteiligt.
Rechte Seite: Intensive Farben und Kontraste gehören zu den charakteristischen Merkmalen der mexikanischen Architektur.

San Luis Potosí

Sopa de lentejas con piña, peras y plátanos

Linsensuppe mit Ananas, Birnen und Kochbananen

San Luis Potosí ist vor allem wegen seiner im Hochland gelegenen Gold- und Silberminen bekannt, die ihn im 17. Jahrhundert zu einem der reichsten Staaten Neuspaniens machten. Mit La Huasteca verfügt San Luis Potosí auch über eine kleine tropische Region, die sich an den Osthängen der Sierra Madre Oriental erstreckt. Die dort reifenden exotischen Früchte inspirierten die Spanier zu dieser Kombination mit heimatlichen Linsen und Birnen.

330 g Linsen (möglichst braun), gründlich gewaschen

1 weiße Zwiebel, mit 2 Gewürznelken gespickt

4 Knoblauchzehen, geschält, aber unzerteilt

1 Lorbeerblatt

1 EL Olivenöl

250 g »chorizo« (Seite 246), zerkrümelt

4 »chiles anchos«, Samen entfernt, geröstet (Seite 247)

Kochendes Wasser nach Bedarf

1 reife Tomate, geröstet (Seite 250), oder 140 g abgetropfte gehackte Tomaten aus der Dose

1 Stück echte Zimtrinde (gut 1 cm lang) oder ½ TL gemahlener Zimt

1 Kochbanane (möglichst dunkel und vollreif), schräg in gut ½ cm dicke Scheiben geschnitten

60 g weiße Zwiebel, gehackt

¼ TL getrockneter Oregano (möglichst aus Mexiko)

1 Prise gemahlener Piment

Meersalz und frisch gemahlener Pfeffer

1 kleine Birne, geschält, vom Kerngehäuse befreit und in gut 1 cm große Würfel geschnitten

2 frische Ananasscheiben (jeweils gut 1 cm dick), in kleine Dreiecke geschnitten

2 Limetten, geviertelt

◆ Die Linsen mit 1 l Wasser, der gespickten Zwiebel, dem Knoblauch und dem Lorbeerblatt einmal aufkochen und dann zugedeckt bei mittlerer bis niedriger Temperatur etwa 30 Minuten köcheln lassen, bis die Linsen beinahe gar sind. Zwiebel, Knoblauch und Lorbeerblatt entfernen und wegwerfen.

◆ Gleichzeitig in einer Pfanne das Öl bei mittlerer Temperatur erhitzen. Die Wurst etwa 5 Minuten braten, bis sie bräunt und ihr Fett abgibt. Mit einer Schaumkelle aus der Pfanne nehmen und zu den Linsen geben. Das Fett bis auf 1 Esslöffel aus der Pfanne abgießen und dabei auffangen.

◆ Die Chilis in einer Schüssel mit kochendem Wasser bedecken und etwa 15 Minuten einweichen. Abgießen und mit der Tomate, dem Zimt und 250 ml des Linsenkochwassers im Mixer oder in der Küchenmaschine glatt pürieren.

◆ Das in der Pfanne verbliebene Fett bei mittlerer bis hoher Temperatur erhitzen. Die Bananenscheiben in 6–8 Minuten dunkelbraun braten und dabei mehrmals wenden. Mit einer Schaumkelle herausnehmen und auf Küchenpapier abtropfen lassen. Nach Bedarf etwas von dem aufgefangenen Wurstfett in die Pfanne geben. Die gehackte Zwiebel bei mittlerer Temperatur in etwa 2 Minuten weich schwitzen. Die Chilimischung, den Oregano, den Piment sowie Salz und Pfeffer nach Geschmack hinzufügen. Das Ganze unter häufigem Rühren etwa 5 Minuten köchelnd eindicken lassen.

◆ Die Mischung zu den Linsen geben und diese noch etwa 15 Minuten köcheln lassen – die genaue Garzeit hängt vom Alter der Linsen und der Sorte ab. Die Banane, die Birne und die Ananas untermischen und alles noch 10 Minuten köcheln lassen, bis auch die Früchte weich sind. Dabei nach Bedarf weiteres Wasser hinzugießen, allerdings sollte die Suppe zuletzt ziemlich dickflüssig sein.

◆ Nochmals abschmecken, in große vorgewärmte Suppenschalen füllen und sogleich servieren. Dazu die Limettenviertel reichen.

Für 8 Personen als Zwischengericht oder für 6 Personen als Hauptgericht

Einheimische Zutaten wie Chilis, Mais und Bohnen hielten Einzug in die Küche der spanischen Siedler.

Michoacán

Sopa de melón

Melonensuppe

Kennen gelernt habe ich diese feine Suppe in der Gegend der vom Gemüseanbau lebenden Stadt Apatzingán. Ein delikater Kontrapunkt zu einem würzigen Hauptgericht.

Maiskeim- oder Erdnussöl zum Ausbacken

*3 dünne Mais-Tortillas, fertig gekauft,
in gut 1 cm große Quadrate geschnitten*

*3 sehr reife Kantalupmelonen, halbiert
und Kerne entfernt*

2 EL Butter

*1 Kartoffel, geschält und in größere Stücke
geschnitten*

250 ml Milch

1 EL halbtrockener Sherry (nach Belieben)

Etwa 1 TL Meersalz

¼ TL frisch gemahlener weißer Pfeffer

1 EL frisch gepresster Limettensaft

◆ Eine kleine Pfanne gut 1 cm hoch mit Öl füllen und kräftig erhitzen. Die Tortilla-Stückchen in etwa 3 Minuten goldbraun ausbacken, dabei mehrmals wenden. Auf Küchenpapier abtropfen lassen. Mit einem kleinen Melonenausstecher etwa 16 Kugeln aus einer Melonenhälfte auslösen. Das restliche Melonenfruchtfleisch im Mixer glatt pürieren.

◆ Die Butter in einem Topf bei mittlerer Temperatur zerlassen. Die Kartoffel 3 Minuten unter ständigem Rühren braten. Mit der Milch übergießen und zugedeckt bei niedriger Temperatur in etwa 10 Minuten weich garen. Etwas abkühlen lassen und pürieren. Den Topf bei mittlerer Temperatur wieder aufsetzen. 125 ml Wasser unter das Kartoffelpüree rühren und die Suppe langsam zum Kochen bringen. Das Melonenpüree bis auf 125 ml, den Sherry, falls verwendet, sowie das Salz und den Pfeffer hinzufügen. Alles bei niedriger Temperatur unter häufigem Rühren 10 Minuten köcheln lassen. Den Limettensaft und das restliche Melonenpüree gründlich unterrühren und die Suppe nochmals kräftig erhitzen.

◆ In vorgewärmte Schalen füllen, mit den Melonenkugeln und den Tortilla-Stücken garnieren.

Für 4–6 Personen

Oaxaca

Caldo de gato

»Katzen«-Suppe

Warum die in Oaxaca sehr beliebte deftige Fleisch- und Gemüsesuppe diesen Namen trägt, habe ich noch nicht herausgefunden. Jedenfalls enthält sie nicht die durch die Straßen der Stadt streunenden Katzen! Der für diese Gegend Mexikos typische getrocknete und geräucherte »chile pasilla de Oaxaca« unterscheidet sich deutlich von dem verbreiteteren »chile pasilla de México«. Als Ersatz empfehlen sich »chiles chipotles en adobo« aus der Dose.

1 kg durchwachsenes Rindfleisch (z. B. Brust), in 5 cm große Würfel geschnitten und von überschüssigem Fett befreit

1 kg Rindfleisch zum Schmoren (z. B. Unterschale), in 5 cm große Würfel geschnitten

1,5 l Rinderbrühe

1 weiße Zwiebel, in dicke Scheiben geschnitten

6 Knoblauchzehen, geschält, aber unzerteilt

2 große frische Minzezweige

Meersalz

10 »tomatillos« (etwa 250 g), von der papierartigen Hülle befreit, gewaschen und geviertelt (Seite 250)

3 »chiles pasillas de Oaxaca«, Samen entfernt, geröstet, oder 2 »chiles chipotles en adobo« (Seite 247)

1 Chayote (etwa 375 g; Seite 246), geschält, oder 2 Zucchini, in 5 cm große Stücke geschnitten

4 kleine Möhren, geschält und in 4 Abschnitte geteilt

4 kleine neue Kartoffeln, ungeschält geviertelt

100 g weißer Mittel- oder Langkornreis

1 kleiner Weißkohl (etwa 500 g), in 8 Spalten geschnitten

125 g grüne Bohnen, von den Enden befreit und in 5 cm lange Stücke geschnitten

470 g Kichererbsen aus der Dose, abgetropft

3 EL gehackte frische Korianderblätter

1 Limette, in 6 Spalten geschnitten

◆ Die beiden Fleischsorten mit der Brühe in einen großen Topf füllen. Wasser zugießen, sodass das Fleisch gut 5 cm hoch bedeckt ist. Zum Kochen bringen und den Schaum von der Oberfläche abschöpfen. Die Zwiebel, den Knoblauch, die Minzezweige sowie Salz nach Geschmack hinzufügen. Alles bei verminderter Temperatur zugedeckt etwa

1½ Stunden köcheln lassen, bis das Fleisch eben gar ist. Zuletzt das Fett von der Oberfläche abschöpfen oder, falls es die Zeit erlaubt, den Topf mehrere Stunden in den Kühlschrank stellen und das an der Oberfläche erstarrte Fett abnehmen.

◆ Inzwischen die *tomatillos* in einem Topf mit etwas Wasser bei mittlerer Temperatur in etwa 15 Minuten köchelnd weich garen. Abgießen, dabei das Kochwasser auffangen. Die Chilis in kleine Stücke brechen und mit den *tomatillos* im Mixer glatt pürieren, dabei nach Bedarf etwas von dem Kochwasser hinzufügen – die Mischung soll die Konsistenz einer Sauce erhalten.

◆ Mit einer Schaumkelle das Fleisch aus dem Topf nehmen. Die Brühe durchseihen und wieder einfüllen. Das Fleisch von allen Knochen und Knorpeln befreien und ebenfalls wieder in den Topf geben. Alles bei mittlerer Temperatur köchelnd erhitzen. Die Chayote oder Zucchini, die Möhren, die Kartoffeln und den Reis hinzufügen und das Ganze ohne Deckel 10 Minuten köcheln lassen. Den Kohl und die grünen Bohnen hinzufügen und alles noch 8–10 Minuten köcheln lassen, bis das Gemüse gar ist, aber noch Biss hat. Die Kichererbsen und das *tomatillo*-Püree einrühren. Die Suppe mit Salz abschmecken und nach einigen Minuten vom Herd nehmen.

◆ In vorgewärmte tiefe Schalen füllen, mit dem Koriander bestreuen und servieren. Die Limettenspalten dazu reichen.

Für 6 Personen (reichlich bemessen)

Morelos

Crêpas de hongos

Crêpes mit Pilzfüllung

Vornehme mexikanische Restaurants bieten Crêpes, im Grunde ja auch eine Form der Tortilla, zum Zwischengang – als »sopa seca« – an. Mit einem grünen Salat ergeben sie ein elegantes leichtes Abendessen.

FÜR DIE CRÊPES

200 g Mehl

½ TL Meersalz

350 ml Milch (nach Bedarf auch mehr)

3 Eier, leicht verquirlt

2 EL Butter, zerlassen und abgekühlt

3 EL frische gehackte Korianderblätter

Zerlassene Butter, alternativ auch Pflanzenöl, zum Braten

FÜR DIE FÜLLUNG

60 ml Olivenöl (nach Bedarf auch mehr)

4 »chiles de árbol« (Seite 247), Samen entfernt

150 g weiße Zwiebeln, fein gehackt

4 Knoblauchzehen, gehackt

625 g frische Wild- oder Zuchtpilze, sorgfältig abgebürstet und gewürfelt

20 g frische Korianderblätter, gehackt

Meersalz und frisch gemahlener Pfeffer

FÜR DIE SAUCE

1 EL Butter

2 Knoblauchzehen, gehackt

3 EL Mehl

750 ml Milch

250 ml »crema« (Seite 246)

Meersalz und frisch gemahlener Pfeffer

20 g frische Korianderblätter, gehackt

ZUM GRATINIEREN UND GARNIEREN

125 g Manchego (Seite 248) oder ein anderer gut schmelzender Käse, gerieben

20 g frische Korianderblätter, gehackt

◆ Für die Crêpes das Mehl in einer Schüssel mit dem Salz vermengen. Milch, Eier, Butter und Koriander einrühren. Alles mit einem elektrischen Handrührgerät gründlich vermischen, dabei nach Bedarf noch etwas Milch hinzufügen – der Teig sollte ziemlich flüssig sein. Abdecken und 45–60 Minuten bei Raumtemperatur ruhen lassen.

◆ Den Teig durchrühren und, falls er zu dickflüssig ist, noch etwas Milch zugeben. Eine Crêpe-Pfanne von 23 cm Durchmesser bei mittlerer bis hoher Temperatur erhitzen. Den Boden dünn mit zerlassener Butter oder Öl bestreichen. Etwa 3 Esslöffel Teig in die Pfanne geben und durch Schwenken gleichmäßig dünn verteilen. Die Crêpe auf der Unterseite in etwa einer Minute leicht bräunen. Mit einem Spatel den Rand lösen und die Crêpe wenden. Auf der zweiten Seite in weniger als einer Minute leicht bräunen. Auf einen Teller stürzen und den restlichen Teig genauso verarbeiten. Nach Bedarf zusätzlich Butter oder Öl in die Pfanne geben. Insgesamt werden 20–25 Crêpes benötigt.

◆ Den Backofen auf 180 °C vorheizen. Eine flache ofenfeste Form von 23 × 30 cm mit Öl ausstreichen. Für die Füllung 60 ml Olivenöl in einer großen, schweren Pfanne bei mittlerer bis niedriger Temperatur erhitzen. Die Chilis einige Sekunden braten, danach auf Küchenpapier abtropfen lassen und zerbröseln. Die Zwiebeln mit dem Knoblauch in die Pfanne geben und bei mittlerer Temperatur in etwa 3 Minuten goldgelb schwitzen. In eine kleine Schüssel füllen. Die Temperatur auf die mittlere bis hohe Stufe erhöhen und nach Bedarf weiteres Öl in die Pfanne geben. Die Pilze unter gelegentlichem Rühren 4–5 Minuten braten, bis sie gleichmäßig leicht gebräunt sind. Die Chilis, die Zwiebel-Knoblauch-Mischung, den Koriander sowie Salz und Pfeffer nach Geschmack untermischen.

◆ Für die Sauce die Butter in einem Topf zerlassen und den Knoblauch kurz darin anbraten. Das Mehl darüber stäuben und einige Sekunden anschwitzen. Die Milch und die *crema* einrühren. Kräftig salzen und pfeffern. Langsam erhitzen, bis die Sauce Blasen wirft, dann bei niedriger Temperatur unter ständigem Rühren einige Minuten köcheln lassen, bis sie eindickt. Die eine Hälfte unter die Pilze ziehen, in die andere Hälfte den Koriander einrühren.

◆ Die Pilzfüllung auf die Crêpes verteilen und diese aufrollen. Nebeneinander in die vorbereitete Form legen. Mit der Sauce überziehen, mit dem Käse bestreuen und im Backofen 8–10 Minuten überbacken, bis der Käse leicht bräunt. Mit dem Koriander bestreut servieren.

Für 4–6 Personen

Nuevo León

Menudo

Kuttelsuppe mit Maisbrei

Im gesamten Norden des Landes wie auch in Teilen Zentralmexikos ist der »menudo«, eine kräftigende Zubereitung aus zerkleinerten, in gehaltvoller Schweinebrühe gegarten Kutteln, sehr geschätzt – vor allem sonntags nach einer durchfeierten Nacht. In Nuevo León würzen Hausfrauen wie Señora Villareal de Longoria die Brühe mit Chilis und reichern sie dann mit »pozole« (Maisbrei) an. Dazu passen heiße Weizen-Tortillas.

1 kg Kutteln (vom Netzmagen)

1 EL Apfelessig

2 Schweinsfüße oder 1 Kalbsfuß, längs gespalten

*500 g frischer Mais für »pozole«,
oder 880 g vorgekochter »pozole« aus der Dose,
abgespült und abgetropft (Seite 250)*

½ weiße Zwiebel, fein gewürfelt

4 Lorbeerblätter

3 Knoblauchzehen, geschält

*1 EL getrockneter Oregano
(möglichst aus Mexiko)*

Etwa 1 TL Meersalz

3 »chiles anchos«, Samen entfernt, geröstet (Seite 247)

2 EL Pflanzenöl

ALS BEIGABEN

6 Limetten, geviertelt

*20 g gemahlene »chiles pequíns« oder
3 »chiles serranos«, Samen entfernt und gehackt
(Seite 247)*

½ weiße Zwiebel, gehackt

3 EL getrockneter Oregano (möglichst aus Mexiko)

◆ Die Kutteln unter fließendem kaltem Wasser waschen und in gut 1 cm große Quadrate schneiden. Mit dem Essig in einen großen Topf füllen und mit Wasser bedecken. Bei mittlerer bis hoher Temperatur einmal leicht aufkochen und dann ohne Deckel 10 Minuten köcheln lassen. Abseihen, abspülen und zurück in den Topf füllen. Die Schweinsfüße oder den Kalbsfuß mit 2,5 l Wasser hinzufügen. Frischen Mais, falls verwendet, jetzt in den Topf geben. Alles bei mittlerer bis hoher Temperatur zum Kochen bringen und die Oberfläche abschäumen. Die halbe Zwiebel, die Lorbeerblätter, den Knoblauch, den Oregano und das Salz hinzufügen und einen Deckel auflegen. Das Ganze bei verminderter Temperatur 2–4 Stunden köcheln lassen, bis die Kutteln und der *pozole* gar sind.

◆ Inzwischen die Chilis 30 Minuten in sehr heißem Wasser einweichen, dann abgießen und das Wasser auffangen. Die Schoten in kleine Stücke zerpflücken und mit 125 ml des Einweichwassers im Mixer glatt pürieren, dabei nach Bedarf weiteres Wasser hinzufügen.

◆ Das Öl in einer Pfanne bei mittlerer bis hoher Temperatur erhitzen. Das Chilipüree hinzufügen und unter ständigem Rühren einige Minuten kochen lassen. 250 ml Brühe aus dem Topf mit den Kutteln dazugießen und das Ganze bei verminderter Temperatur 5 Minuten köcheln lassen. Die Mischung zu den Kutteln geben. Bei Verwendung von *pozole* aus der Dose diesen jetzt hinzufügen.

◆ Die Schweinsfüße oder den Kalbsfuß aus dem Topf nehmen und das Fett von der Oberfläche abschöpfen. Das Fleisch auslösen und zurück in den Topf geben, die Knochen und Knorpel wegwerfen. Den *menudo* noch 10–15 Minuten köcheln lassen. Noch besser schmeckt er, wenn man ihn einige Tage im Voraus zubereitet und in einem fest verschlossenen Gefäß im Kühlschrank gelagert hat.

◆ In vorgewärmte tiefe Schalen füllen. Die Beigaben in kleinen Schüsseln dazu reichen, sodass jeder Gast nach Geschmack selbst wählen kann.

Für 8 Personen (reichlich bemessen)

Tradiciones gastronómicas Mexicanas

Den traditionellen Essgewohnheiten konnte auch die Hektik des modernen Lebens bisher kaum etwas anhaben. Gleich nach dem Aufstehen stärken sich viele Mexikaner mit einem frischen süßen Brötchen und einer Tasse Kaffee oder Schokolade. Ich gehe zum *desayuno* gern zu einer nahe gelegenen Kirche, wo Frauen hausgemachte *tamales* und *atole* verkaufen, ein nahrhaftes, mit Maisstärke angedicktes und mit zerkleinerten Früchten aromatisiertes Getränk.

Einige Stunden später folgt ein üppigeres zweites Frühstück oder vorgezogenes kleines Mittagessen. Vor allem in Nordmexiko genießt man nach einer langen Nacht mit reichlichem Alkoholkonsum traditionell die deftige Kuttelsuppe namens *menudo*. Auch Eier werden in verschiedenen Zubereitungen gegessen, stets begleitet von einer Sauce aus Chilis, Zwiebeln und Tomaten. Fruchtsäfte, Obst, manchmal Fleisch, meist auch Bohnen und fast immer Tortillas machen das *almuerzo* komplett.

Die Hauptmahlzeit – oder *comida* – nimmt man am frühen Nachmittag so gegen halb drei und möglichst im Kreis der Familie ein. Bevor-

zugt am Sonntag trifft sich die Verwandtschaft, mitunter auch in einem Restaurant, zu einem ausgiebigen Mittagessen. Platten mit *antojitos* und feurige Salsas werden aufgetragen, die man mit Bier oder Tequila hinunterspült. Dann folgt eine leichte, aber schmackhafte Suppe sowie anschließend oft noch eine *sopa seca* auf Reis- oder Nudelgrundlage. Zum Hauptgang gibt es Fisch, gefüllte Chilis, ein Fleischgericht oder, bei besonderen Anlässen, eine *mole*. Falls bisher noch keine Bohnen dabei waren, werden sie nun separat in einer Brühe serviert. Nach dem Dessert – traditionsgemäß ein Flan, Reispudding oder Fruchteis – und dem anschließenden Kaffee genehmigt man sich vielleicht noch einen Weinbrand oder einen fassgereiften alten Tequila.

Abgesehen von der *merienda*, bestehend aus leichten *antojitos*, einer Suppe, *tamales* oder auch Resten, wird normalerweise bis zum Schlafengehen nichts mehr gegessen – außer an besonderen Festtagen, die mit Familie und Freunden zu späterer Stunde mit einem aufwendigen Abendessen (*cena*) begangen werden.

Jalisco

Crema de flor de calabaza

Cremige Kürbisblütensuppe

Im Sommer locken während der Regenzeit überall auf den mexikanischen Märkten satt goldgelbe Kürbisblüten. Paula Mendoza Ramos und ihre Tochter Rosa María verarbeiten sie nicht nur zu delikaten Suppen, sondern auch als Füllung in eleganten Crêpes.

60 g Butter

2 »chiles poblanos«, geröstet und enthäutet, Samen und Scheidewände entfernt (Seite 247), anschließend gewürfelt

75 g weiße Zwiebel, fein gehackt

3 EL Mehl

500 g große Kürbisblüten (je nach Größe etwa 15 Stück), von den Staubgefäßen befreit und grob gehackt (Seite 249)

1 l Milch

750 ml Hühnerbrühe

Meersalz und frisch gemahlener weißer Pfeffer

◆ Die Butter in einem weiten Topf zerlassen und die Chilis in etwa 3 Minuten darin weich dünsten, dann zur Seite legen. In der gleichen Pfanne die Zwiebeln in der restlichen Butter in etwa 5 Minuten glasig schwitzen. Das Mehl darüber stäuben und etwa 2 Minuten ständig rühren, bis es leicht gebräunt ist.

◆ Eine Hand voll Kürbisblüten für die Garnitur zurückbehalten, die übrigen bei niedriger Temperatur behutsam unter die Zwiebeln mischen und 5 Minuten dünsten, dabei gelegentlich rühren. Die Milch und die Hühnerbrühe hinzugießen und alles erhitzen, bis es leise sprudelt. Mit Salz und Pfeffer würzen und zugedeckt 10 Minuten sanft köcheln lassen. Vom Herd nehmen und leicht abkühlen lassen.

◆ Die Suppe im Mixer oder in der Küchenmaschine glatt pürieren und anschließend durch ein Sieb streichen. Zurück in den Topf geben und bei mittlerer bis niedriger Temperatur gründlich erwärmen.

◆ In vorgewärmte Schalen füllen, mit den gedünsteten Chilis und den restlichen Kürbisblüten bestreuen und sogleich servieren.

Für 6 Personen

Sonora

Caldo de queso con papas

Kartoffelsuppe mit Käse

*Am besten schmeckt dieser Klassiker der nordmexi-
kanischen Farmerküche mit einem Käse aus Sonora.
Doch auch mit einer anderen Sorte ist der Genuss
garantiert.*

2 EL Butter oder Pflanzenöl

*4 kleine neue Kartoffeln, geschält und in 2 cm
große Würfel geschnitten*

1 weiße Zwiebel, gehackt

1 Knoblauchzehe, gehackt

2 große, reife Tomaten, enthäutet und gehackt

1 l Rinderbrühe

*2 Anaheim-Chilis, geröstet, enthäutet, Samen und
Scheidewände entfernt (Seite 247), anschließend
gehackt, oder 2 milde grüne Chilis aus der Dose,
abgetropft und gehackt*

250 ml Milch, leicht erwärmt

Meersalz und frisch gemahlener Pfeffer

375 g gut schmelzender Käse, gerieben

*4 Frühlingszwiebeln, mitsamt dem zarten Grün
in feine Ringe geschnitten*

◆ In einem schweren, möglichst gusseisernen Topf
bei mittlerer Temperatur die Butter zerlassen oder das
Öl erhitzen. Die Kartoffeln mit der Zwiebel einrühren und 6–8 Minuten dünsten, bis sie etwas weich
werden. Den Knoblauch etwa 1 Minute mitdünsten.

◆ Bei mittlerer bis hoher Temperatur die Tomaten
hinzufügen und etwa 5 Minuten rühren, bis sie zu
einem dicken Mus zerfallen. Die Brühe und die Chilis dazugeben. Alles ohne Deckel etwa 4 Minuten
köcheln lassen, bis die Kartoffeln gar sind, aber noch
nicht zerfallen. Bei sehr niedriger Temperatur die
Milch einrühren. Die Suppe salzen und pfeffern und
vom Herd nehmen, sobald sie die richtige Serviertemperatur hat. Den Käse auf vorgewärmte Schalen
verteilen und die Suppe einfüllen. Mit den Frühlingszwiebeln bestreuen und sogleich servieren.

Für 4–6 Personen

Michoacán

Sopa Tarasca

Tortilla-Suppe der Tarasken

Um Pátzcuaro und Tzintzuntzán liegt das Hauptsied-lungsgebiet der Purépecha oder Tarasken, wie sie bei den Spaniern hießen. Nach ihnen ist diese Suppe benannt, die zwar eher der deftigen Hausmannskost zuzuordnen ist, die man aber durchaus auch in Restaurants bekommt. Bei jedem Besuch des malerischen Ortes Pátzcuaro am gleich-namigen See gehe ich zum Essen in die Hostería San Felipe. Seit langem beschäftigt dieser kleine Familienbe-trieb dieselbe Köchin, und sie behauptet selbstbewusst, ihre herzhafte »sopa Tarasca« habe allgemein so viel An-klang gefunden, dass sie heute als traditionelle Suppe der regionalen Küche gelte.

6 dünne Mais-Tortillas, fertig gekauft

4 »chiles anchos«, Samen und Scheidewände entfernt (Seite 247)

Heißes Wasser nach Bedarf

Etwa 8 EL (125 ml) Erdnussöl

½ weiße Zwiebel, gehackt

2 Knoblauchzehen, geschält, aber unzerteilt

1 große, reife Tomate, enthäutet und grob gehackt, oder 250 g abgetropfte gehackte Tomaten aus der Dose

1,5 l kräftige Hühnerbrühe

4 oder 5 frische »epazote«-Blätter (Seite 248; nach Belieben)

Meersalz

¼ TL getrockneter Oregano (möglichst aus Mexiko)

250 g »queso fresco« (Seite 248) oder milder Feta, gewürfelt

1 Avocado, vom Kern befreit, geschält und gewürfelt

◆ Eine der Tortillas beiseite legen. Die übrigen in gut 1 cm breite Streifen schneiden und 5–10 Minu-ten trocknen lassen. In einer Schüssel einen Chili 10–15 Minuten in heißem Wasser einweichen. Die übrigen 3 Schoten längs in schmale Streifen von 2,5 cm Länge schneiden.

◆ In einer Pfanne 6 Esslöffel Öl bei mittlerer bis hoher Temperatur erhitzen. Die Tortillastreifen por-tionsweise in nur wenigen Sekunden knusprig und goldbraun braten, dabei einmal wenden. Mit einer Schaumkelle herausnehmen und auf Küchenpapier abtropfen lassen. Die Chilistreifen im selben Öl ebenfalls einige Sekunden braten und auf Küchen-papier abtropfen lassen.

◆ Sollte die Pfanne inzwischen zu trocken sein, noch 1 Esslöffel Öl hineingeben und bei mittlerer bis niedriger Temperatur erhitzen. Die Zwiebel mit dem Knoblauch in etwa 10 Minuten goldbraun schwit-zen. Den eingeweichten Chili abgießen und, ebenso wie die ganze Tortilla, zerpflücken. Diese vier Zuta-ten zusammen mit der Tomate im Mixer oder in der Küchenmaschine zu einem glatten Püree ver-arbeiten, dabei nach Bedarf bis zu 60 ml Wasser hin-zugießen.

◆ In einem möglichst gusseisernen, großen Topf 1 Esslöffel Öl bei mittlerer bis hoher Temperatur erhitzen. Das Püree einfüllen und unter ständigem Rühren etwa 5 Minuten braten, bis es dunkel wird. Die Brühe mit den *epazote*-Blättern, falls gewünscht, einrühren und alles 15 Minuten köcheln lassen. Die Suppe zuletzt salzen und mit dem Oregano würzen.

◆ Vor dem Servieren die Hälfte der Tortilla-Streifen und den Käse in vorgewärmte Suppenschalen ver-teilen und die Suppe darüber schöpfen. Mit den rest-lichen Tortilla- sowie den Chilistreifen und den Avocadowürfeln bestreuen. Sogleich servieren.

Für 6 Personen

¿Licuadora o molcajete?

Jeden Sonntag findet in Tlacolula, etwa 30 Kilometer von Oaxaca entfernt, ein Markt statt, der beinahe den gesamten, von Zapoteken bevölkerten Ort einnimmt. Männer führen Ziegen durch die Straßen, auf Decken sitzen Frauen hinter geschickt aufgetürmten Pyramiden aus Chilis, an Ständen, die Kassetten anbieten, erschallt laute Musik und überall werden auf Tischen Heilkräuter in großer Auswahl angeboten. Es ist eine wundersame, chaotische Welt, die Vergangenheit und Gegenwart verbindet.

Besonders deutlich zeigt sich die neue Zeit an den zahlreichen Mixern, die zwischen all den Schlössern, Nägeln, Seilrollen und Batterien ins Auge fallen. *Licuadoras* (Mixer) sind inzwischen zu den wichtigsten Küchenhelfern in Mexiko avanciert. Nur die ärmsten oder aber ausgesprochen traditionsbewussten Familien besitzen kein solches Zeit sparendes Gerät.

Molcajetes sieht man dagegen, obwohl sie sich seit Jahrhunderten beim Mahlen von Zutaten bewährt haben, selten auf dem Markt. Nun sind die dreifüßigen Mörser aus dunklem Vulkangestein in den meisten Haushalten bereits vorhanden und so langlebig, dass sie selten erneuert werden müssen. Trotzdem wurden sie weitgehend vom Mixer verdrängt und kommen nur noch zur Herstellung von Salsas und *guacamole* oder zum Mahlen von Gewürzen und Nüssen in kleinen Mengen zum Einsatz.

Sopa de chile poblano
Suppe mit Chilis

Die großen »chiles poblanos« lassen sich gut füllen, in »rajas« (Streifen) geschnitten vielseitig verwenden oder auch in dieser schlichten, aber eleganten traditionellen Suppe verarbeiten. Nahe der Autobahn zwischen Mexiko-Stadt und Puebla erstreckt sich um die Stadt San Martín Texmelucan eines der Hauptanbaugebiete der »chiles poblanos«, die nach dem Staat Puebla benannt sind. So ist es nicht verwunderlich, dass sie in der lokalen Küche und auch bei Mónica Mastretta, mit der ich gelegentlich zusammen koche und der ich dieses gelungene Rezept verdanke, eine wichtige Rolle spielen. Die »crema« mildert das Aroma der Chilis.

60 g Butter

1 TL Pflanzenöl

4 »chiles poblanos«, geröstet, enthäutet, Samen und Scheidewände entfernt (Seite 247), zuletzt in lange, schmale Streifen geschnitten

1 weiße Zwiebel, gehackt

3 Knoblauchzehen, gehackt

1,5 l Hühnerbrühe

150 g frische oder tiefgefrorene Erbsen

Meersalz und frisch gemahlener Pfeffer

75 g blanchierte Mandeln, fein gemahlen

75 ml »crema« (Seite 246)

◆ Die Butter mit dem Öl in einem großen Topf bei mittlerer Temperatur zerlassen. Die Chilis, die Zwiebel und den Knoblauch unter ständigem Rühren in etwa 3 Minuten weich dünsten. Die Hühnerbrühe, die Erbsen sowie Salz und Pfeffer nach Geschmack hinzufügen. Alles ohne Deckel etwa 10 Minuten köcheln lassen. Vom Herd nehmen und leicht abkühlen lassen.

◆ Den Topfinhalt im Mixer glatt pürieren, dabei zuletzt die Mandeln hinzufügen. Die Suppe abschmecken und nochmals erwärmen.

◆ In vorgewärmten Suppenschalen anrichten und mit der *crema* garnieren. Sogleich servieren.

Für 4–6 Personen

Tlaxcala

Sopa de bolitas de carne y papas

Suppe mit Kartoffel-Fleisch-Bällchen

Mit ihrer Einlage aus Fleischbällchen, die zusätzlich mit Kartoffeln angereichert sind, bildet diese schlichte, aber gehaltvolle Suppe eine komplette Mahlzeit. Das erste Mal probierte ich sie an einem Marktstand in Tlaxcala, der Hauptstadt des kleinsten mexikanischen Bundesstaates gleichen Namens. Da die Köchin ihr Rezept nicht verraten wollte, schreibe ich hier meine Version auf, die unter entscheidender Mithilfe meiner Freundin Yolanda Ramos Galicia, einer Anthropologin und namhaften Köchin aus Tlaxcala, zustande kam.

Das zwischen Mexiko-Stadt und Puebla gelegene Tlaxcala, übersetzt »Maisland«, schrieb einst Geschichte. Denn ohne die Hilfe der Tlaxcalteken, die mit Montezuma auf Kriegsfuß standen, hätten die Spanier die Azteken niemals besiegen können. Darüber hinaus hat die geschichtsträchtige Stadt neben einer charakteristischen Küche ein schönes koloniales Stadtbild, prunkvolle Kirchen sowie in der Umgebung restaurierte »pulque haciendas« und schließlich mit Cacaxtla eine berühmte archäologische Stätte mit sehenswerten Fresken zu bieten.

1 kg vorwiegend fest kochende Kartoffeln

500 g mageres Hackfleisch vom Schwein

1 weiße Zwiebel, je zur Hälfte fein und grob gehackt

Etwa 1 TL Meersalz

1 TL frisch gemahlener Pfeffer

½ TL getrockneter Oregano (möglichst aus Mexiko)

2 Eier, leicht verquirlt

2 EL Erdnussöl

500 g reife Tomaten, enthäutet und gehackt, oder 450 g gehackte Tomaten aus der Dose, abgetropft

1 l Hühnerbrühe

1 EL Mehl

1 »chile jalapeño« (Seite 247), seitlich aufgeschlitzt

1 Zweig glatte Petersilie, gehackt

7 g frische Korianderblätter

◆ Die Kartoffeln schälen und auf einer mittelfeinen Reibe raspeln. In ein Küchentuch einschlagen und ausdrücken. Mit dem Hackfleisch, der fein gehackten Zwiebel, dem Salz, dem Pfeffer und dem Oregano gründlich vermengen. Zuletzt die Eier unterziehen. Aus der Masse mit den Händen 2,5 cm große Bällchen formen.

◆ Das Öl in einem großen und schweren, möglichst gusseisernen Topf erhitzen. Sobald es sehr heiß ist, die Klößchen portionsweise in jeweils etwa 10 Minuten ringsum hellbraun braten. Mit einer Schaumkelle herausheben und beiseite stellen.

◆ Die Tomaten mit der grob gehackten Zwiebel im Mixer glatt pürieren, dabei nach Bedarf etwas von der Hühnerbrühe hinzufügen.

◆ Das Mehl in das im Topf verbliebene Öl einstreuen und einige Minuten bei mittlerer Temperatur unter ständigem Rühren anschwitzen. Zunächst langsam das Tomaten-Zwiebel-Püree, dann den Chili und die Petersilie hinzufügen. Alles köchelnd und unter gelegentlichem Rühren etwa 3 Minuten eindicken lassen. Die restliche Brühe in den Topf gießen, die Fleischbällchen einlegen und die Suppe ohne Deckel 10–15 Minuten köcheln lassen. Den Chili entfernen und die Suppe abschmecken.

◆ In vorgewärmte flache Schalen füllen und mit den Korianderblättern garnieren. Sogleich servieren.

Für 6 Personen

Puebla

Sopa de hongos

Suppe mit Pilzen

Wenn im Sommer zur Regenzeit die Pilze in den Hügeln rings um das zentrale Hochland Mexikos sprießen, kommt mir diese Suppe in den Sinn. Auf dem Markt der Universitätsstadt Cholula bekommt man wunderbare Pilze dafür.

60 ml Erdnussöl

1 weiße Zwiebel, fein gewürfelt

8 Knoblauchzehen, fein gewürfelt

4 »chiles serranos« (Seite 247), Samen entfernt, fein gewürfelt

3 reife Eiertomaten, enthäutet und fein gewürfelt

Etwa 2 EL Olivenöl

1 kg frische Wild- oder Zuchtpilze, sorgfältig abgerieben und in Scheiben geschnitten

2 TL Meersalz, dazu Salz und frisch gemahlener Pfeffer nach Geschmack

1,25 l Hühnerbrühe

4 frische »epazote«-Blätter (Seite 248), fein gehackt (nach Belieben)

◆ Das Erdnussöl in einem großen und schweren, möglichst gusseisernen Topf bei mittlerer bis hoher Temperatur erhitzen. Die Zwiebel in etwa 6 Minuten goldgelb schwitzen. Den Knoblauch und die Chilis hinzufügen und noch etwa 1 Minute rühren. Die Tomaten untermischen und ohne Deckel etwa 15 Minuten köcheln lassen, bis sie wie Mus zerfallen.

◆ Inzwischen in einer großen Pfanne 2 Esslöffel Olivenöl bei mittlerer bis hoher Temperatur erhitzen. Die Pilze mit einem Holzlöffel einrühren, bis sie gleichmäßig vom Öl überzogen sind; mehr Öl hinzufügen, falls die Mischung zu trocken ist. Mit 2 Teelöffeln Salz würzen und etwa 5 Minuten unter gelegentlichem Rühren dünsten, bis die Pilze ihren Saft abgeben.

◆ Die Pilze zur Zwiebel-Tomaten-Mischung geben. Die Brühe hinzugießen und alles bei mittlerer bis niedriger Temperatur köchelnd erhitzen. Die *epazote*-Blätter, falls gewünscht, gründlich einrühren. Die Suppe mindestens 15−20 Minuten köcheln lassen. In vorgewärmte einzelne Schalen füllen und sogleich servieren.

Für 8 Personen

Tabasco

Arroz blanco

Würziger weißer Reis

Selten wird Reis in Mexiko einfach nur gedämpft. Ein wenig Limettensaft setzt bei diesem Rezept von Ricardo Muñoz Zurita einen belebenden Akzent und unterstreicht die Wirkung der anderen würzenden Zutaten. Kräftiger schmeckt der Reis, wenn er mit heißer Hühnerbrühe anstelle von Wasser gekocht wird. Gewöhnlich wasche ich den Reis nicht, da manche Sorten in der Außenschicht wasserlösliche Vitamine aufweisen.

450 g weißer Mittel- oder Langkornreis
(siehe Rezepteinleitung)

½ weiße Zwiebel, grob gehackt

2 Knoblauchzehen

3 EL kaltes Wasser

5 EL Erdnussöl

1 l heißes Wasser

½ TL frisch gepresster Limettensaft

3 Zweige glatte Petersilie

Etwa 1 TL Meersalz

◆ Nach Wunsch den Reis zwei- oder dreimal in frischem Wasser waschen und abgießen, zuletzt gründlich abtropfen lassen. Da er möglichst trocken sein sollte, auf einem Küchentuch ausbreiten und einige Minuten ruhen lassen.

◆ Die Zwiebel mit dem Knoblauch und dem kalten Wasser im Mixer glatt pürieren.

◆ In einem schweren, möglichst gusseisernen Topf mit Deckel das Öl bis zum Rauchpunkt erhitzen. Den Reis 7–10 Minuten unter häufigem Rühren braten. Sobald die Körner knistern, die Zwiebelmischung unterziehen und noch 1 Minute rühren.

◆ Das heiße Wasser, den Limettensaft, die Petersilie und das Salz zum Reis geben und zum Kochen bringen. Anschließend bei mittlerer bis niedriger Temperatur zugedeckt 15 Minuten garen, ohne zwischendurch den Deckel zu lüften. Vom Herd nehmen und zugedeckt 10 Minuten ruhen lassen, wobei der Reis im Dampf fertig gart – es soll zuletzt keine Flüssigkeit mehr im Topf sein.

◆ Die Petersilie entfernen, den Reis mit einer Gabel auflockern und in einer vorgewärmten Schüssel servieren.

Für 6–8 Personen

Puebla

Sopa de cilantro

Koriandersuppe

Das charakteristische Aroma von frischem Koriander prägt diese leichte, zartgrüne Suppe, die meine Freundin Mónica Mastretta gern bei einer Party kredenzt.

500 ml Milch

2 Lorbeerblätter

1 EL Butter

1 TL Pflanzenöl

⅓ weiße Zwiebel, grob gehackt

3 EL Mehl

2 Bund frischer Koriander, die dicken Stängel entfernt

1 l Hühnerbrühe

¼ TL frisch gemahlener weißer Pfeffer

Meersalz

125 ml »crema« (Seite 246)

30 g »totopos« (Seite 251)

125 g »queso fresco« (Seite 248), zerkrümelt

◆ Die Milch mit den Lorbeerblättern in einem Topf langsam erhitzen, bis sie leise sprudelt. Vom Herd nehmen und etwas abkühlen lassen.

◆ In einer schweren Pfanne die Butter mit dem Öl bei mittlerer Temperatur zerlassen. Die Zwiebel in etwa 3 Minuten glasig schwitzen. Mit dem Mehl bestäuben und einige Minuten häufig rühren, bis die Mischung eindickt.

◆ Die Lorbeerblätter aus der Milch entfernen und wegwerfen. Langsam die heiße Milch zur Mehlschwitze gießen und dabei ständig rühren. Die Béchamel bei mittlerer Temperatur etwa 5 Minuten leicht eindicken lassen, dabei weiterrühren. Vom Herd nehmen und etwas abkühlen lassen.

◆ Die Béchamel mit dem Koriander in den Mixer füllen und fein pürieren. In einem großen Topf bei mittlerer Temperatur aufsetzen. Langsam die Hühnerbrühe einrühren. Die Suppe mit dem Pfeffer und Salz würzen und 10 Minuten unter gelegentlichem Rühren kochen lassen. Die *crema* einrühren und die Suppe nochmals gut durchwärmen.

◆ In vorgewärmte Schalen füllen, mit zerkleinerten *totopos* und dem zerkrümelten Käse bestreuen und sogleich servieren.

Für 6 Personen

Pozole

Mais – Seele und Säule der mexikanischen Küche – wird keineswegs nur zu Mehl verarbeitet, sondern auch zu *pozole,* dem für Mexiko so typischen Maisbrei. Dicke, fleischige Maiskörner werden zunächst genauso vorbehandelt wie zur Herstellung von *masa,* dann aber nicht gemahlen, sondern stundenlang auf kleiner Flamme ganz weich gekocht (siehe auch Seite 250).

Wie *pozole* zu einer herzhaften Suppe gleichen Namens wird, deren Grundlage dieser Maisbrei bildet, lernte ich in Uruapan im Staat Michoacán. Eines Abends hielt ich an einer *fonda* – einem kleinen, einfachen Lokal unter freiem Himmel –, vor der zahlreiche Einheimische warteten. Auf dem Tresen standen Schüsseln mit gehackten weißen Zwiebeln und roten Radieschen, feinen Weißkohlstreifen und getrocknetem Oregano, dessen starker Duft bis zu meinem Platz ganz hinten in der langen Schlange drang. Erst als ich einen Hocker ergattert und vor mir eine große Emailschüssel stehen hatte, gefüllt mit einer aromatischen,

chiliroten Brühe, angereichert mit Maisbrei und Fleischstücken, verstand ich: Die Beigaben, die ganz nach Belieben in die Suppe gerührt werden, machen jeden *pozole* zu einer ganz besonderen Köstlichkeit.

Roter *pozole* ist eine Form dieser überall in Zentralmexiko verbreiteten Suppe, der seine Farbe durch die roten Chilischoten erhält. In Jalisco, wo *pozole* nur Schweinefleisch, weißen Maisbrei und eine würzige Brühe enthält, ist er farblos, bis die Würzzutaten hinzukommen: eine pikante Salsa mit *chiles de árbol,* Zwiebeln, Radieschen und Salatstreifen. In Acapulco und anderen Gegenden von Guerrero servieren kleine Stände donnerstags grünen *pozole,* der durch gemahlene Kürbiskerne, gemischtes grünes Gemüse, *chiles jalapeños* und säuerliche *tomatillos* seinen vollen Geschmack und die typische Farbe erhält. Meist wird er mit *chicharrones,* Avocadostücken, gehackter Zwiebel, Kohl und stark aromatischem Oregano sowie zuletzt einem Spritzer Limettensaft abgerundet.

Sinaloa

Pozole Sinaloense

Suppe mit Schweinefleisch und Maisbrei

Der aus dicken Maiskörnern hergestellte Brei heißt genauso wie die damit zubereitete, deftige Suppe, die in Abwandlungen in den meisten Regionen Mexikos bekannt ist. Das Rezept für diese rote Variante aus dem Staat Sinaloa bekam ich von einem jungen Mann, der mich überzeugte, dass der »pozole« seiner Mutter mindestens so gut sei wie andere, die ich auf meinen Reisen gekostet hatte.

FÜR DIE SUPPE

4 Schweinsfüße, küchenfertig vorbereitet und halbiert

1,5 kg Suppenknochen vom Schwein

500 g Schweinerippchen

1 kg Schweinelende, in große Stücke geschnitten

1 kleine Knoblauchknolle, von der papierartigen Haut befreit und quer halbiert

1 weiße Zwiebel, geschält, aber unzerteilt

12–14 »chiles anchos« (etwa 250 g), Samen entfernt (Seite 247)

1 l sehr heißes Wasser

1,5 kg frischer Mais für »pozole« oder 1,75 kg vorgekochter »pozole« aus der Dose, abgespült und abgetropft (Seite 250)

1 EL getrockneter Oregano (möglichst aus Mexiko)

Meersalz

Kochendes Wasser nach Bedarf

ALS BEIGABEN

½ Kopfsalat oder Weißkohl, in Streifen geschnitten

20 kleine Radieschen, in feine Scheiben geschnitten oder gewürfelt

2 weiße Zwiebeln, fein gehackt

2 Avocados, vom Kern befreit, geschält und gewürfelt

8 Limetten, halbiert

◆ Für die Suppe die Schweinsfüße in kaltem Wasser waschen, das mehrmals erneuert wird. In einem großen Topf mit Wasser bedecken. Bei hoher Temperatur einmal aufkochen, den Schaum abschöpfen und dann bei mittlerer Temperatur ohne Deckel 1 Stunde köcheln lassen. Die Schweinsfüße aus der Brühe nehmen und abkühlen lassen. Mit einem Messer das Fleisch lösen, dabei Knochen, Haut und Fett wegwerfen. Das Fleisch klein schneiden und zurück in die Brühe geben.

◆ Die Suppenknochen, Rippchen und Lendenstücke, den Knoblauch und die Zwiebel zur Brühe geben. Zugedeckt noch etwa 2 Stunden köcheln lassen, bis das Fleisch gar ist.

◆ Inzwischen die Chilis in einer Schüssel mit dem sehr heißen Wasser bedecken und 20 Minuten einweichen.

◆ Wenn das Fleisch gar ist, die großen Stücke mit der Zwiebel und dem Knoblauch aus der Brühe nehmen. Den Knoblauch ausdrücken. Das Fruchtfleisch mit der Zwiebel, den Chilis und 250 ml ihres Einweichwassers im Mixer glatt pürieren. Die Mischung durch ein mittelfeines Sieb streichen und in die köchelnde Brühe einrühren.

◆ Das Fleisch der großen Stücke, sobald sie ausreichend abgekühlt sind, in Faserrichtung in Streifen schneiden, dabei Knochen, Fett und Knorpel wegwerfen. Den *pozole*, das Oregano und Salz in die Suppe rühren und diese ohne Deckel noch etwa 30 Minuten köcheln lassen. Bei Bedarf kochendes Wasser hinzugießen – das Fleisch soll stets mit Flüssigkeit bedeckt sein. Mit einem großen Löffel das Fett von der Oberfläche abnehmen.

◆ Den *pozole* in vorgewärmte Schalen füllen. Die Beigaben in kleinen Schüsseln dazu servieren, sodass jeder Gast sich nach Geschmack bedienen kann.

Für 12 Personen (reichlich bemessen)

Tabasco

Arroz rojo con achiote

Roter Reis mit Achiote-Paste

Auf meinen Streifzügen durch Mexiko begleitet mich oft Ricardo Muñoz Zurita, einer der namhaftesten Nachwuchsköche des Landes. Gemeinsam haben wir viele ungewöhnliche Gerichte entdeckt, darunter in seinem Heimatstaat Tabasco auch diesen Reis. Er sieht zwar ähnlich wie der in Mexiko populäre rote Reis aus, erhält aber durch »achiote« eine überraschende Note.

*2 mittelgroße, reife Tomaten, gehackt, oder
450 g gehackte Tomaten aus der Dose, abgetropft*

75 g weiße Zwiebel, gehackt

2 Knoblauchzehen, gehackt

1 EL »achiote«-Paste (Seite 246)

80 ml Pflanzenöl

450 g weißer Mittel- oder Langkornreis

750 ml Hühnerbrühe

1 grüne Paprikaschote, geröstet, Samen und Scheidewände entfernt, zuletzt in kurze, schmale Streifen geschnitten

5 Zweige glatte Petersilie, gehackt, dazu einige Zweige zum Garnieren

Etwa 1 TL Meersalz

◆ Die Tomaten mit der Zwiebel und dem Knoblauch im Mixer pürieren. Die *achiote*-Paste gründlich untermixen. Die Mischung durch ein Sieb streichen.

◆ Das Öl in einem schweren Topf erhitzen. Den Reis hinzufügen und etwa 5 Minuten rühren, bis er etwas Farbe annimmt. Das Tomatenpüree einrühren und etwa 3 Minuten mitbraten. Die Brühe, die Paprikastreifen, die gehackte Petersilie und das Salz hinzufügen. Umrühren und den Reis zugedeckt bei mittlerer bis niedriger Temperatur in 25 Minuten beinahe fertig garen. Vom Herd nehmen und noch 10 Minuten ruhen lassen.

◆ Mit einer Gabel auflockern, mit Petersilienzweigen garnieren und servieren.

Für 8–10 Personen

México, D.F.

Sopa seca de fideos
con tres chiles

Nudeln mit drei Chilisorten

*Mit »chiles anchos«, »pasillas« und »guajillos« würzt
Marco Beteta sein Nudelgericht, das wie italienische Pasta
als »trockene Suppe« vor dem Hauptgang serviert wird.
»Fideos« sind dünne Nudeln, die sich in Mexiko besonderer Beliebtheit erfreuen.*

2 »chiles anchos« (Seite 247)

4 »chiles pasillas« (Seite 247)

4 »chiles guajillos« (Seite 247)

3 Knoblauchzehen, geröstet (Seite 248)

1 Tomate, geröstet (Seite 250)

¼ weiße Zwiebel, geröstet (Seite 250)

½ TL Kreuzkümmel, geröstet

Meersalz und frisch gemahlener Pfeffer

2 EL Erdnussöl

450 g getrocknete »fideos« oder andere Fadennudeln

500 ml Hühnerbrühe

60 ml »crema« (Seite 246)

50 g »queso fresco« (Seite 248), zerkrümelt

◆ Die Chilis von den Samen befreien und rösten
(Seite 247), anschließend 10 Minuten in heißem
Wasser einweichen und abseihen. Die Chilis zer-
pflücken und mit dem Knoblauch, der Tomate, der
Zwiebel und dem Kreuzkümmel im Mixer glatt
pürieren, dabei nach Bedarf etwas Wasser hinzufü-
gen. Die Mischung durch ein Sieb streichen und mit
Salz und Pfeffer würzen.

◆ Das Öl in einer großen Pfanne bei mittlerer bis
hoher Temperatur erhitzen. Die Nudeln in die Pfanne geben und rühren, bis sie gleichmäßig mit Öl
überzogen sind. Die Chilisauce unterziehen und alles
unter häufigem Rühren noch 5 Minuten garen, dabei die Temperatur herunterschalten, sobald die
Sauce erste Blasen wirft. Die Brühe hinzugießen und
etwa 5 Minuten rühren, bis die Nudeln gar sind.

◆ Die Nudeln in eine vorgewärmte Schüssel füllen,
darauf *crema* und Käse anrichten und servieren.

Für 6 Personen

Veracruz

Chilpachole de jaiba

Krabben in würziger Brühe

Die Bewohner des Bundesstaates Veracruz sind bekannt für ihre Lebensfreude. Sie sorgen sich nicht um die Zukunft, sondern genießen das Hier und Jetzt, und dazu gehört unbedingt auch gutes Essen. An Sonn- und Feiertagen strömen ganze Familien aus der quirligen Hafenstadt Veracruz in Richtung Süden, um jenseits des Rio Jamapa den Tag in einem der einfachen, kleinen Seafood-Restaurants direkt am Meer zu verbringen, die sich zwischen die Stelzwurzeln der Mangroven rings um die Laguna Mandinga kauern. An allen Tischen drängen sich fröhliche Runden, die kiloweise gekochte Garnelen verspeisen oder auch »mojarra«, einen Süßwasserfisch, der sich noch wenige Stunden zuvor in der Lagune tummelte.

Hoch im Kurs stehen auch kleine Blaukrabben, in einer scharfen, von Tomaten leuchtend rot gefärbten Brühe gegart. Blaukrabben, die vor der amerikanischen Atlantikküste gefischt werden, aber auch im Golf von Mexiko reichlich vorkommen, gelangen oft noch lebend in den Handel, wobei die Scheren an den Rumpf angebunden sind. Dagegen werden die größeren, aus dem Pazifik stammenden Schwimmkrabben zwar oft vorgekocht, aber noch im Panzer angeboten, was für die Herstellung einer geschmacksintensiven Brühe unerlässlich ist.

Falls Sie lebende Krabben gekauft haben, gehen Sie folgendermaßen vor: Einen großen Topf mit 3 l Wasser füllen. Das Wasser zum Kochen bringen und die Krabbe einlegen. Wenn das Wasser weiterhin stark kocht, ist die Krabbe nach wenigen Sekunden tot. Noch 5–6 Minuten garen. Sobald sich der Panzer leuchtend rot färbt, aus dem Topf nehmen.

8 Blaukrabben oder 2 Schwimmkrabben, vorgekocht

Meersalz

4 Knoblauchzehen, ungeschält geröstet (Seite 248)

1 große weiße Zwiebel, geviertelt und geröstet (Seite 250)

450 g gehackte Tomaten aus der Dose, abgetropft

3 »chiles jalapeños«, geröstet und Samen entfernt, oder 2 »chiles chipotles en adobo« (Seite 247)

3 EL Olivenöl

1 frischer »epazote«-Zweig oder 4 frische »epazote«-Blätter (Seite 248)

2 Limetten, geviertelt

◆ Die Krabben auf den Rücken legen und die Schwanzplatte abnehmen. Die Tiere umdrehen und die obere Schale ablösen. Die weißen Kiemen und alle übrigen Organe entfernen und wegwerfen. Die Scheren vorsichtig nur anknacken, das übrige Fleisch auslösen und zusammen mit den Scheren zugedeckt in den Kühlschrank stellen. Alle Schalenteile abspülen und in kleinere Stücke schlagen. Mit 2 l Wasser und etwas Salz in einem großen Topf einmal aufkochen und dann bei verminderter Temperatur zugedeckt 20 Minuten köcheln lassen. Den Topf vom Herd nehmen und die Brühe durch ein feines, mit einem doppelten Mulltuch ausgelegtes Sieb seihen. (Die Brühe kann bis zur weiteren Verwendung eine Nacht im Kühlschrank aufbewahrt werden.)

◆ Den Knoblauch schälen und mit der Zwiebel, den Tomaten und den Chilis im Mixer glatt pürieren, dabei nach Bedarf etwas von der Brühe hinzufügen.

◆ In einem hohen und schweren, möglichst gusseisernen Topf das Olivenöl bis kurz vor dem Rauchpunkt erhitzen. Das Tomatenpüree hineingießen. Die Temperatur leicht drosseln und etwa 5 Minuten häufiger rühren, bis sich eine sämige Sauce ergibt.

◆ 1,5 l der Brühe hinzugießen, nach Geschmack salzen und 20 Minuten köcheln lassen. (Bis hierher kann die Suppe im Voraus zubereitet werden. In diesem Fall abkühlen lassen und zugedeckt für etwa 6 Stunden in den Kühlschrank stellen.)

◆ *Epazote* in die leise sprudelnde Suppe geben und diese noch 10 Minuten köcheln lassen. Das Krabbenfleisch und die Scheren hinzufügen.

◆ Die Suppe in vorgewärmte Schalen füllen und dabei die Scheren gleichmäßig verteilen. Sogleich servieren und die Limettenviertel separat dazu reichen.

Für 4–6 Personen

Suppe gehört in Mexiko beinahe genauso zum Alltag wie das Lachen von Kindern.

Navidad en Michoacán

An einem kalten, klaren Weihnachtsabend spazierten mein Mann und ich durch Pátzcuaro in Michoacán, als wir plötzlich ausgelassenes Lachen vernahmen. Es drang aus einem schmalen Durchgang. Dort standen auf beiden Seiten Männer und Frauen und feuerten eine Gruppe von Kindern an, die auf eine dunkelrot bemalte *piñata* – eine mit Obst und Süßigkeiten gefüllte Figur – einschlugen, um an ihren Inhalt zu gelangen. Eine alte Frau, die uns schnell bemerkt hatte, winkte uns herein und stellte uns den Gastgeber Chava und seine Familie vor. Sofort bekamen wir heiße Schokolade in kleinen Tontassen angeboten und man machte uns Platz an einem niedrigen, mit Holzkohle befeuerten Ofen.

Ehe wir uns versahen, hatten wir Kerzen in der Hand und wurden aufgefordert, an der *posada* teilzunehmen. Mit den anderen folgten wir einem Jungen und einem Mädchen im Teenageralter, die die Herbergsuche Marias und Josefs in Bethlehem nachspielten. An jeder Tür klopften sie an und baten singend um Unterkunft, wurden aber immer wieder abgewiesen. In Chavas Haus fanden sie schließlich Aufnahme und die ganze Gesellschaft wurde eingeladen, um dort gemeinsam *pozole* zu essen. Oft noch kehrten wir später dorthin zurück und wurden jedes Mal mit dampfender Schokolade und einer Schale *pozole* willkommen geheißen.

México, D.F.

Pozole verde con hongos

Suppe mit Pilzen und Maisbrei

Zwar kennt jede Region eine eigene »pozole«-Version, alle aber enthalten gewöhnlich Schweinefleisch. Bei dieser schnellen und unkomplizierten Alternative ersetzt María Dolores Torres Yzábal, eine ebenso traditionsbewusste wie experimentierfreudige Köchin aus Mexiko-Stadt, das Fleisch durch Pilze. Da Zeit heutzutage oft Mangelware ist, greifen viele Köche zu einem Instantprodukt, anstatt die Brühe selbst herzustellen. Für einen rein vegetarischen »pozole« verwenden Sie Gemüse- anstelle der Geflügelbrühe.

3 EL Erdnussöl (nach Bedarf auch mehr)

500 g frische weiße Champignons, sorgfältig abgerieben und in Scheiben geschnitten

1 dünne Mais-Tortilla, fertig gekauft, über Nacht getrocknet

2 dünne Baguettescheiben, über Nacht getrocknet

5 TL Instant-Geflügelbrühe

500 g »tomatillos«, von der papierartigen Hülle befreit, gewaschen und gehackt (Seite 250)

30 g frische Korianderzweige

3 EL weiße Zwiebel, fein gehackt

2 Knoblauchzehen, fein gehackt

1 »chile serrano« (Seite 247), Samen entfernt, fein gehackt

3 EL Sesamsamen, geröstet

3 EL Kürbiskerne, geröstet (Seite 249)

1 Stück echte Zimtrinde (etwa 2,5 cm lang)

2 Gewürznelken

1 frischer »epazote«-Zweig (Seite 248; nach Belieben)

375 g vorgekochter »pozole« aus der Dose, abgespült und abgetropft (Seite 250)

Meersalz

ALS BEIGABEN

150 g Radieschen, fein gehackt

150 g weiße Zwiebeln, fein gehackt

90 g Weißkohl, in feine Streifen geschnitten

7 g getrockneter Oregano (möglichst aus Mexiko)

2 »chiles serranos« (Seite 247), fein gehackt (nach Belieben)

◆ In einer gusseisernen Pfanne das Öl bei hoher Temperatur erhitzen. Die Pilze 1−2 Minuten unter Rühren braten, bis sie erdig duften, mit einer Schaumkelle herausnehmen. Bei mittlerer Temperatur die Tortilla in nur wenigen Sekunden bräunen, dabei einmal wenden. Mit der Schaumkelle herausnehmen, auf Küchenpapier abtropfen lassen und zusätzlich abtupfen. Bei Bedarf noch etwas mehr Öl in die Pfanne geben und erhitzen. Die Brotscheiben genauso von beiden Seiten bräunen und auf Küchenpapier abtropfen lassen. Die Tortilla und das Brot nach dem Abkühlen in Stücke brechen.

◆ 1,75 l Wasser in einem großen Topf bei hoher Temperatur zum Kochen bringen. Die Instantbrühe einrühren und auflösen. Die Pilze hinzufügen und bei mittlerer bis niedriger Temperatur ohne Deckel in etwa 5 Minuten weich garen. Abseihen und dabei die Brühe auffangen.

◆ Die Tortilla- und Brotstücke, die *tomatillos,* den Koriander, die Zwiebel, den Knoblauch, den Chili und 125 ml der Brühe im Mixer oder in der Küchenmaschine glatt pürieren.

◆ Das in der Pfanne verbliebene Öl erhitzen, bis es zu rauchen beginnt, und nach Bedarf noch etwas mehr Öl hinzufügen. Das Püree hineingeben und einige Minuten unter gelegentlichem Rühren braten. Anschließend bei mittlerer Temperatur ohne Deckel etwa 10 Minuten eindicken lassen.

◆ Inzwischen die Sesamsamen und Kürbiskerne in einer Gewürzmühle sehr fein mahlen. Mit 500 ml der Brühe im Mixer glatt pürieren und in die *tomatillo*-Sauce einrühren.

◆ Die restliche Brühe zurück in den Topf gießen und köchelnd erhitzen. Die Zimtrinde, die Gewürznelken und das *epazote,* sofern gewünscht, auf ein Stück Mulltuch legen. Die Ecken zusammenfassen, fest mit Küchengarn umbinden und den Beutel in die Brühe einlegen. Die *tomatillo*-Sauce, die Pilze und den *pozole* einrühren. Die Suppe ohne Deckel 10−15 Minuten köcheln lassen. Mit Salz abschmecken und den Beutel mit den Gewürzen entfernen.

◆ Die Suppe in vorgewärmte Schalen füllen. Die Beigaben in kleinen Schüsseln dazu reichen, sodass sich jeder Gast nach Geschmack bedienen kann.

Für 6 Personen

Veracruz

Ostiones Alvarado

Austerneintopf nach Art von Alvarado

80 Kilometer südlich der Hafenstadt Veracruz liegt das Fischerstädtchen Alvarado. Sehenswürdigkeiten gibt es dort wenig, dafür aber herrliche Seafood-Gerichte. Zu meinen Favoriten gehört dieser rustikale Eintopf. Man sollte ihn mit sehr kleinen Austern zubereiten. Manchmal verwende ich jedoch auch nicht zu große Venus- oder Jakobsmuscheln.

1 Stück echte Zimtrinde (etwa 2,5 cm lang) oder ½ TL gemahlener Zimt

10 Pfefferkörner oder ¼ TL frisch gemahlener Pfeffer

2 ganze Gewürznelken oder 1 Prise gemahlene Gewürznelken

½ TL getrockneter Oregano (möglichst aus Mexiko)

20 – 24 sehr kleine ausgelöste Austern mit ihrem Saft (insgesamt etwa 1 l)

6 kleine, vorwiegend fest kochende Kartoffeln, geschält und in gut 1 cm große Würfel geschnitten

2 TL Meersalz, dazu mehr nach Geschmack

4 »chiles jalapeños« (Seite 247)

2 EL Pflanzenöl

½ weiße Zwiebel, fein gehackt

2 Knoblauchzehen, fein gehackt

2 reife Tomaten, enthäutet und grob gehackt, oder 500 g gehackte Tomaten aus der Dose, abgetropft

Frisch gemahlener Pfeffer

2 EL frisch gehackte glatte Petersilie

Zitronenspalten

◆ Den Oregano und die gemahlenen Gewürze – bei Verwendung von Zimtrinde, Pfefferkörnern und ganzen Gewürznelken diese vorher in einer Gewürzmühle fein mahlen – in 250 ml Wasser verrühren. Die Austern mit ihrem Saft hinzufügen und zugedeckt in den Kühlschrank stellen.

◆ Die Kartoffeln in einem Topf mit Wasser bedecken und mit 2 Teelöffeln Salz würzen. Aufkochen lassen und dann bei mittlerer bis hoher Temperatur in 6 – 8 Minuten eben gar kochen. Mit einer Schaumkelle die Kartoffeln bis auf etwa 3 Esslöffel aus dem Topf nehmen und beiseite legen. Die noch im Wasser befindlichen Kartoffelwürfel gründlich zerdrücken und das Ganze auf 500 ml einkochen lassen.

◆ Aus 3 der Chilis die Samen und Scheidewände entfernen und längs in ½ cm breite Streifen schneiden.

◆ In einem großen, schweren Topf das Öl bei mittlerer Temperatur erhitzen. Die Zwiebel und die Chilistreifen etwa 4 Minuten dünsten, bis die Zwiebel hellgelb und die Chilis weich sind. Den Knoblauch dazugeben und alles noch 3 Minuten dünsten. Bei mittlerer bis hoher Temperatur die Tomaten untermischen und etwa 4 Minuten mit einem Holzlöffel häufig rühren, bis ihr Saft größtenteils verdampft ist. Bei verminderter Temperatur das Kartoffelwasser zusammen mit dem vierten, ganzen Chili einrühren. (Bis hierher kann der Eintopf im Voraus zubereitet werden. In diesem Fall abkühlen lassen und zugedeckt für etwa 12 Stunden in den Kühlschrank stellen.)

◆ Die Austern abseihen, die Flüssigkeit in den Eintopf geben. Diesen bei mittlerer bis niedriger Temperatur zum Kochen bringen und dann ohne Deckel 5 Minuten köcheln lassen. Die beiseite gelegten Kartoffeln und die Austern einrühren und alles noch etwa 2 Minuten durchwärmen, bis die Austern schön prall sind. Mit Salz und Pfeffer abschmecken.

◆ Den Topf vom Herd nehmen und den ganzen Chili entfernen. Den Eintopf sogleich in vorgewärmten Schalen anrichten, mit der Petersilie bestreuen und servieren. Die Zitronenspalten dazu reichen.

Für 4 Personen als Hauptgericht

México, D.F.

Caldo Tlalpeño

Hühnersuppe mit Kichererbsen

Mónica Mastretta überließ mir das Rezept für diese klassische Suppe, bei der Kichererbsen das kräftige Raucharoma des »chile chipotle« mildern.

1,5 l Hühnerbrühe

1 ganzes Hühnerbrüstchen, enthäutet

1 frischer Minzezweig

1 EL Pflanzenöl

½ große weiße Zwiebel, gehackt

1 große Möhre, geschält und gewürfelt

2 Knoblauchzehen, gehackt

1 »chile chipotle en adobo« (Seite 247), fein gehackt

1 frischer »epazote«-Zweig (Seite 248)

½ TL Meersalz

470 g Kichererbsen aus der Dose, abgespült und abgetropft

½ TL frisch gemahlener Pfeffer

1 Avocado, vom Kern befreit, geschält und gewürfelt

1 Limette, in 6 Spalten geschnitten

◆ Die Brühe mit dem Hühnerfleisch und der Minze zum Kochen bringen und bei schräg aufgelegtem Deckel etwa 15 Minuten köcheln lassen, bis das Fleisch gar ist. Das Fleisch aus der Brühe nehmen, abkühlen lassen, auslösen und in Streifen schneiden. Die Minze ebenfalls herausnehmen und wegwerfen.

◆ Das Öl in einem großen Topf bei mittlerer Temperatur erhitzen. Die Zwiebel mit der Möhre in etwa 5 Minuten glasig schwitzen. Den Knoblauch 1 Minute mitdünsten. Die Brühe, den Chili, das *epazote*, das Salz und den Pfeffer hinzufügen. Aufkochen und 20 Minuten simmern lassen. Die Kichererben einrühren und das Ganze noch 10 Minuten ohne Deckel köcheln lassen. Das Hühnerfleisch einrühren und einmal durchwärmen.

◆ Die Suppe in vorgewärmte Schalen füllen und mit den Avocadowürfeln garnieren. Die Limettenspalten dazu reichen.

Für 6 Personen

Michoacán

Sopa fría de aguacate

Gekühlte Avocadosuppe

Wenn ich bei Enrique Bautista zum Essen eingeladen bin, weiß ich, dass mindestens ein Gericht aus den Avocados zubereitet sein wird, die in den Hügeln rings um sein Anwesen in Hülle und Fülle wachsen. An heißen Tagen bildet diese unkomplizierte kalte Suppe mit ihrem vollen, aber delikaten Aroma einen idealen Auftakt für ein Menü.

1 l Hühnerbrühe

1 kleine weiße Zwiebel, geviertelt

3 Pfefferkörner

4 Avocados

60 ml frisch gepresster Limettensaft

1 Knoblauchzehe, gehackt

3 EL gehackte weiße Zwiebel

250 ml »crema« (Seite 246) oder Buttermilch

45 g frische Korianderblätter, gehackt

30 g frischer Spinat, grob gehackt

2 »chiles serranos« (Seite 247), Samen entfernt, gehackt

Meersalz

Salsa aus rohen Tomaten und Chilis (Seite 173)

◆ Die Brühe mit den Zwiebelvierteln und den Pfefferkörnern in einem Topf bei mittlerer bis hoher Temperatur aufsetzen und in etwa 5 Minuten auf 750 ml einkochen lassen. Durchseihen und zum Abkühlen beiseite stellen, die Rückstände im Sieb wegwerfen.

◆ Die Avocados halbieren, den Kern herauslösen und das Fruchtfleisch mit einem Löffel aus den Schalen holen. Mit der Hälfte der eingekochten Hühnerbrühe und dem Limettensaft im Mixer fein pürieren. In eine Schüssel füllen und die restliche Brühe einrühren.

◆ Den Knoblauch, die gehackte Zwiebel, die *crema* oder Buttermilch, den Koriander, den Spinat und die Chilis im Mixer zu einer glatten Mischung verarbeiten und diese gründlich in die Avocadosuppe einrühren. Mit Salz abschmecken und zugedeckt in den Kühlschrank stellen.

◆ Die Suppenschalen kühlen. Die Suppe nach Bedarf mit weiterem Salz würzen. In die Schalen füllen, mit der Salsa garnieren und servieren.

Für 6 Personen

México, D.F.

Caldo guadiana

Schwarze Bohnensuppe mit Maiskörnern

Mais, Bohnen und Chilis, drei unverzichtbare Zutaten der mexikanischen Küche, wurden von Marco Beteta in dieser Suppe fantasievoll kombiniert.

2 EL Pflanzenöl

1 weiße Zwiebel, grob gehackt

1 Knoblauchzehe, grob gehackt

1,75 kg Bohneneintopf samt Brühe (Seite 201), zubereitet aus schwarzen Bohnen

1 frischer »epazote«-Zweig (nach Belieben; Seite 248)

185 g frische oder tiefgefrorene Maiskörner

2 knappe TL Instant-Geflügelbrühe

Meersalz und frisch gemahlener Pfeffer

Etwa 750 ml Hühnerbrühe

ALS BEIGABEN

30 g »chicharrones« (Seite 246), zerkrümelt

150 g »queso fresco« (Seite 248), zerkrümelt

60 g »queso añejo«(Seite 248) oder Parmesan, gerieben

2 »chiles pasillas«, in Ringe geschnitten und geröstet (Seite 247)

5 »chiles serranos«, fein gehackt (Seite 247)

3 »chiles chipotles en adobo«, fein gehackt (Seite 247)

1 Avocado, vom Kern befreit, geschält und gewürfelt

½ weiße Zwiebel, fein gehackt

2 EL gehackte frische Korianderblätter

◆ Das Öl bei mittlerer Temperatur erhitzen. Die Zwiebel in etwa 5 Minuten weich schwitzen, anschließend den Knoblauch noch 1 Minute mitdünsten. Beides mit den Bohnen und ihrer Brühe im Mixer oder in der Küchenmaschine glatt pürieren, durch ein mittelfeines Sieb streichen.

◆ Das im Topf verbliebene Öl wieder bei mittlerer Temperatur erhitzen und das Bohnenpüree ohne Deckel 2 Minuten köcheln lassen. *Epazote*, sofern gewünscht, und die Maiskörner einrühren. Die Suppe mit der Instantbrühe, Salz und Pfeffer würzen und etwa 4 Minuten unter gelegentlichem Rühren köcheln lassen, bis der Mais gar ist. Hühnerbrühe nach Bedarf angießen. In vorgewärmten Schalen servieren und die Beigaben in kleinen Schüsseln dazu reichen.

Für 6 Personen

Puebla

Arroz de Fandango

Festliches Reisgericht

*Oft wird dieses gehaltvolle Reisgericht in einer »cazuela«
aus Ton zubereitet und als Beilage zu gegrilltem Fleisch
serviert, etwa zu mariniertem Lendensteak mit Kräutern
(Seite 155). Es schmeckt aber auch allein als Hauptgericht.*

Etwas Öl oder Butter zum Fetten der Form

3 EL Pflanzenöl

*½ weiße Zwiebel, halbiert und in dünne Ringe
geschnitten*

*4 »chiles poblanos« (Seite 247), geröstet, enthäutet,
Samen und Scheidewände entfernt, in Streifen
geschnitten*

625 g würziger weißer Reis (Seite 91), lauwarm

*90 g tiefgefrorene oder kurz gekochte frische
Maiskörner*

500 ml »crema« (Seite 246)

Meersalz und frisch gemahlener Pfeffer

½ TL getrockneter Oregano (möglichst aus Mexiko)

250 ml Milch

*250 g Manchego (Seite 248) oder ein anderer
gut schmelzender Käse, gerieben*

◆ Den Backofen auf 165 °C vorheizen. Eine flache
ofenfeste Form von 1,5 l Inhalt mit Butter oder Öl
ausstreichen – besonders dekorativ sieht eine Stein-
gutform aus.

◆ Das Öl in einer Pfanne bei mittlerer Temperatur
erhitzen und die Zwiebel in etwa 3 Minuten eben
glasig schwitzen. Die Chilistreifen einrühren und
etwa 10 Minuten dünsten, dabei gelegentlich rühren.

◆ Die halbe Reismenge gleichmäßig in die vorbe-
reitete Form einfüllen. Darauf jeweils die Hälfte der
Zwiebelmischung und der Maiskörner verteilen. Das
Ganze mit der Hälfte der *crema* beträufeln. Mit Salz,
Pfeffer und dem Oregano würzen. Den restlichen
Reis sowie den Rest der Zwiebelmischung und der
crema genauso einfüllen. Mit der Milch begießen und
mit dem Käse bestreuen.

◆ Das Gericht etwa 20 Minuten überbacken, bis der
Käse Blasen wirft. Heiß in der Form servieren.

Für 6 Personen

Jalisco

Sopa verde de tortilla

Überbackene Tortilla-Streifen
mit grüner Sauce

Paula Mendoza Ramos ist als Köchin bei der Familie Roma de la Peña angestellt, die seit Generationen auf ihrer herrlichen »hacienda« den Herradura-Tequila destilliert. Zusammen mit ihrer Tochter Rosa María bereitet sie alle wichtigen Bankette vor, kocht aber genauso schlichte Hausmannskost, die auch Reste verwertet – etwa diese sehr schmackhafte »sopa seca«, zubereitet aus übrig gebliebenen Mais-Tortillas.

In Mexiko wird eine solche »trockene Suppe« wie Pasta in Italien traditionsgemäß vor dem Hauptgang serviert. Auch als leichtes Abendessen, begleitet von einem Salat, ist die »sopa verde de tortilla« durchaus zu empfehlen.

15 dünne Mais-Tortillas, fertig gekauft

Maiskeim- oder Erdnussöl zum Ausbacken

2 EL Butter

45 g Grün von Frühlingszwiebeln oder Schnittlauch, grob gehackt

5 »chiles poblanos«, geröstet, enthäutet, Samen und Scheidewände entfernt (Seite 247)

½ Bund frisches »epazote« (Seite 248)

1 EL Erdnussöl

Meersalz

125 ml »crema« (Seite 246)

60 g »queso asadero« (Seite 248) oder Manchego, gerieben

◆ Möglichst bereits am Vortag die Tortillas in etwa 2 × 5 cm große Streifen schneiden und auf einer Arbeitsfläche zum Trocknen ausbreiten oder auf einem Blech in den warmen Backofen schieben, bis sie knusprig sind.

◆ Einen weiten Topf oder eine Pfanne mindestens 2,5 cm hoch mit Maiskeim- oder Erdnussöl füllen und dieses bis kurz vor dem Rauchpunkt erhitzen. Die Tortilla-Streifen portionsweise von beiden Seiten hellbraun und knusprig braten – sie sind in wenigen Sekunden fertig. Mit einem Bratenwender herausnehmen und auf Küchenpapier abtropfen lassen. (Die Tortilla-Streifen können bis zu 1 Tag im Voraus vorbereitet und dann in einer fest verschlossenen Papiertüte bei Raumtemperatur aufbewahrt werden.)

◆ Den Backofen auf 180 °C vorheizen. Eine flache, runde Gratinform von 23 cm Durchmesser mit einem Esslöffel Butter ausstreichen.

◆ Die Frühlingszwiebeln oder den Schnittlauch mit den Chilis, dem *epazote* und 375 ml Wasser im Mixer glatt pürieren. Die Mischung mithilfe eines Holzlöffels durch ein Sieb streichen.

◆ 1 Esslöffel Erdnussöl in einer Pfanne bis zum Rauchpunkt erhitzen. Die pürierte Mischung dazugießen und etwa 10 Minuten kochen lassen, bis sie zu einer Sauce eindickt – dabei die Temperatur auf die mittlere Stufe herunterschalten, sobald sie leise sprudelt, und häufig mit einem Holzlöffel umrühren, damit nichts anlegt. Mit Salz abschmecken und vom Herd nehmen. Die *crema* einrühren und die Pfanne bei mittlerer Temperatur wieder aufsetzen. Kurz vor dem Aufkochen die Tortilla-Streifen hinzufügen und nur einige Sekunden vorsichtig durchmischen, bis sie etwas weich werden.

◆ Das Ganze in die vorbereitete Form füllen. Die restliche Butter in Flöckchen und anschließend den Käse darauf verteilen. Das Gericht etwa 15 Minuten backen, bis der Käse geschmolzen ist. Sogleich direkt in der Form servieren.

Für 6 Personen

PLATOS FUERTES

Die Hauptgerichte wie
»moles«, »tamales«, Fisch,
gefüllte Chilis oder
»carnitas« bieten die
ganze Vielfalt der
mexikanischen Küche.

Vorhergehende Doppelseite: Zwischen San José del Cabo und Cabo San Lucas, zwei viel besuchten Orten an der Südspitze von Baja California Sur, bilden stachelige Säulenkakteen bizarre Formationen. **Ganz oben:** Die Einwohner von Guadalajara sind als sehr gesellig bekannt und sitzen gerne in den vielen Cafés der Stadt. **Oben:** Mit warmen, leuchtenden Erdfarben locken die für die verschiedenen regionalen *mole*-Varianten verwendeten Gewürze wie Kreuzkümmel, Anissamen, Gewürznelken und schwarzer Pfeffer. **Rechte Seite:** Je nach Sorte – *chiles de agua, jalapeños, serranos* oder *habaneros* – kitzeln frische Chilis den Gaumen mit einer dezenten, fruchtigen Schärfe oder setzen ihn einer heftigen Feuerprobe aus.

Der Geburtstag meiner Freundin Ana Elena war ein fröhliches Fest. Nachdem wir stundenlang Tequilas verschiedener Hersteller aus den Hügeln östlich von Guadalajara verkostet hatten, was natürlich mit zunehmender Heiterkeit vor sich gegangen war, wollten wir den Tag mit einem Abendessen angemessen beschließen. Dafür bot sich, wie wir fanden, eine *birrería* an, eines jener zwanglosen Restaurants, die als *plato fuerte* (Hauptgericht) die Spezialität der Region, nämlich langsam mit reichlich Chilis geschmortes Lamm oder Zicklein, servieren. Jemand aus der Gruppe schlug ein Lokal vor, in dem es die köstlichste *birria* der ganzen Stadt geben sollte. Gleich machten wir uns auf den Weg.

Da wir zu spät für die *comida* – das Mittagessen – und zu früh für das *cena* waren, plauderten wir eine Weile mit den Mitarbeitern in der Küche, die bereits die *birria* für den nächsten Tag vorbereiteten und dafür Berge von dicken Knoblauchknollen schälten, um sie dann mit frisch gerösteten *chiles guajillos* zu pürieren. Der schwere Duft regte unseren Appetit an, und so knabberten wir knusprige *chicharrones* und aßen etwas *guacamole*, bis die ersten Abendgäste eintrafen. Bald waren alle damit beschäftigt, deftige

Brühe zu löffeln und Fleischbrocken zusammen mit weiterer *guacamole* und reichlich scharfen weißen Zwiebeln in heiße Tortillas zu wickeln. Eine große Mariachi-Kapelle gruppierte sich um unseren Tisch. Wir schmetterten ihre Lieder mit, und andere Gäste stimmten in unsere etwas schräge Version von »Las Mañanitas«, dem mexikanischen Geburtstagslied, mit ein. An das schlichte, aber wundervoll herzhafte Essen denke ich genauso gern zurück wie an das fröhliche Beisammensein mit alten und neuen Freunden, das häufig spontan zustande kommt, wenn man in Mexiko essen geht.

Zu Hause trifft sich oft die ganze Familie zur *comida*, der Hauptmahlzeit des Tages, die am frühen Nachmittag eingenommen wird. Für die Kinder ist dann die Schule aus, und die Männer kehren, wenn irgend möglich, von der Arbeit heim. Sonntags finden sich weitere Verwandte und Freunde ein, um in geselliger Runde ausgiebig zu schlemmen. So war ich gleich auf etwas Besonderes gefasst, als mein Freund Ricardo mich einlud, ihn am Wochenende zu seiner Tante im Süden von Tabasco zu begleiten. Wir fuhren durch eine sanfte, grüne Hügellandschaft, in der nur vereinzelte Bäume dem Vieh Schatten vor der sengenden Sonne spendeten. Ein Leguan kreuzte unseren Weg, als wir die Stadt beinahe schon erreicht hatten. Wegen der Hitze bekam ich den Ehrenplatz auf dem Sofa gleich gegenüber dem Ventilator zugewiesen. Als sämtliche Gäste eingetrudelt und die Begrüßungsrituale abgeschlossen waren, versammelten sich alle um einen großen Tisch. Irgendwann zählte ich 16 Per-

Linke Seite oben: Durch die Spanier nach Mexiko gekommen, hinterließ der Katholizismus in der Religion des Landes unauslöschliche Spuren. Heute findet man überall solche Schreine, errichtet zu Ehren der dunkelhäutigen Jungfrau von Guadalupe, die 1531 einem Indio-Bauern erschienen war. **Links:** Die aufwendige Zubereitung von *cochinita pibil* – das Schweinefleisch wird in Bananenblätter gewickelt und in einer mit Steinen ausgekleideten Erdgrube stundenlang über einem glimmenden Holzfeuer gegart – wird durch ein fast unvorstellbar zartes Ergebnis belohnt. **Oben:** Fleischige Rippchen, dünne Rindfleischstreifen, zarte Kutteln und milchig weiß schimmernder Speck, aus dem man ein würziges Schmalz gewinnt, sind noch in der kleinsten *carnicería* erhältlich.

sonen, da aber dazu noch einige Kinder herum-
schwirrten, verlor ich bald den Überblick.

Nach der Suppe wurde in einer Terrine eines
der besten Gerichte aufgetischt, die ich jemals
gekostet habe: *tortuga en sangre*. Mit Erleichterung
erfuhr ich, dass die Schildkröten aus den Flüssen,
die träge das Flachland von Tabasco durchfließen,
nicht vom Aussterben bedroht sind. Da aber für
Gerichte dieser Art größere Exemplare benötigt
werden und Jungtiere einfacher zu bekommen
sind, ziehen die meisten Familien sie in einem
Bassin neben dem Haus selbst heran. Das zarte
Fleisch war mit *achiote*, Gewürzen und Kräutern
aromatisiert und wurde mit milden Chilis und
Kochbananen serviert. Die Großmutter und ich
bekamen als »Ehrengäste« jeweils mehrere der
Eier. Alle beobachteten meine Reaktion, während
ich das erste von ihnen verspeiste. Leicht nervös
schluckte ich herunter, dankte dann lächelnd meiner Gastgeberin und teilte den Rest mit Ricardo.

Je nach Region hat man es mit immer wieder
neuen Hauptgerichten zu tun, die auf ihre Weise
stets höchste Gaumenfreuden versprechen. An einem
Strand in Acapulco genoss ich fangfrischen Fisch,

Linke Seite: Ein Händler hat für einige seiner Ziegen einen
Abnehmer gefunden. **Ganz oben:** Im Villa Montaña Hotel in
Morelia werden die Tische für das Abendessen gedeckt. **Oben
Mitte:** An den Marktständen Yucatáns erwartet den Besucher
eine verlockende Auswahl von Seafoodspezialitäten. **Oben:**
Knusprige *chicharrones* (gebratene Schweineschwarten) werden
als Snack geknabbert, aber auch als Kochzutat verwendet.

Ganz oben: Unter freiem Himmel bereiten vier Frauen auf einem Markt in Oaxaca über dem offenen Feuer ein typisches Essen, bestehend aus kurz gebratenem Fleisch und Chilis mit Tortillas. **Oben:** Das Korbflechten gehört wie das Schnitzen, das Weben, die Metallbearbeitung und das Töpfern zu den vielen traditionellen Handwerkskünsten Mexikos.

der einfach auf Stöcken über einem Feuer aus getrockneten Kokosnussschalen gebraten war. Ich aß *carnitas*, würzige Happen von knusprigem Schweinefleisch, in einem Städtchen in Michoacán, wo eine Garage zu einem simplen Lokal umfunktioniert worden war. In Tamaulipas besteht der Hauptgang meist schlicht aus einer stattlichen, gegrillten oder gebratenen Scheibe Rindfleisch und dazu *enchiladas*. Die meisten Hauptgerichte aber werden in oder mit einer Sauce serviert, nach der sie oft auch benannt sind, etwa *pipián verde* oder *mole negro*. Ob Fleisch, Geflügel oder Fisch beteiligt ist, scheint beinahe zweitrangig bei diesen Gerichten, die solo oder höchstens mit Reis als Beilage auf den Tisch kommen.

Auch gefülltes Gemüse kann die Hauptrolle bei einer Mahlzeit übernehmen. Besonders häufig dienen Chilis, ob frisch oder getrocknet, Chayoten und Kürbisse als Hülle, die je nach Region immer wieder anders gefüllt werden. Im Frühherbst sieht man in den Straßen von Puebla und Mexiko-Stadt Frauen sitzen, die ganz frische Walnüsse schälen. Sie bilden eine der Grundzutaten für *chiles en nogada*, jenes Gericht, das man traditionsgemäß am 16. September, dem mexikanischen Unabhängigkeitstag, isst.

Grüne *chiles poblanos* werden mit einem herzhaft süßen *picadillo* aus Fleisch, Früchten und Nüssen gefüllt und mit der weißen Walnusssauce überzogen, über die man schließlich noch rubinrote Granatapfelkerne streut – Rot, Grün und Weiß sind die Farben der mexikanischen Flagge. In Guanajuato, der lebhaften Stadt, in der im 16. Jahrhundert die erste Silbermine entstand, bekam ich große *chiles anchos*, gefüllt mit Kartoffeln und *chorizo* und eingetaucht in eine süßsaure *escabeche*. Und wenn ich in Oaxaca bin, lasse ich mir den Gaumenkitzel nicht entgehen, der sich aus dem Kontrast zwischen der Rauchnote der getrockneten *chiles pasillas de Oaxaca* und dem herben *queso fresco* ergibt.

Die sehr populären *tamales* werden bei zwanglosen Mahlzeiten genauso gern gegessen wie bei Festen. Am *Diá de los Muertos*, dem »Tag der Toten«, legen die Familien sie als Geschenk für die Verstorbenen auf die in den Häusern errichteten Altäre, und Weihnachten sind sie geradezu ein Muss. Tatsächlich muss *masa*, der typische Maisbrei, bei *tamales* gar nicht unbedingt beteiligt sein. Auf dem Markt von Toluca entdeckte mein Mann Fredric ein *tamal de cereza*, das statt der erwarteten *masa* eine ordentliche Portion Wildkirschen enthielt, die unentsteint in diesen Maishüllblättern gegart waren. Im Hochland von Puebla, wo die Hügel von dunkler vulkanischer Erde bedeckt sind und etliche Wasserläufe die Täler durchziehen, aß ich *tamales* mit knoblauchgewürztem Fisch, der einfach in Maishüllblätter gewickelt und gedämpft war. Eines Tages sah ich Irene, einer begnadeten Familienköchin, zu, wie sie glänzende, grüne Bananenblätter hauchdünn mit *masa* bestrich, darauf einen Löffel schwarze *mole* gab und das Ganze dann geschickt zu zierlichen *tamales* zusammenfaltete. In Mérida, der Hauptstadt Yucatáns, deren Kulisse von engen Gassen, Bauten im Kolonialstil, sonnigen Plätzen und *calesas* (Pferdekutschen) geprägt wird, half ich bei der Zubereitung großer *tamales* mit dem hübschen Namen *brazo de reina* (»Arm der Königin«). Dies ging mir deutlich leichter von der Hand als die Herstellung von *corundas*, die man überall in Michoacán an Straßenständen bekommt. Für diese ungewöhnlichen *tamales* werden lange frische Maisblätter so um eine lockere *masa* gewickelt, dass kleine, sechseckige Gebilde entstehen. Der Einfallsreichtum und die Geschicklichkeit der mexikanischen Köchinnen und Köche scheint keine Grenzen zu kennen.

Unten: Die robusten Bananenblätter sind wie geschaffen, um das Aroma der Speisen während des Garens zu bewahren und sie vor dem Austrocknen zu schützen, wobei sie ihnen zugleich eine exotische Geschmacksnote verleihen. **Ganz unten:** Anmutige Bogenreihen umschließen eine im 17. Jahrhundert erbaute *hacienda* in Yucatán. Einst gelangte dieser Bundesstaat durch die Gewinnung von *henequén* aus den schwertförmigen Blättern der Sisalagave zu großem Reichtum. Die harten Fasern bilden das Rohmaterial für die Herstellung von Seilen, Möbelstoffen, Matten und dergleichen mehr.

Oaxaca

Codorniz en salsa de pétalos de rosas

Wachteln in Rosenblütensauce

Von den vielen bewegenden Szenen, die die mexikanische Autorin Laura Esquivel in ihrem später verfilmten Buch »Bittersüße Schokolade« beschrieb, berührte mich eine ganz besonders: Tía, die Tochter und Köchin der Familie, bekommt von dem Mann, den sie liebt, der aber mit ihrer Schwester verheiratet ist, einen Strauß herrlicher rosa Rosen. Sie muss die Blumen aus der Welt schaffen, möchte sie aber nicht einfach wegwerfen. Deshalb schlachtet und brät Tía sechs Wachteln, die sie selbst aufgezogen hat, und bereitet aus den Rosenblütenblättern eine Sauce. Das Gericht übt auf die anderen eine so unwiderstehlich sinnliche Wirkung aus, dass ihr bisheriges Leben aus den Fugen gerät. Das hier vorgestellte, ganz ähnliche Gericht meiner Freundin Emilia Arroyo aus Oaxaca hat vielleicht nicht die gleiche Wirkung auf Sie und Ihre Gäste, trotzdem sollten Sie sich auf einiges gefasst machen!

2 TL Butter

2 Knoblauchzehen, fein gehackt

1 TL Anissamen, zerdrückt

12 rote oder rosa Blütenblätter von biologisch kultivierten Rosen, dazu einige Blütenblätter zum Garnieren

2 kleine Kaktusfeigen (Seite 176), geschält und in Stücke geschnitten, oder 1 EL Rote-Bete-Saft

12 Maronen oder 36 blanchierte Mandeln

2 EL Honig

1½ TL frisch gemahlener weißer Pfeffer

Meersalz

1–2 Tropfen Rosenwasser

8 Wachteln

Frisch gemahlener schwarzer Pfeffer

◆ Die Butter in einem Topf zerlassen und den Knoblauch mit den Anissamen in etwa 4 Minuten hellbraun anschwitzen. Vom Herd nehmen und beiseite stellen.

◆ Die 12 Rosenblütenblätter zusammen mit den Kaktusfeigen oder dem Rote-Bete-Saft im Mixer glatt pürieren. Die Mischung ebenfalls beiseite stellen.

◆ Maronen, sofern verwendet, mit einem scharfen Messer kreuzweise einritzen. Bei mittlerer bis hoher Temperatur in einer Pfanne mit hohem Rand rösten und dabei die Pfanne gelegentlich rütteln. Wenn die

Schalen nach etwa 5 Minuten aufplatzen, 1 l Wasser zugießen. Einmal aufkochen und dann bei mittlerer bis niedriger Temperatur etwa 20 Minuten köcheln lassen, bis sich die Maronen in der Mitte mühelos mit einer Gabel einstechen lassen. Abseihen, gründlich abtropfen lassen und, sobald man sich nicht mehr die Finger verbrennt, die Schale und die Haut abziehen. Maronen im Mixer pürieren.

◆ Mandeln, sofern verwendet, bei niedriger Temperatur in einer Pfanne in etwa 5 Minuten ohne Zugabe von Fett goldgelb rösten. Abkühlen lassen und in einer Gewürzmühle mahlen oder wie die Maronen im Mixer sehr fein zerkleinern.

◆ Die Rosenblättermischung mit 250 ml Wasser zu den Maronen oder Mandeln in den Mixer geben und alles gründlich vermischen. Die Knoblauchbutter und die Rosenblütenmischung in einen hohen Topf füllen. Bei niedriger Temperatur 10 Minuten erhitzen und dabei häufig rühren, sodass sich die Aromen gut vermischen. Den Honig, den weißen Pfeffer und Salz nach Geschmack hinzufügen. Die Sauce durch ein mittelfeines Sieb streichen und mit dem Rosenwasser aromatisieren.

◆ Den Backofen auf 230 °C vorheizen. Die Wachteln innen und außen mit Salz und schwarzem Pfeffer einreiben. Die Flügelspitzen unter den Körper schieben und die Schenkel mit Küchengarn zusammenbinden.

◆ Die Wachteln auf einen Rost über einem Auffangblech in den Backofen legen. Zunächst 10 Minuten bei 230 °C und anschließend weitere 10 Minuten bei 190 °C garen, gelegentlich mit etwas Sauce begießen. Zur Garprobe einen Schenkel mit einer Gabel einstechen: Wenn klarer Fleischsaft austritt, sind die Wachteln fertig. Aus dem Ofen nehmen, auf einer großen Platte anrichten, locker mit Alufolie abdecken und etwa 5 Minuten ruhen lassen.

◆ Die Rosenblütensauce sanft erwärmen und die Wachteln damit übergießen. Mit Rosenblütenblättern garnieren und servieren.

Für 4 Personen

In Oaxaca verschmilzt die Ursprünglichkeit der Indígena-Kultur mit kolonialzeitlicher Eleganz.

México, D.F.

Albóndigas en salsa verde

Fleischbällchen in Tomatillo-Sauce

*Die renommierte Köchin Margarita Carrillo de Salinas
bereitet die saftigen Hackfleischbällchen auf klassische Art
zu und füllt sie als besonderen Clou mit gehacktem Ei.*

*500 g »tomatillos« (Seite 250), von der
papierartigen Hülle befreit und gewaschen*

*2 kleine weiße Zwiebeln, eine geviertelt und die
andere fein gehackt*

2 Knoblauchzehen, ungeschält

2 »chiles chipotles en adobo« (Seite 247)

*250 ml Rindfleisch- oder Hühnerbrühe, zusätzlich
nach Bedarf bis zu 250 ml*

Meersalz

1 kg mageres Hackfleisch vom Rind

*125 g feine Semmelbrösel, in 60 ml Milch
eingeweicht*

2 Eier, leicht verquirlt

6 EL fein gehackte frische Korianderblätter

½ TL frisch gemahlener Pfeffer

3 Eier, hart gekocht und gewürfelt

◆ Die *tomatillos*, die geviertelte Zwiebel und den
Knoblauch rösten (Seite 250 und 248). Den Knoblauch schälen und mit den *tomatillos* und den Zwiebelvierteln in den Mixer geben. Die Chilis und
250 ml Brühe hinzufügen und alles glatt pürieren. In
einen Topf füllen, einmal aufkochen und dann bei
verminderter Temperatur ohne Deckel 10 Minuten
köcheln lassen. Mit Salz abschmecken.

◆ Das Hackfleisch mit den Semmelbröseln, den
verquirlten Eiern, der gehackten Zwiebel, 4 Esslöffeln Koriander, 1 Teelöffel Salz und dem Pfeffer in
einer Schüssel vermengen. Für jedes Fleischbällchen
einen gehäuften Esslöffel der Masse mit einigen Eiwürfeln füllen. Die Bällchen in die köchelnde Sauce
einlegen und zugedeckt 20–30 Minuten garen, dabei
nach Bedarf weitere Brühe hinzugießen. Das Gericht
auf einer vorgewärmten Platte mit dem restlichen
Koriander bestreuen und servieren.

Für 6–8 Personen

Michoacán

Trucha en salsa de hierbas

Forellen mit Kräutersauce

Einst ein Tummelplatz für Forellen, Forellenbarsche und Welse, geben die Flüsse und Seen im zentralen Hochland Mexikos infolge der Umweltverschmutzung heute kaum noch Fische her. Selbst in dem Bundesstaat Michoacán, dessen Name übersetzt »Ort der Fische« bedeutet, muss man oft auf das Angebot von Zuchtbetrieben zurückgreifen. Señora Livier de Suarez verriet mir dieses köstliche Rezept. Dazu passen Knoblauchbrot oder neue Kartoffeln mit Knoblauch (Seite 195).

FÜR DIE SAUCE

45 g frische Korianderblätter, gehackt

45 g frische glatte Petersilie, gehackt

250 ml trockener Weißwein

3 Knoblauchzehen, gehackt

1 TL Worcestersauce

1 TL gehackter frischer Oregano oder
½ TL getrockneter Oregano (möglichst aus Mexiko)

¼ TL Tabasco oder eine andere scharfe Chilisauce

3 EL natives Olivenöl extra

Meersalz

½ TL frisch gemahlener Pfeffer

FÜR DIE FORELLEN

4 Regenbogenforellen (jeweils 185–250 g), küchenfertig vorbereitet

Meersalz

1 TL frisch gemahlener Pfeffer

150 g Mehl

75 g »masa harina« für Tortillas (Seite 249)

250 ml Milch

6 EL Butter

1 TL Pflanzenöl

2 Limetten oder Zitronen, längs geviertelt

◆ Für die Sauce den Koriander, die Petersilie, den Wein, den Knoblauch, die Worcestersauce, den Oregano und die Chilisauce im Mixer kurz vermischen. Langsam das Olivenöl hinzugießen und dabei den Mixer laufen lassen, bis es gleichmäßig untergemischt ist. Die Sauce mit Salz und Pfeffer würzen. In einem Topf erhitzen, bis sie simmert, dann bei niedriger Temperatur warm halten.

◆ Die Forellen abspülen und trockentupfen. Innen mit Salz nach Geschmack und ½ Teelöffel Pfeffer würzen. In einer flachen Schüssel das Mehl, die *masa harina*, 1 Teelöffel Salz und ½ Teelöffel Pfeffer vermengen. Die Milch in eine zweite flache Schüssel füllen.

◆ Die Butter mit dem Öl in einer großen Pfanne bei mittlerer Temperatur zerlassen. Die Forellen einzeln in die Milch tauchen und anschließend in der Mehlmischung wenden. Wenn die Butter leicht schäumt, aber noch nicht gebräunt ist, die Forellen vorsichtig hineinlegen. Von beiden Seiten jeweils 4–5 Minuten braten, bis sie zart gebräunt sind und das Fleisch sein glasiges Aussehen verliert, dabei nur einmal wenden.

◆ Die Forellen auf vorgewärmten Tellern anrichten. Mit der warmen Sauce übergießen, mit den Limetten- oder Zitronenvierteln garnieren und servieren.

Für 4 Personen

México, D.F.

Tamalitos rancheros

Kleine deftige Tamales

Die bekannte mexikanische Köchin Margarita Carrillo de Salinas bereitet die »masa« und die Fleischfüllung im Voraus zu und lässt sich dann von Freunden oder Familienangehörigen beim Falten der »tamales« helfen. Dazu serviert sie heiße Schokolade (Seite 239).

FÜR DAS FLEISCH
½ weiße Zwiebel

2 Gewürznelken

750 g Schweinefleisch (z. B. Nacken oder Schulter), in große Stücke geschnitten

4 Knoblauchzehen, geschält

Etwa 1½ TL Meersalz

FÜR DIE SAUCE
6 »chiles anchos«, Samen und Scheidewände entfernt (Seite 247)

250 g »tomatillos« (Seite 250), von der papierartigen Hülle befreit und gewaschen

1 weiße Zwiebel, grob gehackt

4 Knoblauchzehen, geschält

¾ TL gemahlener Kreuzkümmel

1 Prise gemahlener Piment

6 EL Erdnussöl

2 Lorbeerblätter

Meersalz

FÜR DIE TAMALES
50 Maishüllblätter (Seite 249)

150 g Schweineschmalz oder Pflanzenfett

1,25 kg »masa harina« für »tamales« (Seite 249)

1½ TL Backpulver

Etwa 1½ TL Meersalz

◆ Die Zwiebel mit den Nelken spicken und mit dem Fleisch, den 4 Knoblauchzehen und dem Salz in einen großen Topf geben. Mit Wasser bedecken und einmal aufkochen lassen, dabei sorgfältig abschäumen. Anschließend bei niedriger Temperatur zugedeckt 1½–2 Stunden köcheln lassen. Das Fleisch in der Brühe abkühlen lassen, danach herausnehmen und in sehr feine Streifen schneiden. Von der Brühe möglichst das gesamte Fett abschöpfen.

◆ Für die Sauce die Chilis in einer Schüssel mit kochend heißem Wasser bedecken und 15–20 Minuten ziehen lassen. Abgießen und das Wasser auffangen. Die tomatillos in einem Topf mit Wasser bedecken, aufkochen lassen und in etwa 8 Minuten weich garen. Abgießen und gut abtropfen lassen. Mit den Chilis, der Hälfte der gehackten Zwiebel, den 4 Knoblauchzehen, dem Kreuzkümmel, dem Piment und 125 ml des Chiliwassers im Mixer oder in der Küchenmaschine glatt pürieren.

◆ Das Öl in einer tiefen, schweren Pfanne bei mittlerer bis hoher Temperatur erhitzen und den Rest der gehackten Zwiebel etwa 5 Minuten dünsten. Das Chilipüree mit den Lorbeerblättern hinzufügen und aufkochen, danach bei niedriger Temperatur ohne Deckel und unter gelegentlichem Rühren etwa 15 Minuten köcheln lassen, bis eine leicht sämige Sauce entsteht. Das Fleisch untermischen, mit Salz abschmecken und noch etwa 20 Minuten köcheln lassen, bis die Sauce eindickt. Falls sie zu trocken wird, etwas Brühe hinzufügen.

◆ Für die tamales die Maishüllblätter abspülen und etwa 15 Minuten in sehr heißem Wasser einweichen, bis sie geschmeidig sind. Das Schmalz oder Pflanzenfett mit dem elektrischen Handrührgerät in etwa 5 Minuten schaumig rühren. Die masa harina, das Backpulver und das Salz gründlich untermischen. Die Brühe wieder aufwärmen und nach und nach 750 ml davon unter die masa-harina-Mischung rühren – falls diese noch zu trocken ist, benötigen Sie eventuell weitere Brühe. Das Ganze mindestens 10–15 Minuten mit dem Handrührgerät kneten, bis ein sehr luftiger Teig entsteht, und zuletzt nach Bedarf nochmals salzen. Die masa (Teig) ist fertig, wenn ein Löffel davon, in kaltes Wasser gegeben, an die Oberfläche steigt.

◆ Die Maishüllblätter abgießen, trockentupfen und mit 4 oder 5 von ihnen einen Dämpfkorb auskleiden – suchen Sie dafür schadhafte Exemplare heraus. Die übrigen Blätter, die masa und das Fleisch bereitlegen. 1 Esslöffel der masa auf der oberen Hälfte eines Blatts verstreichen, darauf 1 Teelöffel der Fleischfüllung geben. Erst die Blattränder und dann die untere Hälfte über die Füllung legen. Nach Belieben mit schmalen Blattstreifen zusammenbinden.

◆ Einen kleinen Trichter umgedreht in die Mitte des Dämpfkorbes setzen und die tamales mit dem offenen Ende nach oben ringsum anordnen. Einen großen Topf bis knapp unterhalb des Bodens des Dämpfkorbes mit Wasser füllen und dieses erhitzen, bis es köchelt. Den Dämpfkorb in den Topf setzen, die tamales mit einigen Maishüllblättern und einem Küchentuch abdecken und einen fest schließenden Deckel auflegen.

◆ Die tamales eine Stunde dämpfen, ohne den Deckel abzunehmen. Ein tamal herausnehmen und öffnen, um zu prüfen, ob der Teig fest ist. Die fertigen tamales auf eine Platte häufen und heiß servieren. Die Gäste dürfen sie selbst öffnen.

Ergibt etwa 40 »tamales«; für 8–10 Personen

Los ingredientes en la cocina Maya

Viele Gerichte aus Campeche, Yucatán und Quintana Roo, den Bundesstaaten, die zusammen die Yucatán-Halbinsel und damit das Kernland der Maya-Tradition bilden, sind so einzigartig, dass sie selbst Mexikanern aus anderen Teilen des Landes äußerst exotisch vorkommen. Das liegt zu einem guten Teil an den ungewöhnlichen Zutaten.

Beim Besuch eines Marktes auf der Halbinsel kann man die aufgehäuften Würzpasten nicht übersehen, die unter dem Namen *recado* in verschiedenen Versionen verkauft werden. Besonders verbreitet ist der ziegelrote *recado rojo,* hergestellt mit *achiote,* den gemahlenen harten, roten Samen des Orleansstrauches. Mit ihm werden Schweinefleisch, Huhn und Fisch eingerieben, bevor diese gegrillt oder in einer Erdgrube gebraten werden.

Ursprünglich nicht in Mexiko heimisch, aber längst ein fester Bestandteil der Maya-Küche sind die Zitrusfrüchte, die die Händler gern kunstvoll zu Pyramiden auftürmen. Mit dem Saft der aromatischen *naranjas agrias* (Bitterorangen) werden die *recados* verdünnt, und oft wird er auch anstelle von Essig zum Einlegen von Chilis und Zwiebeln verwendet. Vor allem durch ihre lang auslaufende Spitze fällt die grüne *lima agria* auf, der die *sopa de lima* ihr ausgeprägtes Limettenaroma verdankt.

Besuchern aus anderen Landesteilen meist unbekannt sind auch die in der Maya-Küche verwendeten Chilis. Hierzu gehören die eher milde, gelbliche *chile x-cat-ik,* weiterhin die ausgesprochen scharfe *chile seco,* die getrocknete Form der einheimischen *chile verde,* sowie die *chile dulce,* eine süßliche, frisch verwendete Sorte. Schließlich gibt es noch die kleine, lampionförmige *habanero,* die in Grün, Gelb und Orange auf dem Markt ist. Neben einem intensiven Geschmack verbreitet sie eine solche Höllenschärfe, dass sie selbst von mexikanischen Köchen meist nur kurz durch die Sauce gezogen wird.

Yucatán

Pollo en lima agria

Huhn in Limettenbrühe

Gegrilltes Fleisch in einer Brühe zu servieren, die durch Minze, Chilis, Tomaten und Scheiben der herben »lima agria« eine kräftige Würze erhält, ist typisch für die Küche Yucatáns. Einen akzeptablen, wenngleich nicht ganz angemessenen Ersatz bilden die üblichen Limetten. Silvio Campos mariniert das Hühnerfleisch zunächst in einem »recado« (Würzpaste), hergestellt mit »achiote«. Die roten Samen färben alles, womit sie in Kontakt kommen. Pikant eingelegte rote Zwiebeln bilden farblich und geschmacklich die perfekte Ergänzung.

8 Hühnerschenkel und -brusthälften (insgesamt 1,5 kg)

3 frische Oreganozweige oder 1 TL getrockneter Oregano (möglichst aus Mexiko)

Meersalz

125 g »achiote«-Paste (Seite 246)

185 ml frisch gepresster Bitterorangensaft (Seite 249)

2 EL Erdnussöl

½ weiße Zwiebel, fein gehackt

2 rote oder grüne Paprikaschoten, Samen entfernt, fein gehackt

1 »chile güero« oder eine andere blassgelbe Schote, Samen entfernt, fein gewürfelt (Seite 247)

4 reife Tomaten, grob gehackt

6 Limetten, in Scheiben geschnitten

20 g frische Korianderblätter, gehackt

15 g frische Minze, gehackt

¼ TL frisch gemahlener Pfeffer

Eingelegte rote Zwiebeln (Seite 190)

◆ Die Hühnerteile mit 2 l Wasser aufkochen lassen und dabei den Schaum von der Oberfläche abschöpfen. Mit dem Oregano und Salz nach Geschmack würzen und anschließend bei mittlerer bis niedriger Temperatur ohne Deckel 20 Minuten köcheln lassen. Mit einer Schaumkelle aus dem Wasser nehmen und auf einem Teller abkühlen lassen. Die Brühe ebenfalls abkühlen lassen und zugedeckt in den Kühlschrank stellen.

◆ In einer Schüssel die *achiote*-Paste mit ½ Teelöffel Salz vermischen. Den Bitterorangensaft einrühren. Die Hühnerteile in einer flachen Schüssel mit der Marinade übergießen, in ihr wenden und zugedeckt

für mindestens 6 Stunden, besser noch über Nacht in den Kühlschrank stellen.

◆ Etwa 30 Minuten vor dem Servieren im Holzkohlengrill ein mittelheißes Feuer entfachen. Alternativ den Backofen auf 200 °C vorheizen.

◆ Inzwischen die Hühnerteile aus der Marinade nehmen und mit Küchenpapier etwas abtupfen. Das erstarrte Fett von der Brühe abschöpfen und diese in einem großen Topf erhitzen, bis sie köchelt.

◆ Währenddessen das Öl in einer Pfanne bei mittlerer bis hoher Temperatur erhitzen. Die Zwiebel, die Paprikaschoten und den Chili in etwa 10 Minuten weich schwitzen. Die Tomaten untermischen und 10 Minuten garen, bis sie zerfallen. Die Pfanne vom Herd nehmen, den Inhalt leicht abkühlen lassen und im Mixer oder in der Küchenmaschine glatt pürieren. Das Püree durch ein mittelfeines Sieb streichen und zur köchelnden Brühe geben. Die Limettenscheiben, den Koriander, die Minze und den Pfeffer in die Brühe einrühren, diese nochmals abschmecken und weitere 10 Minuten köcheln lassen.

◆ Wenn der Grill betriebsbereit ist, die Hühnerteile auf dem Rost von beiden Seiten jeweils 5–10 Minuten bräunen, bis sie knusprig sind, dabei einmal wenden. Im Ofen werden sie auf einem Rost über einem Auffangblech genauso gegart.

◆ In einzelnen Schalen jeweils ein Hühnerteil mit etwas Brühe übergießen. Mit eingelegten Zwiebeln garnieren und servieren.

Für 8 Personen

México, D.F.

Chiles rellenos de quelites

Chilis mit Blattgemüsefüllung

Roberto Santibañez, der aus Mexiko-Stadt stammt und heute als Küchenchef in der Fonda San Miguel in Austin, Texas, tätig ist, überließ mir dieses vegetarische Rezept, eine Variante der am Nationalfeiertag besonders beliebten »chiles en nogada«. Santibañez füllt »chiles poblanos« mit einer ungewöhnlichen Kombination aus Käse und »quelites«. Die schmackhaften Blätter der Gartenmelde, wie die als Unkraut in freier Wildbahn wachsende Pflanze auf Deutsch heißt, enthalten angeblich noch mehr Nährstoffe als Spinat und Mangold, mit denen sie verwandt ist. Als Beilage zu den gefüllten Chilis empfehle ich einen Blattsalat mit Yamsbohne und Mango (Seite 187).

FÜR DIE CHILIS

1,25 kg Gartenmelde (siehe Rezepteinleitung) oder Spinat, gewaschen und entstielt

Meersalz

60 ml Olivenöl

60 g Rosinen

60 g Pinienkerne

125 ml Wasser

185 g »queso fresco« (Seite 248), in 6 schmale Streifen geschnitten

6 »chiles poblanos«, geröstet (Seite 247), aber unzerteilt

125 ml »crema« (Seite 246)

FÜR DIE SAUCE

750 g Eiertomaten

1 Scheibe von 1 kleinen weißen Zwiebel

2 Knoblauchzehen, ungeschält

Etwa 125 ml Wasser (nach Bedarf)

1½ TL Olivenöl

Meersalz

◆ Abgetropfte Melde oder Spinat in einen Topf geben, salzen und bei mittlerer Temperatur aufsetzen. Etwa 5 Minuten dünsten und dabei häufig rühren, bis das Gemüse zusammenfällt. Gründlich abtropfen lassen, ausdrücken und grob hacken.

◆ Den Backofen auf 180 °C vorheizen. Das Öl in einer großen Pfanne bei mittlerer bis hoher Temperatur erhitzen. Das Blattgemüse mit den Rosinen und Pinienkernen hineingeben und etwa 3 Minuten rühren, bis es völlig trocken ist. Das Wasser hinzugießen und eventuell nochmals salzen (berücksichtigen Sie dabei, dass der Käse ziemlich salzig ist). Weiterrühren, bis das Wasser nach etwa 5 Minuten verdampft ist. Die Pfanne vom Herd nehmen und abkühlen lassen.

◆ Die Chilis sorgfältig enthäuten, ohne den Stielansatz zu verletzen. Längs einmal einschneiden und die Samen und Scheidewände entfernen, wobei die Schoten nicht einreißen sollen. Das Blattgemüse und den Käse vorsichtig in die Schoten füllen und die Ränder über der Füllung zusammenlegen. Die Chilis in eine flache, ofenfeste Form legen, mit Alufolie abdecken und im Ofen 20−30 Minuten backen, bis der Käse weich geworden ist.

◆ Für die Sauce die Tomaten, die Zwiebel und den Knoblauch rösten (Seite 250 und 248). Den Knoblauch schälen und mit den Tomaten und der Zwiebel im Mixer oder in der Küchenmaschine glatt pürieren. Dabei nach Bedarf bis zu 125 ml Wasser hinzufügen.

◆ Das Öl in einer Pfanne bis zum Rauchpunkt erhitzen. Das Tomatenpüree hineingießen − dabei ausreichend Abstand halten, da es spritzen kann − und 1−2 Minuten rühren. Anschließend bei mittlerer bis niedriger Temperatur 15−20 Minuten köcheln lassen, bis sich eine sämige Sauce ergibt. Mit Salz abschmecken.

◆ Die Chilis aus dem Ofen nehmen und auf einer Platte oder einzelnen Tellern anrichten. Mit der Sauce umgießen, mit der *crema* beträufeln und warm servieren.

Für 6 Personen

Jalisco

Camarones con naranja y tequila

Garnelen mit Orange und Tequila

Eine Sauce mit Orangenschalen und Chilis rundet die Garnelen bei diesem Rezept von María Dolores Torres Yzábal pikant ab. Dazu passt würziger weißer Reis (Seite 91).

1 Orange, unbehandelt

6 EL Butter

2 EL weiße Zwiebel, fein gehackt

16 große Garnelen, geschält und Darm entfernt, Schwanzfächer intakt

2 Knoblauchzehen, geschält

1 »chiles chipotle en adobo« oder 2 »chiles serranos« (Seite 247), fein gehackt

60 ml Tequila reposado (bis zu zwölf Monaten gereift)

3 EL frische Korianderblätter, gehackt

Meersalz

◆ Mit einem Zestenreißer oder Sparschäler die Orangenschale in schmalen Streifen hauchdünn, also ohne die weiße Innenhaut, abschälen. In einem Topf Wasser zum Kochen bringen. Die Streifen in einem kleinen Sieb oder Schaumlöffel kurz ins sprudelnde Wasser tauchen und sofort kalt abbrausen. Diesen Vorgang dreimal wiederholen, um den Schalen den bitteren Geschmack zu nehmen. Die Streifen zuletzt mit Küchenpapier trockentupfen.

◆ Die Butter in einer Pfanne zerlassen und die Zwiebel darin in 3–4 Minuten glasig schwitzen. Die Garnelen mit dem Knoblauch hinzufügen und 4–5 Minuten unter häufigem Rühren braten, bis sie sich rosa färben und leicht krümmen. Achtung: Bei zu langer Garzeit werden die Garnelen zäh.

◆ Chili und Orangenschalen rasch untermischen. Die Garnelen mit dem Tequila übergießen, diesen mit einem langen Streichholz entzünden und warten, bis die Flammen von selbst verlöschen. Das Gericht mit dem Koriander und Salz nach Geschmack würzen. Auf einer vorgewärmten Platte oder einzelnen Tellern servieren.

Für 4 Personen

Zacatecas

Gallina rellena estilo Zacatecas

Gefülltes Huhn nach Art von Zacatecas

Meine Freundin María Elena Lorens schätzt dieses Gericht ganz besonders, denn jeden Sonntag kochte ihre Großmutter Mamá Jesusita es einst für die ganze Familie. Mit seiner herzhaften, knusprig gebräunten Haut, dem saftigen Fleisch und der ungewöhnlichen Füllung kommt das Huhn bei Ihren Gästen garantiert gut an. Servieren Sie dazu einen farblich kontrastierenden Spinatsalat (Seite 188) und gebackene Süßkartoffeln (Seite 198).

1 Masthähnchen (2,5–3 kg)

500 ml trockener Sherry

250 ml Weißweinessig

1 große weiße Zwiebel, in Ringe geschnitten

2 Lorbeerblätter

1 TL Pfefferkörner

¼ TL Kreuzkümmel, gemahlen

FÜR DIE FÜLLUNG

2 EL Erdnussöl

500 g mageres Hackfleisch vom Schwein

125 g weiße Zwiebeln, gehackt

2 reife Tomaten, enthäutet, Samen entfernt und gehackt

125 g geschälter Apfel, gehackt

90 g Rosinen

75 g gehobelte blanchierte Mandeln, geröstet

75 g grüne Oliven mit Paprikafüllung, gehackt

2 Scheiben Weißbrot, leicht getoastet und in kleine Würfel geschnitten

1 Ei, leicht verquirlt

1–2 EL Hühnerbrühe (nach Bedarf)

¼ TL gemahlener Kreuzkümmel

¼ TL gemahlener Zimt

Meersalz und frisch gemahlener Pfeffer

3 EL Schweineschmalz oder Butter

Meersalz und frisch gemahlener Pfeffer

6–8 zarte Innenblätter von Romana-Salat

8 Radieschen, in Scheiben geschnitten

◆ Das Huhn abspülen und trockentupfen. In einer Schüssel den Sherry, den Essig, die Zwiebel, die Lorbeerblätter, die Pfefferkörner und den Kreuzkümmel vermischen. Das Huhn mit dieser Marinade in eine große Schüssel geben und zugedeckt für 4–6 Stunden in den Kühlschrank stellen, dabei gelegentlich wenden.

◆ Für die Füllung das Öl in einer Pfanne bei mittlerer Temperatur erhitzen und das Hackfleisch etwa 5 Minuten braten, bis es gar ist. Mit einer Schaumkelle in eine große Schüssel geben. Das Fett in der Pfanne bis auf 2 Esslöffel abgießen. Die Zwiebel in 3–5 Minuten glasig schwitzen. Die Tomaten, den Apfel, die Rosinen, die Mandeln und die Oliven untermischen und alles etwa 2 Minuten dünsten, bis die Tomaten und der Apfel weich werden. Den Pfanneninhalt mit dem Hackfleisch, den Brotwürfeln und dem verquirlten Ei vermischen und, falls das Ganze zu trocken ist, die Brühe hinzugießen. Den Kreuzkümmel und den Zimt gründlich untermischen, zuletzt salzen und pfeffern.

◆ Den Backofen auf 180 °C vorheizen. Das Huhn aus der Marinade nehmen und abtupfen. Die Marinade in einen kleinen Topf füllen, einmal aufkochen und dann beiseite stellen. Das Huhn mit dem Schmalz oder der Butter einreiben, danach innen und außen salzen und pfeffern. Die Bauchhöhle und den Hals locker mit der warmen Hackfleischmasse füllen. Die Haut über den Öffnungen zusammenlegen und mit Küchengarn oder Zahnstochern verschließen. Die Schenkel nach Belieben mit Küchengarn zusammenbinden. Falls noch etwas von der Füllung übrig ist, diese in eine leicht gebutterte ofenfeste Form geben, mit Alufolie abdecken und 10–15 Minuten, bevor das Huhn gar ist, in den Ofen schieben.

◆ Das Huhn auf den Einsatz eines Bräters legen und 10 Minuten garen, dabei häufig mit der Marinade begießen. Auf die andere Seite drehen und weitere 10 Minuten braten. Anschließend mit der Brustseite nach oben in etwa 1 ½ Stunden fertig garen und dabei weiter häufig mit der Marinade begießen. Zur Garprobe den Schenkel mit einer Gabel einstechen: Wenn klarer Saft austritt, ist das Huhn fertig. Vor dem Tranchieren auf einem Fleischbrett noch 5 Minuten ruhen lassen.

◆ Das Garn beziehungsweise die Zahnstocher entfernen. Die Füllung samt dem eventuell separat gebackenen Rest in eine vorgewärmte Schüssel füllen. Das Huhn zerlegen und, mit den Salatblättern und Radieschenscheiben garniert, auf einer Platte anrichten. Den Bratenfond durchseihen, entfetten, nochmals aufwärmen und separat dazu reichen.

Für 6–8 Personen

Oaxaca

Pollo a la »cazuela«

Huhn im Bananenblatt

*Zu meinen Lieblingsrezepten von Socorrito Zorrilla
gehört ihre Version des traditionellen »Huhn im Tontopf«:
Bei ihr werden die Hühnerteile in Bananenblättern
gebacken.*

*4 »chiles guajillos«, Samen entfernt, geröstet
(Seite 247)*

*4 Eiertomaten, geröstet (Seite 250), oder 450 g
gehackte Tomaten aus der Dose, abgetropft*

1 EL weiße Zwiebel, fein gehackt

4 Knoblauchzehen, grob gehackt

*1 EL frische Oreganoblättchen oder
1 TL getrockneter Oregano (möglichst aus Mexiko)*

Meersalz

Frisch gemahlener Pfeffer

1,5−2 kg Hühnerteile (12−16 Stücke)

4 Bananenblätter (Seite 246)

16 Avocadoblätter (Seite 246; nach Belieben)

◆ Die Chilis mit kochendem Wasser übergießen
und 10−20 Minuten ziehen lassen, bis sie weich sind.
Abgießen und zerpflücken. Mit den Tomaten, der
Zwiebel, dem Knoblauch und dem Oregano im Mi-
xer glatt pürieren. Das Püree durch ein mittelfeines
Sieb streichen, mit Salz und Pfeffer abschmecken.

◆ Den Backofen auf 180 °C vorheizen. Die Hühnerteile abspülen, trockentupfen und mit 1 Teelöffel
Salz und ½ Teelöffel Pfeffer würzen.

◆ Aus den Bananenblättern vier 20 cm große Quadrate zuschneiden und über eine offene Flamme halten, bis sie weich werden. Diese Stücke auf 25 cm
große Quadrate aus Alufolie legen. In die Mitte
jeweils 2 Avocadoblätter, sofern verwendet, legen.
Jeweils 3 oder 4 Hühnerteile auf jedes Bananenblatt
geben und mit dem Chili-Tomaten-Püree beträufeln. Mit 2 weiteren Avocadoblättern, sofern verwendet, bedecken. Die Folie fest um die Hühnerteile
legen. Die Päckchen auf ein Backblech geben und
etwa 30 Minuten backen, bis das Fleisch gar ist.

◆ Die Folie und die oberen Avocadoblätter entfernen. Die Hühnerteile mit den Blättern auf einzelnen
Tellern anrichten. Sogleich servieren.

Für 4 Personen

México, D.F.

Chiles Tolucos

Gefüllte Chilis nach Art von Toluca

Gefüllte getrocknete Chilis wie die großen »anchos« sind typisch für die Hochtäler Zentralmexikos. Für dieses Gericht verwendet die in Mexiko-Stadt lebende Köchin Margarita Carrillo de Salinas die berühmte »chorizo« aus dem nahe gelegenen Toluca. Hinzu kommen Käse und entweder schwarze Bohnen oder die gelblichen »frijoles de Mayo«, die sich durch Wachtelbohnen ersetzen lassen. Servieren Sie zuvor eine Hühnersuppe mit Kichererbsen (Seite 101) und zum Abschluss der Mahlzeit Maiskuchen (Seite 219).

6 »chiles anchos« (Seite 247)

250 ml Apfelessig

250 ml frisch gepresster Orangensaft

250 g »piloncillo« (Seite 250), gehackt, oder 220 g dunkelbrauner Zucker

5 Knoblauchzehen, geschält

1 Lorbeerblatt

1 TL getrockneter Oregano (möglichst aus Mexiko)

1 TL getrockneter Thymian

2 EL Pflanzenöl

125 g »chorizo« (Seite 246), zerkrümelt

220 g gebratenes Bohnenpüree (Seite 182, siehe auch Rezepteinleitung)

Meersalz

250 g gut schmelzender Käse, in gut 1 cm dicke und 5 cm lange Stifte geschnitten, dazu 150 g geriebener Käse

250 ml »crema« (Seite 246)

1 feste, reife Avocado, vom Kern befreit, geschält und in Scheiben geschnitten

10 Radieschen, in feine Scheiben geschnitten

◆ Die Chilis, ohne den Stielansatz und die Spitze zu verletzen, längs einmal einschneiden und die Samen und Scheidewände entfernen. Dabei sollen die Schoten nicht einreißen.

◆ Den Essig und den Orangensaft aufkochen. Den *piloncillo* oder braunen Zucker, den Knoblauch, das Lorbeerblatt, den Oregano und den Thymian hinzufügen und rühren, bis sich der Zucker aufgelöst hat. Den Topf vom Herd nehmen. Die Chilis einlegen

und 15–20 Minuten ziehen lassen, bis sie sich fleischig anfühlen.

◆ Das Öl in einer Pfanne bei mittlerer Temperatur erhitzen. Die *chorizo* 6–8 Minuten braten, bis sie richtig gar ist. Das überschüssige Fett aus der Pfanne abgießen. Die Bohnen einrühren, das Ganze salzen und abkühlen lassen.

◆ Den Backofen auf 180 °C vorheizen. Die Chilis aus dem Topf nehmen und auf Küchenpapier abtropfen lassen. Die Einweichflüssigkeit durchseihen und beiseite stellen – sie wird später als Sauce verwendet.

◆ Die Chilis vorsichtig, aber reichlich mit der *chorizo*-Bohnen-Mischung und den Käsestreifen füllen. (Bis hierher können die Chilis einen Tag im Voraus vorbereitet werden, sofern Sie sie anschließend im Kühlschrank aufbewahren.) Die Chilis mit der Öffnung nach unten in eine ofenfeste Form legen, mit der *crema* überziehen und mit dem geriebenen Käse bestreuen.

◆ Für etwa 15 Minuten in den Ofen schieben, bis der Käse geschmolzen ist und die Chilis richtig heiß sind. Inzwischen die Sauce aufwärmen.

◆ Auf einzelnen Tellern jeweils 1 oder 2 Chilis anrichten, mit der Sauce umgießen und mit den Avocado- und Radieschenscheiben garnieren. Sogleich servieren.

Für 4–6 Personen

Mole

In der mexikanischen Küche ist *mole* das Fest-
tagsgericht schlechthin. Einer Theorie zufolge
soll sich der Name vom aztekischen Wort
molli ableiten, das »Sauce« oder »Mischung«
bedeutet. Tatsächlich handelt es sich um eine
Brühe, die mit gemahlenen Nüssen und
Samen, manchmal auch mit Tortillas oder
Brot angedickt, mit Chilis, Kräutern und
Gewürzen aromatisiert und mit Fleisch-
oder Gemüsestücken serviert wird.

Der Einfluss der Spanier machte auch vor
dieser Indio-Spezialität nicht Halt. Kam
hoher Besuch aus dem Mutterland, wurde in
den Klöstern nach allen Regeln der Kunst
aufgekocht. So entstand im Convento Santa
Rosa in Puebla um 1690 die berühmte Schokoladensauce *mole poblano*, die über 100 verschiedene Zutaten aus beiden Kontinenten
und dazu exotische Gewürze aus Asien enthält. Durch die bittere mexikanische Schokolade und die vielen Chilis schmeckt sie eher
scharf als süß (Rezept auf Seite 135).

Gibt es ein besonderes Ereignis zu feiern,
bereiten die Frauen meist nach alten Familienrezepten ihre bevorzugte Version der *mole*. In
Oaxaca ist dies häufig die *mole amarillo*, eine
gelbe Sauce, die üblicherweise mit verschiede-
nem Gemüse und Fleisch serviert wird, oder
auch die *mole verde*, zubereitet mit frischen
Kräutern und kombiniert mit Schweinefleisch
und kleinen weißen Bohnen. In Michoacán
dagegen favorisiert man die fruchtige, hellrote
manchamanteles.

Oaxaca

Mole amarillo de res

Gelbe Mole mit Rindfleisch und Gemüse

*Abigail Mendoza, die im Tal von Oaxaca lebt, serviert zu
dieser »mole« heiße Mais-Tortillas (Seite 251), mit denen
sich die Sauce bis zum letzten Tropfen auftunken lässt.*

> *1 kg Rindfleisch zum Schmoren, in 2,5 cm große
> Würfel geschnitten*
>
> *1 Suppenknochen vom Rind*
>
> *Etwa 1 EL Meersalz*
>
> *4 »chiles guajillos«, Samen entfernt, geröstet (Seite 247)*
>
> *2 »chiles anchos«, Samen entfernt, geröstet (Seite 247)*
>
> *4 Knoblauchzehen, grob gehackt*
>
> *1 Prise Kreuzkümmel, gemahlen*
>
> *75 g »masa harina« für Tortillas (Seite 249)*
>
> *500 g neue Kartoffeln, in große Stücke geschnitten*
>
> *1 Chayote (Seite 246), geschält, Samen entfernt,
> in Stücke geschnitten*
>
> *500 g grüne Bohnen, geputzt und in 4 cm lange
> Stücke geschnitten*
>
> *2 frische »epazote«-Zweige (Seite 248) oder
> 1 TL getrockneter Oregano (möglichst aus Mexiko)*
>
> *3 Limetten, in Spalten geschnitten*

◆ Das Fleisch und den Knochen mit Wasser bedecken, mit dem Salz würzen und bei mittlerer Temperatur erhitzen, dabei gründlich abschäumen. Zugedeckt bei mittlerer bis niedriger Temperatur etwa
45 Minuten köcheln lassen. Den Knochen wegwerfen.

◆ Die Chilis grob zerpflücken. Mit sehr heißem
Wasser bedecken und 10–15 Minuten einweichen,
danach abseihen. Mit dem Knoblauch, dem Kreuzkümmel und 125 ml der Rindfleischbrühe im Mixer
glatt pürieren. 250 ml der Brühe und die *masa harina*
in den Mixer füllen und beides gründlich vermischen. Die Mischung unter das Chilipüree rühren.

◆ Die Kartoffeln und die Chayote zum Fleisch geben
und zugedeckt 10 Minuten garen. Die grünen Bohnen hinzufügen und weitere 10 Minuten garen. Die
Chili-*masa*-Mischung einrühren und die *mole* mit
dem *epazote* oder Oregano würzen. Bei niedriger
Temperatur ohne Deckel noch etwa 10 Minuten
köcheln lassen und dabei gelegentlich durchmischen.
Abschmecken und mit den Limettenspalten servieren.

Für 6–8 Personen

Puebla

Pechugas rellenas con flor de calabaza

Hühnchenrouladen mit Kürbisblüten

Fast das ganze Jahr über stehen mexikanischen Köchen und Köchinnen die goldgelben Kürbisblüten zur Verfügung. Daher hat Mónica Mastretta auch keine Skrupel, sie als Füllung für ihre Hühnchenrouladen mit knackigem Mais und herzhaften gerösteten »chiles poblanos« zu mischen. Sollten auch Sie gerade größere Mengen dieser delikaten Gebilde zur Hand haben, servieren Sie doch zur Vorspeise Kürbisblüten mit Käsefüllung (Seite 39). Mangos mit Tequila flambiert (Seite 216) setzen einen stilvollen Schlusspunkt.

60 g Butter

8 Hühnerbrusthälften, ausgelöst und enthäutet

Meersalz und frisch gemahlener Pfeffer

280 g frische oder tiefgefrorene Maiskörner

60 ml Pflanzenöl

1 weiße Zwiebel, fein gehackt

6 »chiles poblanos«, geröstet, enthäutet, Samen und Scheidewände entfernt (Seite 247), danach in 2,5 cm breite Streifen geschnitten

90 g Kürbisblüten, von Staubgefäßen und Stielen befreit, gehackt (Seite 249)

15 g »epazote«- (Seite 248) oder Korianderblätter, fein gehackt

250 ml Hühnerbrühe

1 EL Instant-Geflügelbrühe

250 g Frischkäse, raumtemperiert

125 ml Crème double

3 EL frische Korianderblätter, gehackt (nach Belieben)

◆ Den Backofen auf 180 °C vorheizen. Eine ofenfeste Form mit Butter ausstreichen.

◆ Die Hühnerbrusthälften einzeln zwischen zwei Lagen Klarsichtfolie klopfen, bis sie nur noch 6 mm dick sind. Mit Salz und Pfeffer würzen.

◆ Frische Maiskörner in 3–4 Minuten in kochendem Wasser garen. Abseihen und gut abtropfen lassen. Tiefgefrorene Maiskörner nur kurz auftauen lassen.

◆ Das Öl in einer Pfanne bei mittlerer Temperatur erhitzen. Die Zwiebel und die Chilistreifen in etwa 5 Minuten weich schwitzen. Die Hälfte der Chilis herausnehmen – sie werden später für die Sauce verwendet. Die Kürbisblüten in die Pfanne geben und etwa 10 Minuten dünsten, bis sie zusammenfallen. Den Mais und das *epazote* oder den Koriander sowie Salz und Pfeffer nach Geschmack gründlich untermischen. Die Pfanne vom Herd nehmen.

◆ In die Mitte jeder Hühnerbrusthälfte 3 Esslöffel der Füllung setzen. Die Fleischscheiben vorsichtig aufrollen und die Rouladen mit einem Zahnstocher fixieren. Die restliche Butter in einer Pfanne bei mittlerer Temperatur zerlassen und die Rouladen von allen Seiten in etwa 8 Minuten goldbraun anbraten. Mit den Zahnstochern nach unten vorsichtig in die vorbereitete Form legen. Die Hühnerbrühe hinzugießen und die Rouladen etwa 20 Minuten im Ofen schmoren, bis das Fleisch richtig gar ist.

◆ Inzwischen die restlichen Chilistreifen, die Instantbrühe, den Frischkäse und die Crème double im Mixer oder in der Küchenmaschine zu einer glatten Mischung verarbeiten. Salzen und pfeffern, in einem kleinen Topf bei sehr niedriger Temperatur aufsetzen und bis zum Servieren warm halten.

◆ Die Rouladen ohne die Zahnstocher auf einer Platte anrichten und mit der Sauce überziehen. Nach Belieben mit 3 Esslöffeln Koriander bestreuen und servieren.

Für 6–8 Personen

Jalisco

Carne en su jugo estilo Tapatío

Fleisch in würziger Brühe nach Art von Guadalajara

Das Wort »Tapatío« wird für Personen oder Dinge verwendet, die aus Guadalajara, der Hauptstadt von Jalisco, stammen. Dieses ungewöhnliche und deftige Rindfleischgericht ist typisch für die dortige Küche.

250 g magerer Frühstücksspeck, in dünne Scheiben geschnitten und fein gehackt

500 g Rindfleisch (z. B. Unterschale), schräg in dünne Scheiben geschnitten und dann grob gehackt

2 »chiles chipotles en adobo« (Seite 247)

1 l kräftige Rindfleischbrühe

2 Lorbeerblätter

Etwa 2 TL Meersalz

Etwa 1 TL frisch gemahlener Pfeffer

450 g abgetropfter Bohneneintopf (Seite 201), zubereitet aus Wachtelbohnen, oder abgetropfte Wachtelbohnen aus der Dose

20 g frische Korianderblätter, gehackt

12 große Frühlingszwiebeln, gegrillt (Seite 250)

5 »chiles serranos«, Samen entfernt, gehackt (Seite 247)

3 Limetten, geviertelt

◆ Den Speck in einer Pfanne bei niedriger Temperatur knusprig braten, danach auf Küchenpapier abtropfen lassen. Bei mittlerer bis hoher Temperatur das Rindfleisch in derselben Pfanne etwa 2 Minuten anbraten.

◆ Die *chiles chipotles* mit etwa 250 ml der Rindfleischbrühe im Mixer glatt pürieren. Das Püree mit der restlichen Brühe, den Lorbeerblättern, dem Salz und dem Pfeffer zum Fleisch in einen großen, schweren Topf geben. Einmal aufkochen und dann bei niedriger Temperatur zugedeckt etwa 20 Minuten köcheln lassen, bis das Fleisch ganz zart ist.

◆ Die Bohnen bei mittlerer bis niedriger Temperatur erhitzen. In einzelne Schalen füllen, darauf das Fleisch mit der Brühe geben und das Ganze mit dem Speck und dem Koriander bestreuen. Mit Frühlingszwiebeln, *chiles serranos* und Limetten servieren.

Für 4–6 Personen

Querétaro

Mole poblano de guajolote

Schwarze Mole mit Truthahn

Sowohl der Truthahn als auch die »mole« können im Voraus zubereitet und erst kurz vor dem Servieren kombiniert werden. Tatsächlich tut es dem Gericht gut, wenn die »mole« zumindest eine Nacht ziehen kann.

1 ganze Truthahnbrust (3–4 kg), halbiert

6 Knoblauchzehen, geschält

1 weiße Zwiebel, in dicke Scheiben geschnitten

Meersalz

FÜR DIE MOLE

12 »chiles anchos« (Seite 247)

15 »chiles pasillas« (Seite 247)

15 »chiles cascabels« (Seite 247)

7 EL Sesamsamen

125 g würziges Schweineschmalz (Seite 250) oder 125 ml Pflanzenöl

6 »tomatillos« (Seite 250), von der papierartigen Hülle befreit und geviertelt

1 weiße Zwiebel, fein gehackt

2 Knoblauchzehen, gehackt

¼ TL Anissamen

¼ TL Kreuzkümmel, gemahlen

1 Lorbeerblatt

1 Mais-Tortilla vom Vortag

1 Baguettescheibe vom Vortag

25 Mandeln

30 Erdnüsse

2 EL Rosinen

1 Stück echte Zimtrinde, gut 1 cm lang

3 Gewürznelken

45 g mexikanische Schokolade (Seite 250)

1 TL Zucker

Etwa 1 TL Meersalz (nach Bedarf)

◆ Die Truthahnbrust mit dem Knoblauch und der Zwiebel in einen großen Topf geben. Salzen und mit Wasser bedecken. Bei mittlerer bis hoher Temperatur leise sprudelnd erhitzen und dabei gründlich abschäumen. Anschließend etwa 30 Minuten bei verminderter Temperatur köcheln lassen, bis das Fleisch halb gar ist. Aus der Brühe nehmen und diese durchseihen. Die Truthahnbrust und die Brühe einstweilen zugedeckt in den Kühlschrank stellen.

◆ Für die *mole* die Samen aus den Chilis lösen und die Scheidewände entfernen. Die Sesamsamen leicht rösten, 2 Esslöffel zum Garnieren zur Seite legen.

◆ In einer großen Pfanne 2 Esslöffel Schmalz oder Öl bei mittlerer Temperatur erhitzen. Die *tomatillos* und die Zwiebel in 10–15 Minuten kräftig anbraten. Den Knoblauch einrühren und in 3–4 Minuten weich dünsten. Die Anissamen, den Kreuzkümmel und das Lorbeerblatt untermischen. Das Ganze im Mixer zu einer glatten Paste verarbeiten.

◆ Die Pfanne auswischen und 2 Esslöffel frisches Schmalz oder Öl bei mittlerer bis hoher Temperatur erhitzen. Die Tortilla rasch in der Pfanne von beiden Seiten anbraten, anschließend auf Küchenpapier abtropfen lassen. Das Baguette in wenigen Minuten goldgelb braten und ebenfalls auf dem Küchenpapier abtropfen lassen. Nun nacheinander die Mandeln, die Erdnüsse, die Rosinen, den Zimt und die Nelken jeweils einige Sekunden braten und auf dem Küchenpapier abtropfen lassen. Alle angebratenen Zutaten mit 250 ml der Brühe in den Mixer zu der *tomatillo*-Mischung geben und zu einer dicken Paste verarbeiten. Beiseite stellen.

◆ Das restliche Schmalz oder Öl in derselben Pfanne bei mittlerer Temperatur erhitzen. Die Chilis portionsweise unter ständigem Rühren einige Sekunden braten, bis sie Blasen bilden. Verbrannte Schoten entfernen und den Rest in einer Schüssel, mit heißem Wasser bedeckt, etwa 30 Minuten einweichen. Abseihen und fein zerpflücken. Mit 125–250 ml der Brühe in den Mixer geben und glatt pürieren.

◆ Das Fett aus der Pfanne bis auf etwa 1 Esslöffel abgießen. Bei mittlerer bis hoher Temperatur die Nuss-*tomatillo*-Tortilla-Mischung und die Sesamsamen einrühren und unter häufigem Rühren etwa 3 Minuten kochen lassen. Das Chilipüree gründlich untermischen. Die Schokolade in Stücke brechen, mit dem Zucker in die Pfanne geben und rühren, bis sie schmilzt. Langsam 1 l der Brühe einrühren. Das Ganze noch etwa 2 Minuten köcheln lassen und zuletzt nach Geschmack salzen.

◆ Die Truthahnbrust in die köchelnde *mole* einlegen und etwa 45 Minuten garen, dabei häufig mit der Sauce begießen – sie ist fertig, wenn ein an der dicksten Stelle eingestochenes Fleischthermometer 66–68 °C anzeigt. Vom Herd nehmen und in der *mole* 10–15 Minuten ruhen lassen. Herausnehmen, die Sauce abstreifen und das Fleisch in dicke Scheiben schneiden. Auf einer Platte oder einzelnen Tellern anrichten und mit der *mole* übergießen. Mit den übrigen 2 Esslöffeln Sesamsamen bestreuen und sogleich servieren.

Für 10–12 Personen (reichlich bemessen)

Guerrero

Pato con tamarindo

Gegrillte Ente mit Tamarinde

Die Verbindung von Ente und Tamarinde ist zwar neu, aber sehr gelungen. Mit den Vorbereitungen zu diesem Gericht müssen Sie am Vortag beginnen.

2 EL Butter

8 Knoblauchzehen, zerdrückt

250 ml Hühnerbrühe

4 EL Tamarindenmark (Seite 250)

2 EL Honig

1 EL Worcestersauce

1½ TL Cayennepfeffer (nach Geschmack auch mehr)

Meersalz

4 Entenbrüste (jeweils 375–440 g), ausgelöst, aber nicht enthäutet

◆ Die Butter in einer Pfanne bei mittlerer Temperatur zerlassen und den Knoblauch 3 Minuten anschwitzen. Die Brühe hinzugießen, das Tamarindenmark einrüh-ren und alles 5 Minuten köcheln lassen. Den Honig, die Worcestersauce, den Cayennepfeffer sowie Salz nach Geschmack einrühren und alles unter häufigem Rühren noch einige Minuten köcheln lassen. Die Hälfte davon für die spätere Verwendung als Sauce zugedeckt in den Kühlschrank stellen. Die Haut der Entenbrüste bis zum Fleisch rautenförmig einschnei-den. Das Fleisch in der anderen Hälfte der Sauce für mindestens 8 Stunden im Kühlschrank marinieren.

◆ Im Holzkohlengrill ein mittleres bis schwaches Feuer entfachen. Die Entenbrüste aus der Marinade nehmen. Die Marinade in einem kleinen Topf aufko-chen, dabei nach Bedarf mit etwas Wasser verdünnen. Die Entenbrüste mit der Haut nach unten auf den Rost legen und 10–12 Minuten grillen, bis sie auf der einen Seite gebräunt und knusprig sind. Dabei immer wieder mit der Marinade begießen. Wenden und von der zweiten Seite noch etwa 3 Minuten garen – das Fleisch ist jetzt innen durchgehend rosa. Auf einem Fleischbrett, locker mit Alufolie bedeckt, ruhen lassen.

◆ Die restliche Sauce aufwärmen. Die Entenbrüste schräg in Scheiben schneiden und auf einzelnen Tellern anrichten. Mit der Sauce übergießen und servieren.

Für 6–8 Personen

México, D.F.

Pipián de ajonjolí

Sesam-Pipián mit Huhn

In ihrem Aussehen ähneln »pipianes« den »moles« und in manchen Fällen sind die Namen auch austauschbar. Wo also liegt der Unterschied zwischen beiden? Normalerweise enthält das »pipián« ebenfalls Chilis und Tomaten oder »tomatillos«, meist aber weniger Gewürze und häufig Kürbiskerne, die ihm eine verführerisch cremige Konsistenz und eine grünliche Farbe verleihen (siehe auch Seite 60). In unserem Fall allerdings wurden die Kürbiskerne durch Sesamsamen ersetzt. Reichen Sie zu diesem eleganten Gericht würzigen weißen Reis (Seite 91) und verwöhnen Sie Ihre Gäste danach mit einem Kokos-Flan (Seite 217).

FÜR DAS HUHN

4 Hühnerschenkel

¼ weiße Zwiebel

2 Knoblauchzehen, geschält

1 TL Meersalz

4 Hühnerbrusthälften

FÜR DAS PIPIÁN

4 kleine, reife Tomaten (etwa 500 g)

2 dicke Scheiben weiße Zwiebel

4 Knoblauchzehen, ungeschält

2 getrocknete »chiles chipotles« oder »chiles chipotles en adobo« (Seite 247)

140 g Sesamsamen, dazu 2 EL zum Garnieren

1 Stück echte Zimtrinde, 5 cm lang

6 EL Erdnussöl

½ TL Meersalz

◆ In einem großen Topf 2 l Wasser zum Kochen bringen. Die Hühnerschenkel, die Zwiebel, den Knoblauch und das Salz hineingeben und das Wasser nach dem erneuten Aufkochen sorgfältig abschäumen. Die Temperatur auf die mittlere Stufe herunterschalten, einen Deckel schräg auflegen und das Ganze 10 Minuten köcheln lassen. Die Hühnerbrusthälften hineingeben und nach dem erneuten leisen Aufsprudeln 15 Minuten garen. Die Hühnerteile in der Brühe erkalten lassen. Herausnehmen, enthäuten, auslösen und das Fleisch grob zerpflücken. Die Brühe durchseihen und mit einem Löffel das Fett von der Oberfläche abnehmen.

◆ Für das *pipián* die Tomaten, die Zwiebel und den Knoblauch rösten (Seite 250 und 248). Die getrockneten Chilis, falls verwendet, ebenfalls rösten (Seite 247), danach in einer kleinen Schüssel 10 Minuten in sehr heißem Wasser einweichen und abseihen. Die Tomaten, die Zwiebel, den Knoblauch und die Chilis mit 500 ml der Brühe im Mixer oder in der Küchenmaschine glatt pürieren.

◆ Eine Pfanne bei mittlerer Temperatur erhitzen und die 140 g Sesamsamen ohne Fett unter ständigem Rühren in etwa 2 Minuten goldbraun rösten. Völlig erkalten lassen, danach in einer Gewürzmühle mahlen und in eine kleine Schüssel füllen. Die Zimtrinde ebenfalls fein mahlen und zum Sesam geben.

◆ Das Öl in einer großen, feuerfesten Tonkasserolle oder einem gusseisernen Topf erhitzen. Sobald es zu rauchen beginnt, die Tomatenmischung hinzugießen und bei mittlerer bis niedriger Temperatur unter gelegentlichem Rühren etwa 10 Minuten köcheln lassen, bis sie eindickt und ihre Farbe verändert. Die Sesam-Zimt-Mischung, das Salz und 500 ml der Brühe mit einem Schneebesen gründlich einrühren. Das Hühnerfleisch in die Sauce einlegen und das Gericht noch 10–15 Minuten köcheln lassen. Dabei rühren, damit die Sauce nicht ansetzt, und diese bei Bedarf mit bis zu 180 ml weiterer Brühe verdünnen.

◆ Das Hühnerfleisch auf einer vorgewärmten Platte oder einzelnen Tellern anrichten, mit der Sauce überziehen und mit den 2 Esslöffeln Sesamsamen garnieren. Sogleich servieren.

Für 8 Personen

México, D.F.

Manchamanteles

Rote Mole mit Huhn, Schweinefleisch und Früchten

Bezeichnenderweise bedeutet der Name dieser hellroten, für Zentralmexiko typischen »mole« übersetzt »Flecken auf dem Tischtuch«. Die Kombination von Fleisch mit Früchten ist in ganz Mexiko beliebt. Frische Mais-Tortillas (Seite 251) dürfen bei diesem Gericht nicht fehlen und auch würziger weißer Reis (Seite 91) eignet sich gut, um die Sauce aufzunehmen.

60 ml Erdnussöl (nach Bedarf auch mehr)

1 weiße Zwiebel, grob gehackt

6 Knoblauchzehen, grob gehackt

6 »chiles anchos« (Seite 247), Samen und Scheidewände entfernt, in große Stücke zerpflückt

1–1,1 l Hühnerbrühe

20 Mandeln

30 Pecannüsse

1 Stück echte Zimtrinde, gut 1 cm lang, oder ½ TL gemahlener Zimt

6 Pfefferkörner oder 2 kräftige Prisen frisch gemahlener Pfeffer

4 ganze oder 2 Prisen gemahlene Gewürznelken

500 g Schweinefleisch ohne Knochen (z. B. Schulter), von überschüssigem Fett befreit und in 4 cm große Stücke geschnitten

Meersalz

500 g Hühnerschenkel, halbiert

250 g »chorizo« (Seite 246), zerkrümelt (nach Belieben)

½ TL getrockneter Oregano (möglichst aus Mexiko)

1 EL Butter

1 EL Pflanzenöl

2 Scheiben Ananas, vom Strunk befreit und in große Würfel geschnitten

1 kleine reife Kochbanane (etwa 125 g), geschält, längs geviertelt und in große Würfel geschnitten (Seite 249)

1 kleine Yamsbohne (etwa 250 g), geschält und in große Würfel geschnitten (Seite 250)

◆ In einer großen Pfanne oder *cazuela*, dem traditionellen mexikanischen Tontopf, 60 ml Öl erhitzen. Die Zwiebel in etwa 5 Minuten weich schwitzen und leicht bräunen. Den Knoblauch hinzufügen und in einigen Minuten ebenfalls weich schwitzen. Die Zwiebel und den Knoblauch mithilfe einer Schaumkelle in den Mixer umfüllen. Die Chilis in die Pfanne geben und nur einige Sekunden braten, bis sie Blasen bilden und ihre Farbe verändern, dabei mit einem Spatel flach drücken. Mit der Schaumkelle herausnehmen und zur Zwiebel-Knoblauch-Mischung geben. 250 ml der Hühnerbrühe hinzugießen und alles glatt pürieren, dabei nach Bedarf weitere 125 ml Brühe oder Wasser hinzufügen. Mandeln und Pecannüsse in dem noch in der Pfanne befindlichen Fett kurz braten, bis sie aromatisch duften, und zur Chili-Zwiebel-Mischung in den Mixer füllen.

◆ Die Zimtrinde, Pfefferkörner und Nelken in einer Gewürzmühle mahlen und diese Mischung oder die bereits gemahlenen Gewürze zur Chili-Nuss-Mischung in den Mixer geben. Alles zu einer sehr glatten Sauce verarbeiten und dabei nach Bedarf weiteres Wasser hinzufügen. Die Sauce zuletzt durch ein mittelfeines Sieb passieren, falls sie noch körnig ist.

◆ Nach Bedarf weiteres Öl in die Pfanne geben. Schweinefleischstücke leicht salzen und portionsweise von allen Seiten bei mittlerer bis hoher Temperatur kräftig anbraten. Mit der Schaumkelle herausnehmen und auf Küchenpapier abtropfen lassen. Nun die Hühnerschenkel bei mittlerer bis hoher Temperatur ringsum leicht anbräunen – dafür nach Bedarf weiteres Öl in die Pfanne geben – und auf Küchenpapier abtropfen lassen. Zuletzt die *chorizo*, falls verwendet, anbräunen und ebenfalls abtropfen lassen.

◆ Das in der Pfanne befindliche Fett bis zum Rauchpunkt erhitzen, dabei den Bratensatz losrühren. Die Chilisauce unter ständigem Rühren hinzugießen. Den Oregano untermischen. Die restliche Brühe einrühren und das Ganze erhitzen, bis es simmert. Bei niedriger Temperatur das Schweinefleisch hinzufügen, salzen und zugedeckt in etwa 45 Minuten garen.

◆ Inzwischen die Butter mit einem Esslöffel Öl in einer zweiten Pfanne bei mittlerer Temperatur zerlassen. Die Ananasstücke in etwa 5 Minuten von allen Seiten anbräunen. Mit einer Schaumkelle herausnehmen und auf einen Teller geben. Anschließend separat die Banane und die Yamsbohne genauso braten.

◆ Wenn das Schweinefleisch gar ist, die Hühnerschenkel, die *chorizo*, die Ananas und die Banane hinzufügen. Alles zugedeckt bei niedriger Temperatur noch etwa 10 Minuten köcheln lassen, bis das Hühnerfleisch gar ist. Die Yamsbohne untermischen, das Gericht mit Salz abschmecken und die Sauce bei Bedarf mit etwas Wasser verdünnen.

◆ Die Fleisch-, Obst- und Gemüsestücke in einer vorgewärmten Schüssel anrichten, mit Sauce übergießen und sogleich servieren.

Für 8 Personen

México, D.F.

Pescado Marco

Red Snapper mit Sauce von geräucherten Chilis und Käse

Wenige Schritte von meinem Stammhotel in Mexiko-Stadt befindet sich ein Lokal, in das sich selten Touristen verirren. Davor stehen am frühen Nachmittag Luxuskarossen mit Chauffeuren, die sich offenbar überhaupt nicht darum scheren, dass sie den Verkehr blockieren, während ihre Brötchengeber drinnen bei Tequila oder Wein und dem vorzüglichen Essen sitzen, das Inhaber Marco Beteta auftischt. Später steigt der Geräuschpegel, wenn an den jetzt abgedeckten Tischen die Gäste ihrer Würfelleidenschaft frönen. Jahre ist es her, als ich das erste Mal durch die Drehtür das gerammelt volle Restaurant betrat. Nach einem langen Flug, zerzaust, hungrig und müde, entsprach ich so gar nicht dem üblichen Kundenbild. Dennoch wurde ich nicht einfach übersehen oder abgewiesen, sondern bekam einen Platz an der Marmorbar zugewiesen und wurde gut bewirtet. Seither kehre ich regelmäßig hierher zurück und genieße die Atmosphäre genauso wie das Essen.

60 ml Erdnussöl

½ weiße Zwiebel, in Scheiben geschnitten

4 Knoblauchzehen, geschält

2½ EL Mehl

6 Tomaten, in Scheiben geschnitten

1 Lorbeerblatt

1 TL Instant-Geflügelbrühe

½ TL gemahlener Piment

2 »chiles chipotles en adobo« (Seite 247)

150 g Frühstücksspeck, gehackt

Saft von ½ Limette

6 Tropfen Worcestersauce

3 Tropfen Maggi

Meersalz und frisch gemahlener Pfeffer

6 Filets vom Red Snapper oder einem anderen Fisch mit weißem, festem Fleisch (jeweils etwa 185 g)

6 dünne Scheiben gut schmelzender Käse

◆ Das Öl in einem Topf bei mittlerer Temperatur erhitzen und die Zwiebel in etwa 5 Minuten glasig schwitzen. Den Knoblauch 1 Minute mitdünsten. Das Mehl einstreuen und etwa 3 Minuten rühren, bis es goldgelb ist. Nach und nach 1 l Wasser hinzugießen und dabei ständig rühren. Die Tomaten, das Lorbeerblatt, die Instantbrühe und den Piment untermischen. Zum Köcheln bringen und etwa 10 Minuten eindicken lassen. Vom Herd nehmen und etwas abkühlen lassen.

◆ Die Mischung in den Mixer füllen, die Chilis hinzufügen und alles glatt pürieren. Die Sauce durch ein mittelfeines Sieb streichen und beiseite stellen.

◆ In einer Pfanne, in der die Fischfilets nebeneinander Platz haben, den Speck bei mittlerer Temperatur in etwa 3 Minuten leicht knusprig braten. Mit einer Schaumkelle herausnehmen und auf Küchenpapier abtropfen lassen. Das Fett aus der Pfanne abgießen, diese auswischen und bei mittlerer bis hoher Temperatur wieder aufsetzen. Die Chilisauce, den Limettensaft, die Worcestersauce und das Maggi hineingeben. Das Ganze mit Salz und Pfeffer würzen, einmal aufkochen und dann bei niedriger Temperatur 5 Minuten köcheln lassen, sodass sich die Aromen vermischen.

◆ Die Filets abspülen und trockentupfen. Mit Salz und Pfeffer würzen, in die Sauce einlegen und 4–5 Minuten garen, bis das Fleisch sein glasiges Aussehen verliert. Falls sie nicht völlig in die Sauce eingetaucht sind, werden sie nach der Hälfte der Garzeit gewendet oder öfters mit der köchelnden Sauce beschöpft.

◆ Zuletzt auf jedes Filet eine Scheibe Käse legen und diesen in der verschlossenen Pfanne schmelzen lassen. Die Filets mit der Sauce auf einer vorgewärmten Platte oder einzelnen Tellern anrichten, mit dem gehackten Speck bestreuen und sogleich servieren.

Für 6 Personen

Pescados

Nach einem Vormittag in Dzibilchaltún, wo es auf 26 Quadratkilometern Überreste einer Maya-Siedlung zu besichtigen gibt, machte ich mich auf nach Puerto Chuburna am äußersten Ende der Yucatán-Halbinsel. Dort erwarteten mich Freunde mit ihrer Zubereitung von *tikin-xic:* große, mit *achiote*-Paste eingeriebene Fischfilets, die im Sand über einem glimmenden Feuer gegrillt werden. Auf dem Tisch standen neben Tortillas und explosiven Salsas winzige *chivitas,* Flussschnecken, die man mit einem Zahnstocher aus ihrem Gehäuse pult. Von den vielen herrlichen Essen, die ich im Lauf der Jahre in Mexiko genoss, gehört dieses zweifellos zu den denkwürdigsten.

Seine Tausende Küstenkilometer bescheren Mexiko Fische und Meeresfrüchte in Hülle und Fülle. Über die Hälfte der Bundesstaaten grenzt an den Pazifik, den Golf von Mexiko, das Karibische Meer oder auch das Mar de Cortés, und ein jedes Meer hat seine eigenen Seafoodspezialitäten. In allen Küstenorten bekommt man in den Restaurants das, was den Fischern am jeweiligen Tag ins Netz ging, auf fantasievolle Weise zubereitet. Besonders variantenreich und aufwendig fallen diese Gerichte am Golf von Mexiko aus.

Niemals werde ich meinen Marktbesuch in Villahermosa und das Befremden vergessen, das der Anblick der *pejelagartos* bei mir auslöste, der Länge nach auf Holzspieße gezogene geräucherte Fische mit krokodilähnlicher Haut, die eine sehr schmackhafte *taco*-Füllung ergeben. Typisch für Campeche ist das *pan de cazón,* ein Doppeldecker-Sandwich, bestehend aus Tortillas, Sandhaifleisch, schwarzen Bohnen und einer pikanten, mit *chiles habaneros* zubereiteten Sauce. Unbedingt kosten sollte man *huachinango a la Veracruzana* (Red Snapper mit Oliven-Kapern-Tomatensauce) und den ebenfalls klassischen *robalo en hoja santa,* Seebarsch, der, in die Blätter eines bestimmten Krauts gehüllt, ein ganz eigenes Aroma besitzt.

Yucatán

Costillas al carbón

Gegrillte Schweinerippchen

Silvio und Angelica Campos servierten mir bei sich zu Hause in dem Dorf Tixkokob in Yucatán diese Rippchen, an denen ich mich fast nicht satt essen konnte.

2 kg fleischige Schweinerippchen am Stück

Meersalz

2 EL »achiote«-Paste (Seite 246)

125 ml frisch gepresster Bitterorangensaft (Seite 249)

4 Knoblauchzehen, gehackt

2 große, reife Tomaten

¼ weiße Zwiebel

1 »chile habanero« (Seite 247)

10 g frische Korianderblätter, grob gehackt

◆ Das Rippenstück in Abschnitte mit jeweils 4 oder 5 Rippen teilen. In einem großen Topf mit Wasser bedecken, salzen und einmal aufkochen, dabei sorgfältig abschäumen. Anschließend bei niedriger Temperatur zugedeckt etwa 35 Minuten köcheln lassen, bis die Rippchen beinahe gar sind. Die *achiote*-Paste im Orangensaft auflösen. Den Knoblauch und reichlich Salz einrühren. Die Rippchen in eine Glasschüssel legen und mit der Marinade übergießen, gründlich durchmischen und zugedeckt für mindestens 6 und bis zu 24 Stunden in den Kühlschrank stellen.

◆ Im Holzkohlengrill ein Feuer entfachen. Gleichzeitig die Tomaten, die Zwiebel und den Chili rösten (Seite 250 und 247). Sobald das Feuer nur noch glimmt, die Rippchen aus der Marinade nehmen und auf dem Rost etwa 15 Minuten unter häufigem Wenden grillen, bis sie knusprig gebräunt sind.

◆ Die Tomaten, die Zwiebel und den Chili im Mixer oder in der Küchenmaschine glatt pürieren. Die Sauce in einem Topf auf Serviertemperatur erhitzen.

◆ Die Stücke vom Grill nehmen und in Einzelrippen teilen. In die Sauce einlegen und ohne Deckel bei niedriger Temperatur noch 10 Minuten köcheln lassen. Mit Salz abschmecken, auf einer Platte anrichten und mit dem Koriander bestreut servieren.

Für 4 – 6 Personen

México, D.F.

Torta Azteca

Herzhafte Tortilla-Torte

Zu den Kochbüchern, die mir ganz besonders wichtig sind, gehören zwei fotokopierte, handgebundene Sammlungen der Rezepte von Gaby Buerba, einer sehr begabten Köchin. Sie bereitet dieses rustikale geschichtete Tortilla-Gericht mit dem »huitlacoche« zu, jenem von Feinschmeckern äußerst geschätzten Pilz, der auf Maiskolben wächst. Aber auch mit jedem anderen Speisepilz gelingt es gut. Gebratenes Bohnenpüree (Seite 182) bildet in diesem Fall die klassische Beilage.

1 große Hühnerbrusthälfte

1 dicke Scheibe weiße Zwiebel

2 Knoblauchzehen, geschält

½ TL Meersalz, nach Geschmack auch mehr

500 g Tomaten, geröstet (Seite 250) und geviertelt, oder 450 g gehackte Tomaten aus der Dose mit Saft

3 »chiles serranos« (Seite 247), Samen entfernt, grob gehackt

30 g weiße Zwiebel, grob gehackt

1 TL Erdnussöl

Frisch gemahlener Pfeffer

8 dünne, fertig gekaufte Mais-Tortillas, jeweils wie eine Torte in 6 Stücke geschnitten, oder 48–50 ungesalzene Tortilla-Chips

1 EL Butter

125 g frische Pilze (siehe Rezepteinleitung), sorgfältig abgerieben und in Scheiben geschnitten

2 »chiles poblanos«, geröstet (Seite 247), Samen entfernt und in Ringe geschnitten (nach Belieben)

160 ml »crema« (Seite 246)

60 g »queso Chihuahua« (Seite 248) oder ein anderer gut schmelzender Käse, gerieben

6 Radieschen, in dünne Scheiben geschnitten

◆ Die Hühnerbrust mit der Zwiebelscheibe, 1 Knoblauchzehe und ½ Teelöffel Salz in einen Topf geben. Mit Wasser bedecken, einmal aufkochen und dann bei mittlerer Temperatur zugedeckt 15–20 Minuten köcheln lassen. Aus der Brühe nehmen und das Fleisch auslösen, enthäuten und in feine Streifen schneiden. Die Brühe abkühlen lassen, das Fett von der Oberfläche abnehmen.

◆ Die Tomaten mit den *chiles serranos*, der gehackten Zwiebel und der zweiten Knoblauchzehe im Mixer oder in der Küchenmaschine pürieren. Das Öl in einem kleinen Topf bis zum Rauchpunkt erhitzen. Das Tomatenpüree hinzufügen und 3–4 Minuten

unter gelegentlichem Rühren köcheln lassen, bis es eine dunklere Farbe annimmt. 125 ml der Brühe sowie Salz und Pfeffer nach Geschmack hinzufügen. Die Sauce einmal aufkochen und dann bei mittlerer bis niedriger Temperatur ohne Deckel 8–10 Minuten köcheln lassen, bis sie eindickt. Vom Herd nehmen und warm stellen.

◆ Den Backofen auf 180 °C vorheizen. Eine quadratische Backform von etwa 20 cm Kantenlänge dünn mit Öl ausstreichen. Bei der Verwendung von Tortillas die Stücke nebeneinander auf ein Backblech legen und mit einem Drahtgitter beschweren, damit sie sich nicht krümmen. Etwa 10 Minuten backen, danach beiseite stellen. Den Ofen nicht abschalten.

◆ Die Butter in einer kleinen Pfanne bei mittlerer bis hoher Temperatur zerlassen. Die Pilze in 5–8 Minuten braten, bis der austretende Saft verdampft ist.

◆ Die vorbereitete Form mit einem Drittel der Tortilla-Stücke oder -Chips auslegen. Darauf jeweils die Hälfte der *chiles poblanos*, sofern verwendet, des Hühnerfleischs und der Pilze geben. Jeweils ein Drittel der *crema*, der Sauce und des Käses darüber verteilen. Die übrigen Zutaten ebenso in Lagen einfüllen, den Abschluss bilden Tortilla-Stücke oder -Chips, Sauce, *crema* und Käse.

◆ Das Gericht 15–20 Minuten backen, bis es durch und durch heiß ist und die Sauce Blasen wirft. Mit den Radieschenscheiben belegen und in der Form sogleich servieren.

Für 4 Personen

Arroz con azafrán y almejas

Safranreis mit Venusmuscheln

Dieses Rezept des in Tabasco geborenen Nachwuchskochs Ricardo Muñoz Zurita erinnert an eine Zubereitung aus dem benachbarten Campeche, wo häufig Austern anstelle von Venusmuscheln verwendet werden. Oft werden auch gedünstete Paprikaschoten hinzugefügt, die das Gericht farblich und geschmacklich beleben.

1 kräftige Prise Safranfäden

1 kg kleine Venusmuscheln, gründlich abgebürstet

2 reife Tomaten (insgesamt etwa 315 g), in größere Stücke geschnitten, oder 450 g gehackte Tomaten aus der Dose, abgetropft

30 g weiße Zwiebel, gehackt

2 TL gehackter Knoblauch

80 ml Erdnussöl

450 g Mittel- oder Langkornreis

4 Zweige glatte Petersilie, gehackt

2 TL Meersalz

◆ Die Safranfäden etwa 10 Minuten in 3 Esslöffel heißem Wasser einweichen. Muscheln, die sich bei Berührung nicht schließen, wegwerfen. Die Tomaten mit der Zwiebel, dem Knoblauch und dem Safran mitsamt dem Einweichwasser im Mixer glatt pürieren.

◆ Das Öl in einer *cazuela*, dem traditionellen mexikanischen Tontopf, oder in einem anderen schweren Topf bei mittlerer Temperatur erhitzen. Den Reis einrühren und etwa 5 Minuten braten, bis er goldgelb ist. Das Tomatenpüree über dem Topf durchpassieren. Das Ganze 6–8 Minuten unter gelegentlichem Rühren köcheln lassen, bis sich die Aromen gut vermischt haben. Den nicht ausgespülten Mixer mit 750 ml warmem Wasser ausschwenken und dieses zum Reis geben. Einmal aufkochen und dann die Muscheln, die Petersilie und das Salz hinzufügen. Umrühren und alles zugedeckt bei niedriger Temperatur 20–25 Minuten köcheln lassen, bis der Reis locker ist und sich die Muscheln geöffnet haben.

◆ Den Reis mit den Muscheln in einer weiten, flachen Schüssel oder einzelnen Suppentellern anrichten und dabei noch geschlossene Schalen aussortieren. Sogleich servieren.

Für 6–8 Personen

Michoacán

Enchiladas a la plaza

Enchiladas mit pikantem Huhn und Gemüse

Früher bereiteten zahlreiche Straßenhändler auf einer Plaza im Zentrum von Morelia diese »enchiladas« mit Huhn und Gemüse in roter Chilisauce. Inzwischen haben sie durch viele kleine Restaurants Konkurrenz bekommen, sodass nur noch gelegentlich ein solcher fliegender Händler dort steht. Auf den Plätzen und Straßen anderer Städte Zentralmexikos habe ich ähnliche »enchiladas« gegessen, aber niemals so üppig und köstlich wie in Morelia.

6 Hühnerbrusthälften oder Hühnerschenkel

¼ weiße Zwiebel

2 Knoblauchzehen, geschält

3 TL Meersalz

2 große rotschalige Kartoffeln, geschält und in große Stücke geschnitten

2 Möhren, geschält und in große Stücke geschnitten

3 EL Apfelessig

FÜR DIE SAUCE

3 »chiles guajillos« (Seite 247)

6 »chiles anchos« (Seite 247)

5 Knoblauchzehen, ungeschält

1½ TL Zucker

1 TL Meersalz

¼ TL frisch gemahlener Pfeffer

¼ TL gemahlener Kreuzkümmel

3 EL Erdnussöl

ZUM GARNIEREN

½ kleiner Weißkohl, in feine Streifen geschnitten

2 EL Apfelessig

1 TL Meersalz

2 dünne Scheiben weiße Zwiebel

75 g »queso fresco« (Seite 248), zerkrümelt

12 dünne Mais-Tortillas, fertig gekauft

5 EL Erdnussöl, nach Bedarf auch mehr

◆ Die Hühnerteile mit der Zwiebel, den beiden Knoblauchzehen und 2 Teelöffeln Salz in einen Topf geben. Das Ganze mit Wasser bedecken, einmal aufkochen, sorgfältig abschäumen und dann bei mittlerer Temperatur zugedeckt 20–25 Minuten köcheln lassen, bis das Fleisch gar ist. Die Hühnerteile herausnehmen und die Brühe durchseihen.

◆ Die Kartoffeln und die Möhren in einem Topf mit Wasser bedecken. Den Essig und 1 Teelöffel Salz hinzufügen. Zum Kochen bringen, das Gemüse in etwa 10 Minuten garen und abseihen.

◆ Für die Sauce die *chiles guajillos* und *anchos* von den Samen befreien und rösten (Seite 247). Den ungeschälten Knoblauch ebenfalls rösten (Seite 248). Die Chilis in einem Topf mit Wasser bedecken, bei mittlerer Temperatur köchelnd erhitzen und 15 Minuten simmern lassen. Abkühlen lassen, abseihen, grob zerpflücken und in den Mixer geben. Den Knoblauch schälen und mit 500 ml Hühnerbrühe, dem Zucker, dem Salz, dem Pfeffer und dem Kreuzkümmel zu den Chilis geben. Alles glatt pürieren.

◆ Das Öl in einer großen Pfanne bis zum Rauchpunkt erhitzen. Die Chilisauce hinzugießen und 3–5 Minuten rühren, bis sie eine dunklere Farbe annimmt. Falls sie zu dickflüssig ist, weitere Brühe zufügen.

◆ Für die Garnitur den Kohl in einer Schüssel mit dem Essig und dem Salz vermischen. Etwa 15 Minuten vor dem Servieren den Kohl in der Mitte einer Platte oder auf einzelnen Tellern verteilen.

◆ Die Sauce, die Hühnerteile und die Tortillas bereitstellen. In einer großen Pfanne 5 Esslöffel Öl bis zum Rauchpunkt erhitzen. Die Hühnerteile von beiden Seiten in die Sauce tauchen. Im heißen Öl erst von der einen Seite einige Minuten und dann von der zweiten Seite noch kurz anbraten. Mit einer Schaumkelle herausheben und warm stellen.

◆ Die Kartoffeln und Möhren im gleichen Öl unter häufigem Rühren etwa 3 Minuten anbraten und ebenfalls warm stellen. Falls nötig, weiteres Öl in der Pfanne kräftig erhitzen. Die Tortillas einzeln durch die restliche Sauce ziehen, sodass sie von beiden Seiten überzogen sind, und portionsweise im heißen Öl rasch von beiden Seiten braten – dabei vorsichtig wenden, sodass sie nicht zerreißen. Die Tortillas noch in der Pfanne erst einmal und dann nochmals längs zusammenklappen. Mit einer Schaumkelle herausnehmen und warm stellen, bis alle Tortillas fertig sind.

◆ Die *enchiladas* mit den Hühnerteilen und dem Gemüse auf dem Bett aus Kohlstreifen anrichten. Mit der Zwiebel und dem Käse garnieren und sogleich servieren.

Für 6 Personen

Coahuila

Pierna de carnero asada

Gebratene Lammkeule

Der Norden Mexikos wird eindeutig von Rindern beherrscht. In manchen Gegenden aber führten Siedler aus dem Baskenland, lange bevor sich dort die großen Rinderherden ausbreiteten, Schafe ein und bis heute werden hier zarte Lämmer »al pastor« – auf einem dicken Metallspieß über glühenden Kohlen – zubereitet. Zu Ostern und bei anderen festlichen Anlässen steht häufig eine Lammkeule mit einer herzhaft pikanten Sauce auf dem Speiseplan.

2 EL Olivenöl

5 Knoblauchzehen, fein gehackt

2 TL frisch gemahlener Pfeffer

1 TL Meersalz

1 TL getrockneter Thymian

250 ml Tequila reposado (bis zu 12 Monaten gereift)

1 Lammkeule mit Knochen (2–2,5 kg)

FÜR DIE SAUCE
2 »chiles anchos«, Samen entfernt, geröstet (Seite 247)

1 TL Apfelessig

Etwa 500 ml kochendes Wasser

750 ml Hühnerbrühe

2 EL Olivenöl oder die gleiche Menge des Bratenfonds

3 Knoblauchzehen, ungeschält geröstet (Seite 248)

2 EL Mehl

Etwa ½ TL Meersalz

◆ Das Öl in einer schweren Pfanne bei mittlerer Temperatur erhitzen. Den Knoblauch in 3–4 Minuten hellgelb schwitzen. Die Pfanne vom Herd nehmen. Den Pfeffer, das Salz, den Thymian und den Tequila einrühren.

◆ Die Lammkeule in einer großen, flachen Form mit der Tequila-Marinade übergießen und diese ringsum gründlich einmassieren. 30–40 Minuten ruhen lassen und dabei häufig in der Marinade wenden.

◆ Ofen auf 220 °C vorheizen. Die Lammkeule aus der Marinade nehmen, mit der fleischigen Seite nach oben auf einen Rost über einem Auffangblech in den Ofen schieben und die Temperatur auf 165 °C herunterschalten. Die Marinade in einem Topf aufkochen. Die Lammkeule braten und dabei gelegentlich mit Marinade beschöpfen. Wenn das Fleischthermometer an der dicksten Stelle in einigem Abstand vom Knochen nach etwa 1½ Stunden 52–54 °C anzeigt, ist das Fleisch durchgehend rosa – variieren Sie die Garzeit je nach gewünschter Garstufe. Den Braten auf einer Platte locker mit Alufolie abdecken und 10 Minuten ruhen lassen.

◆ Inzwischen die Sauce zubereiten: Die Chilis mit dem Essig und so viel kochendem Wasser in eine Schüssel geben, dass die Schoten bedeckt sind. Etwa 30 Minuten einweichen. Mit 60 ml des Einweichwassers in den Mixer oder die Küchenmaschine geben und glatt pürieren, dabei nach Bedarf mehr Einweichwasser hinzufügen. Die Hühnerbrühe in einem Topf erhitzen, bis sie köchelt, und warm stellen.

◆ Das Öl oder den Bratenfond in einer schweren Pfanne bei mittlerer bis niedriger Temperatur erhitzen. Den Knoblauch schälen, fein hacken und nur einige Sekunden andünsten. Das Mehl hinzufügen und etwa 1 Minute rühren, bis es leicht gebräunt ist. Das Chilipüree mit einem Schneebesen gründlich einrühren. Langsam die Brühe hinzugießen und dabei ständig rühren. Die Sauce zuletzt mit dem Salz würzen und noch etwa 5 Minuten eindicken lassen.

◆ Die Lammkeule schräg aufschneiden und auf einer Platte anrichten. Die Sauce in einer vorgewärmten Schüssel separat dazu reichen.

Für 8 Personen

Guerrero

Conejo en chileajo

Kaninchen in Chilisauce

*Diana Kennedy, eine Koryphäe auf dem Gebiet der
regionalen Küchen Mexikos, entdeckte diese Köstlichkeit
in einem einfachen Lokal am Straßenrand nahe Taxco.*

75 g weiße Zwiebel, in feine Scheiben geschnitten

80 ml frisch gepresster Limettensaft

Meersalz

1 Kaninchen (1,25 – 1,5 kg), in Portionsstücke zerlegt

6 Frühlingszwiebeln, grob gehackt

4 Knoblauchzehen, davon 2 ungeschält und 2 geschält

*20 große »chiles guajillos« (Seite 247), Samen und
Scheidewände entfernt*

*6 »chiles anchos« (Seite 247), Samen und Scheide-
wände entfernt*

½ weiße Zwiebel, grob gehackt

½ TL Kreuzkümmel, zerdrückt

125 ml Erdnussöl

375 ml Hühnerbrühe

◆ Die Zwiebelscheiben mit Limettensaft und Salz
vermischen und etwa 2 Stunden marinieren. Die Kaninchenstücke mit den Frühlingszwiebeln, dem ungeschälten Knoblauch und Salz in einen Topf geben.
Mit Wasser bedecken und zugedeckt 1½ Stunden
köcheln lassen, bis das Fleisch gar ist. Die Stücke aus
dem Topf nehmen und den Sud weggießen.

◆ Die Chilis nach Sorten getrennt in zwei Schüsseln
mit sehr heißem Wasser bedecken und etwa 15 Minuten ruhen lassen, bis sie weich sind. Die *chiles anchos* mit
der gehackten Zwiebel, dem geschälten Knoblauch,
dem Kreuzkümmel und 180 ml Wasser im Mixer grob
pürieren. Die *chiles guajillos* mit 300 ml Wasser im Mixer zu einer glatten Mischung verarbeiten und über der
Schüssel mit dem *ancho*-Püree durch ein Sieb streichen.
Das Öl in einer schweren, tiefen Pfanne bis zum Rauchpunkt erhitzen. Die Chilisauce hinzufügen und 5 Minuten gründlich rühren. Die Fleischstücke und die Hühnerbrühe dazugeben und alles noch etwa 15 Minuten
köcheln lassen, bis die Sauce eindickt. Mit Salz würzen.

◆ Die Kaninchenstücke auf einzelne Teller verteilen
und mit der Sauce übergießen. Jede Portion mit etwas marinierter Zwiebel garnieren.

Für 4 Personen

México, D.F.

Calamares en salsa de tres chiles

Kalmare in einer Sauce aus drei Chilisorten

Im Restaurante Isadora in Mexiko-Stadt lässt sich Carmen Ortuña wundervolle Gerichte einfallen, die traditionelle mexikanische Zutaten auf neue Art verbinden.

Jeweils 1 »chile ancho«, »chile mulato« und »chile guajillo« (Seite 247)

1½ TL Olivenöl

2 TL gehackter Knoblauch

Saft von 1 Limette

1 TL Maggi

1 TL Worcestersauce

125 ml trockener Weißwein

250 ml Fischbrühe

500 g Kalmare, küchenfertig vorbereitet (Seite 248)

Meersalz und frisch gemahlener Pfeffer

2 EL Butter

Würziger weißer Reis (Seite 91)

15 g frische glatte Petersilie, fein gehackt

◆ Die Samen und Scheidewände der Chilis entfernen und die Schoten in schmale Streifen von 2 cm Länge schneiden. Das Öl in einem Topf bei mittlerer bis niedriger Temperatur erhitzen. 1½ Teelöffel Knoblauch etwa 1 Minute anschwitzen. Die Chilis, den Limettensaft, das Maggi, die Worcestersauce, den Wein und die Fischbrühe hinzufügen. Alles einmal aufkochen und dann bei niedriger Temperatur 10 Minuten köcheln lassen.

◆ Die Körper der Kalmare in 1 cm breite Streifen schneiden, die Arme ganz lassen. Trockentupfen und nach Geschmack salzen und pfeffern. Die Butter in einer Pfanne zerlassen. Den restlichen Knoblauch darin etwa 30 Sekunden bei mittlerer Temperatur anschwitzen. Die Kalmare hinzufügen und nur einige Minuten braten, bis ihr Fleisch das glasige Aussehen verliert. Die Chilisauce einrühren und alles nochmals gründlich durchwärmen.

◆ Etwas Reis auf einzelne vorgewärmte Teller geben, darauf die Kalmare mit der Sauce anrichten. Mit der Petersilie garnieren und sogleich servieren.

Für 4 Personen

Comida negra

Ein Gericht sollte nicht nur gut schmecken, sondern auch ansprechend aussehen, denn das Auge isst bekanntlich mit. In Mexiko ist häufig ein Radieschen oder ein Petersiliensträußchen der einzige Farbtupfer auf dem Teller, denn die berühmtesten Spezialitäten dort sind schwarz *(negro)*.

Ein typischer Fall ist der in Yucatán beliebte *relleno negro*, gefüllter Truthahn, gewürzt mit *chirmole*, einer Paste aus kräftig geröstetem, schwarzem Chili. Am Golf von Mexiko schätzt man *calamares en su tinta*, kleine Kalmare, deren fein abgestimmte Sauce durch die Tinte der Tiere eine irritierend dunkle Farbe aufweist. Selbst der Reis, den es dazu als Beilage gibt, färbt sich grau.

In den Nobelrestaurants der Hauptstadt gilt *huitlacoche*, ein auf Maiskolben wachsender schwarzer Pilz, als große Delikatesse. Mit seinem exotisch-erdigen Aroma veredelt er Suppen und Crêpe-Füllungen, aber auch schlichte *tacos* und *quesadillas*. Geschmacklich oft mit Trüffel verglichen, lässt sein Aussehen sehr zu wünschen übrig: Der aus dem Aztekischen stammende Name bedeutet »schlafendes Exkrement«. Außerhalb Mexikos werden die von ihm befallenen Maispflanzen meist vernichtet, weil man den köstlichen Geschmack dieses »Schädlings« nicht kennt.

Selbst das Festgericht schlechthin, die *mole poblano*, hält sich mit der chilireichen schwarzen Schokoladensauce farblich bedeckt, genau wie die *mole negro* aus Oaxaca.

Jalisco

Birria

Lamm in Chilisauce

Bei diesem rustikalen und, wie ich finde, für Jalisco so typischen Gericht handelt es sich im Grunde um eine intensiv gewürzte Variante des klassischen »barbacoa«. Langsam gedämpft, was früher in einer Erdgrube erfolgte, gerät das mit einer Chilipaste marinierte Fleisch, üblicherweise Hammel oder Ziege, wundervoll zart. Laura Caraza, eine Freundin aus Mexiko-Stadt, verfeinert ihre Version mit Ingwer und Sherry.

8 »chiles anchos« (Seite 247)

6 »chiles guajillos« (Seite 247)

5 Knoblauchzehen, ungeschält

250 ml milder heller Essig

1 Stück echte Zimtrinde, 5 cm lang, gemahlen, oder 1 TL gemahlener Zimt

1 Stück frische Ingwerwurzel, gut 1 cm lang, geschält und gerieben

2 TL getrockneter Oregano (möglichst aus Mexiko)

½ TL gemahlener Kreuzkümmel

½ TL frisch gemahlener Pfeffer

Etwa 1 TL Meersalz

2–2,5 kg Lammschulter mit Knochen, von überschüssigem Fett befreit

500 g Tomaten, gekocht oder geröstet (Seite 250), oder 450 g gehackte Tomaten aus der Dose

125 ml trockener Sherry (nach Belieben)

ZUM GARNIEREN

Weißkohlstreifen

Fein gehackte weiße Zwiebel

Limettenspalten

◆ Die Chilis von den Samen befreien und rösten (Seite 247). Den Knoblauch ebenfalls rösten (Seite 248). Die Chilis in einem Topf mit Wasser bedecken, einmal aufkochen und vom Herd nehmen. Etwa 20 Minuten ziehen lassen, bis sie sehr weich sind, dann abseihen.

◆ Den Knoblauch schälen und mit den Chilis und dem Essig im Mixer glatt pürieren. Den Zimt, den Ingwer, 1 Teelöffel Oregano, den Kreuzkümmel, den Pfeffer und 1 Teelöffel Salz hinzufügen und nochmals mixen. Die Mischung nach Belieben mit 1 Esslöffel Wasser geschmeidig machen – allerdings soll sie die Konsistenz einer Paste besitzen, darf also nicht zu

flüssig sein. Mit Salz abschmecken und, falls sie noch körnig ist, durch ein mittelfeines Sieb streichen.

◆ Das Fleisch in einer Schüssel gleichmäßig mit der Paste bestreichen. Zugedeckt für mindestens 5 Stunden, besser noch über Nacht in den Kühlschrank stellen.

◆ Den Backofen auf 180 °C vorheizen. Einen großen, gusseisernen Topf oder einen Bräter mit einem geeigneten Gittereinsatz versehen. Bis zur Kante des Einsatzes Wasser in das Kochgefäß füllen – benötigt werden etwa 750 ml bis 1 l. Es kommt darauf an, dass der Dampf nach oben steigen und die Fleischsauce ins Wasser tropfen kann. Das Fleisch auf den Einsatz legen und mit den Resten der Chilipaste aus der Schüssel bestreichen. Das Kochgefäß mit Alufolie und anschließend mit einem fest schließenden Deckel verschließen. 3 Stunden im Ofen garen.

◆ Herausnehmen und das Fleisch in große Stücke zerpflücken, dabei Fettstücke, Knorpel und Knochen entfernen. Die Temperatur des Backofens auf 190 °C erhöhen. Fleischstücke auf einem Backblech verteilen. 15 Minuten im Ofen bräunen und die Stücke dabei mindestens einmal wenden.

◆ Die Brühe aus dem Kochgefäß in einen Topf gießen und dabei möglichst gründlich entfetten. Die Tomaten mit 1 Teelöffel Oregano und 250 ml der Brühe im Mixer glatt pürieren. Die Mischung zur restlichen Brühe in den Topf gießen. Den Sherry, sofern verwendet, hinzugießen und das Ganze bei niedriger Temperatur erhitzen, bis es sanft köchelt. Mit Salz abschmecken und ohne Deckel 15 Minuten köcheln lassen, sodass sich die Aromen gut verbinden.

◆ Das Fleisch in einzelnen Schalen anrichten und die Sauce darüber verteilen. Den Weißkohl, die Zwiebel und die Limettenspalten in einzelnen Schüsseln separat dazu reichen.

Für 10 Personen

Die Straßen in Guadalajara, der lebendigen Hauptstadt von Jalisco, sind gesäumt von zahlreichen »birrierías«.

Veracruz

Pollo en ciruela

Huhn mit Backpflaumen-Orangen-Sauce

Nach einem regnerischen Tag in der Sierra Madre flüchtete ich mich in Xico ins Restaurant El Mesón Xixqueño. Zum Hauptgang aß ich dieses schmackhafte Gericht aus Huhn mit einer dicken Backpflaumen-Orangen-Sauce. Über die Herkunft des Rezepts war der Köchin nichts bekannt, außer dass es »schon immer« in ihrer Familie gekocht wurde. Dazu passt würziger weißer Reis (Seite 91).

250 ml frisch gepresster Orangensaft

Etwa 125 ml lieblicher Weißwein oder Sherry

½ unbehandelte Orange, ungeschält in feine Scheiben geschnitten

2 »chiles chipotles en adobo«, fein gehackt (Seite 247)

1 EL Olivenöl, dazu mehr nach Bedarf

Meersalz

1,5 kg Hühnerbrust und -schenkel

125 g Frühstücksspeck, gehackt

Schale von 1 unbehandelten Orange

FÜR DIE SAUCE

250 g Backpflaumen, entsteint (etwa 30 Stück)

240 g Bitterorangenmarmelade

Etwa 125 ml Wasser

60 ml frisch gepresster Orangensaft

1 Stück echte Zimtrinde, etwa 7,5 cm lang

◆ Orangensaft mit dem Wein oder Sherry, den Orangenscheiben, den Chilis, 1 Esslöffel Olivenöl sowie Salz nach Geschmack vermischen. Die Hühnerbrüste jeweils vierteln, die Schenkel halbieren. Die Stücke in die Orangenmarinade einlegen und zugedeckt für mehrere Stunden, besser noch über Nacht in den Kühlschrank stellen, dabei gelegentlich durchmischen.

◆ Mit einem Zestenreißer oder Sparschäler die Orangenschale in schmalen Streifen hauchdünn, also ohne die weiße Innenhaut, abschälen. Für die Sauce die Backpflaumen, die Marmelade, das Wasser, den Orangensaft, den Zimt und die Orangenschalenstreifen in einem Topf vermischen. Das Ganze einmal aufkochen und dann bei niedriger Temperatur unter häufigem Rühren 10–15 Minuten köcheln lassen. Zugedeckt mindestens 2 Stunden bei Raumtemperatur ruhen lassen. Die Zimtrinde entfernen.

◆ Die Fleischstücke aus der Marinade nehmen und auf Küchenpapier abtropfen lassen. Den Speck in einer großen, schweren Pfanne bei mittlerer bis niedriger Temperatur in 3–5 Minuten goldbraun braten. Mit einer Schaumkelle herausnehmen und auf Küchenpapier abtropfen lassen. Bei hoher Temperatur so viel Olivenöl zum ausgebratenen Fett in die Pfanne geben, dass diese 6 mm hoch gefüllt ist. Sobald es zischt, die Fleischstücke portionsweise hineingeben und bei mittlerer Temperatur 15–20 Minuten unter gelegentlichem Wenden braten, bis sie goldbraun und knusprig, aber innen noch saftig sind. Auf Küchenpapier abtropfen lassen.

◆ Das überschüssige Öl aus der Pfanne abgießen. Bei niedriger Temperatur die Marinade hinzufügen und langsam die Temperatur auf die mittlere Stufe erhöhen. Auf die Hälfte einkochen lassen und dabei den Bratensatz vom Boden losrühren. Die Backpflaumensauce, den Speck und die Fleischstücke gründlich untermischen und alles ohne Deckel bei niedriger Temperatur noch etwa 20 Minuten garen, bis das Fleisch zart ist. Nach Bedarf mehr Wasser oder Wein hinzufügen.

◆ Die Fleischstücke auf einer vorgewärmten Platte anrichten und mit Sauce begießen. Sogleich servieren.

Für 6 Personen

Puebla

Carne asada con hierbas

Mariniertes Lendensteak mit Kräutern

Das Ursprungsrezept verriet mir Diana Kennedy, die es ihrerseits von Antonio Sanchez, einem Bekannten, erhalten hatte. Sie hatte gehört, dass man eingelegte »chiles serranos« oder »jalapeños« mitsamt der Flüssigkeit für eine Marinade nehmen könne, was ich ausprobieren wollte.

1 Scheibe Rinderlende, 5 cm dick (1,25–1,5 kg)

440 g eingelegte »chiles serranos« oder »jalapeños« (Seite 247) mit Flüssigkeit

125 ml Pflanzenöl

4 Knoblauchzehen, geschält

½ weiße Zwiebel, grob gehackt

4 große frische Majoranzweige oder
½ TL getrockneter Majoran

4 frische Thymianzweige oder
½ TL getrockneter Thymian

2 Lorbeerblätter

Meersalz und frisch gemahlener Pfeffer

◆ Das Fleisch in eine flache Glasschüssel legen. Die Chilis mit dem Öl, dem Knoblauch, der Zwiebel, dem Majoran, dem Thymian, den Lorbeerblättern sowie Salz und Pfeffer nach Geschmack im Mixer oder in der Küchenmaschine zu einer noch leicht groben Mischung pürieren. Das Fleisch damit übergießen. Zugedeckt für mindestens 4 und bis zu 12 Stunden im Kühlschrank marinieren, dabei ein- oder zweimal wenden.

◆ In einem Holzkohlengrill mit Haube ein kräftiges Feuer entfachen. Das Fleisch aus der Marinade nehmen. Auf dem Rost von der ersten Seite etwa 10 Minuten und anschließend von der zweiten Seite 7 Minuten kräftig anbraten. Die Holzkohle auf einer Seite des Grills zusammenschieben, das Steak auf den Teil des Rosts legen, der sich nicht direkt über der Glut befindet, und den Grill verschließen. Das Steak noch etwa 6 Minuten garen, bis es innen durchgehend rosa ist. Auf einem Fleischbrett, locker mit Alufolie bedeckt, 5 Minuten ruhen lassen.

◆ Das Fleisch schräg in gut 1 cm dicke Scheiben schneiden und auf einer vorgewärmten Platte sogleich servieren.

Für 4 Personen

México, D.F.

Chiles anchos rellenos de picadillo de pollo

Chilis mit Hühnchenfüllung

Üblicherweise werden gefüllte Chilis mit »chiles poblanos« zubereitet. Nimmt man dagegen dieselbe Chilisorte in getrockneter Form, also die »chiles anchos« mit ihrem intensiven, schokoladig süßen Aroma, schmeckt das Gericht ganz anders.

Selbst als Roberto Santibanez in Mexiko-Stadt zwei Restaurants unterhielt, fand er immer noch Zeit, um zu Hause Gäste zu bewirten. Ideal waren Gerichte wie dieses, bei dem die Chilis und die Füllung separat im Voraus vorbereitet werden können. Klassische Beilagen sind würziger weißer Reis (Seite 91) oder schwarze Bohnen.

FÜR DEN PICADILLO

120 ml mildes Olivenöl

150 g weiße Zwiebeln, fein gehackt

2 EL Knoblauch, gehackt

1 kg reife Eiertomaten, enthäutet und fein gehackt

¼ TL getrockneter Thymian

2 Lorbeerblätter

90 g Rosinen

1 kg Hühnerschenkelfleisch, durch den Fleischwolf gedreht oder fein gehackt

Meersalz

75 g fleischige grüne Oliven, entsteint und grob gehackt

90 g gehobelte blanchierte Mandeln

60 g Kapern, gründlich abgespült

10 g frische Korianderblätter, fein gehackt

10 g frische Blätter von glatter Petersilie, fein gehackt

Blätter von 6 frischen Minzezweigen, fein gehackt

FÜR DIE CHILIS

8 große »chiles anchos« (Seite 247)

125 g »piloncillo« (Seite 250), geraspelt, oder 100 g dunkelbrauner Zucker

1 Stück echte Zimtrinde, gut 1 cm lang

160 ml Apfelessig

½ TL Meersalz

FÜR DIE SAUCE

500 ml »crema« (Seite 246)

75 g weiße Zwiebel, fein gehackt

½ TL Meersalz

10 g frische Korianderblätter, fein gehackt

◆ Für den *picadillo* 60 ml Olivenöl in einem Topf bei mittlerer Temperatur erhitzen. Die Zwiebeln in etwa 2 Minuten glasig schwitzen, danach den Knoblauch eine Minute mitdünsten. Die Tomaten mit dem Thymian und den Lorbeerblättern gründlich untermischen und etwa 15 Minuten köcheln lassen, bis sie zerfallen sind und leicht trocken werden. Die Rosinen einrühren und die Sauce noch 10 Minuten köcheln lassen, bis der ganze überschüssige Saft verdampft ist.

◆ Die restlichen 60 ml Öl in einer großen Schmorpfanne bis zum Rauchpunkt erhitzen. Das Fleisch unter ständigem Rühren etwa 4 Minuten braten, bis es zart gebräunt ist, und zuletzt leicht salzen. Die Tomatensauce untermischen und alles noch 5 Minuten köcheln lassen. Die Oliven, die Mandeln, die Kapern, den Koriander, die Petersilie und die Minze untermischen. Die Pfanne vom Herd nehmen und abkühlen lassen. Den Backofen auf 180 °C vorheizen.

◆ Die Chilis vorbereiten: Längs einmal einschneiden, ohne den Stielansatz und die Spitze zu verletzen, und die Samen und Scheidewände so entfernen, dass die Schoten nicht einreißen.

◆ In einem kleinen Topf 1 l Wasser mit dem *piloncillo* oder braunen Zucker, dem Zimt, dem Essig und dem Salz bei mittlerer bis hoher Temperatur zum Kochen bringen und dabei rühren, bis sich der Zucker aufgelöst hat. Das Ganze bei mittlerer Temperatur 5 Minuten köcheln lassen. Die Chilis hineingeben, einen Deckel auflegen und den Topf vom Herd nehmen. Die Chilis 15–20 Minuten einweichen, dann zum Abtropfen auf Küchenpapier legen.

◆ Die Chilis vorsichtig mit dem *picadillo* füllen und nebeneinander in eine ofenfeste Form legen. Im Ofen zugedeckt etwa 15 Minuten backen.

◆ Inzwischen für die Sauce die *crema* mit der Zwiebel und dem Salz in einem kleinen Topf bei niedriger Temperatur 5 Minuten köcheln lassen. Durch ein Sieb streichen, mit dem Koriander aromatisieren und bis zum Servieren warm stellen.

◆ Die Chilis aus dem Ofen nehmen. Mit der Sauce übergießen und servieren.

Für 4–6 Personen

Puebla

Tinga Poblana

Deftiges Schweineragout

Sollte von diesem Klassiker aus Puebla ein Rest übrig bleiben, können Sie ihn als Belag für »tostadas« oder als Füllung für »tacos« und »tortas« verwenden.

1 kg Schweinefleisch ohne Knochen
(z. B. Schulter), von überschüssigem Fett befreit und in 2,5 cm große Würfel geschnitten

2 weiße Zwiebeln, die eine in feine Scheiben geschnitten, die andere fein gehackt

6 Knoblauchzehen, davon 3 ganz und 3 gehackt

1 TL Meersalz, dazu mehr nach Geschmack

2 EL Erdnussöl

125 g »chorizo« (Seite 246), zerkrümelt

450 g gehackte Tomaten aus der Dose

1 TL getrockneter Oregano
(möglichst aus Mexiko)

1 TL getrockneter Thymian

3 Lorbeerblätter

4 »chiles chipotles en adobo« (Seite 247), gehackt

1 TL Zucker (nach Belieben)

2 feste, reife Avocados, vom Kern befreit, geschält und in Scheiben geschnitten

◆ Das Fleisch mit der Hälfte der Zwiebelscheiben, den ganzen Knoblauchzehen und dem Salz in einen Topf geben. Mit Wasser bedecken und einmal aufkochen, dabei gründlich abschäumen. Ohne Deckel bei mittlerer bis niedriger Temperatur etwa 1½ Stunden köcheln lassen, bis das Fleisch gar ist. Fleischwürfel aus der Brühe nehmen und grob zerpflücken.

◆ Das Öl in einer Pfanne bei mittlerer Temperatur erhitzen. Die *chorizo* etwa 5 Minuten unter häufigem Rühren braten. Die gehackte Zwiebel und den gehackten Knoblauch untermischen und alles noch etwa 5 Minuten braten. Das überschüssige Fett abgießen. Das Fleisch, die Tomaten, den Oregano, den Thymian, die Lorbeerblätter und die Chilis hinzufügen. Etwa 15 Minuten köcheln lassen und dabei bis zu 250 ml der Brühe unterrühren. Mit Salz und nach Geschmack mit etwas Zucker würzen. Mit den Avocado- und den restlichen Zwiebelscheiben garnieren.

Für 8–10 Personen (reichlich bemessen)

México, D.F.

Enchiladas verdes

Enchiladas mit Huhn und Tomatillo-Sauce

Das Rezept für diese traditionellen »enchiladas« mit grüner Sauce verriet mir Küchenchef Ricardo Muñoz Zurita in Mexiko-Stadt. Ursprünglich stammt es aus dem nahe gelegenen Xochimilco, wo die Azteken lange vor dem Einfall der Spanier in schwimmenden Gärten Gemüse, Chilis und Kräuter anbauten. Ricardos Meeresfrüchtecocktail in würziger roter Sauce (Seite 40) bildet, als Vorspeise serviert, geschmacklich und optisch einen reizvollen Kontrast.

FÜR DAS HUHN

1 kg Hühnerbrust

¼ weiße Zwiebel

1 Knoblauchknolle, quer halbiert

1 TL Meersalz

FÜR DIE SAUCE

1,5 kg »tomatillos« (Seite 250), von der papierartigen Hülle befreit und gewaschen

9 »chiles serranos« (Seite 247), Samen entfernt

3 Knoblauchzehen, gehackt

60 ml Erdnussöl

Etwa 1 EL Meersalz

FÜR DIE ENCHILADAS

80 ml Erdnussöl

18 dünne Mais-Tortillas, fertig gekauft

250 ml »crema« (Seite 246)

1 weiße Zwiebel, in feine Scheiben geschnitten

150 g »queso fresco« (Seite 248), zerkrümelt

◆ Das Hühnerfleisch vorbereiten: Die Brüstchen mit der Zwiebel, dem Knoblauch und dem Salz in einen Topf geben und mit Wasser bedecken. Alles bei hoher Temperatur einmal aufkochen, dann bei mittlerer Temperatur zugedeckt 20–25 Minuten köcheln lassen, bis das Fleisch gar ist. Abkühlen lassen und aus der Brühe nehmen. (Eingewickelt kann das Hühnerfleisch jetzt bis zu einem Tag im Kühlschrank aufbewahrt werden.) Die Brüstchen enthäuten, auslösen und das Fleisch mit den Fingern in Streifen reißen – insgesamt werden etwa 750 g benötigt.

◆ Für die Sauce die *tomatillos* und die Chilis in einem Topf mit Wasser bedecken. Bei mittlerer bis hoher Temperatur zum Kochen bringen und 10–15 Minuten garen. Die *tomatillos* und Chilis abseihen und zusammen mit dem gehackten Knoblauch im Mixer zu einer glatten Sauce verarbeiten.

◆ 60 ml Öl in einer Pfanne bis zum Rauchpunkt erhitzen. Die *tomatillo*-Sauce hineingießen und unter ständigem Rühren erhitzen, bis sie erste Blasen wirft. Bei niedriger Temperatur etwa 5 Minuten eindicken lassen. Insgesamt werden 750 ml benötigt, daher bei Bedarf etwas von der Hühnerbrühe hinzufügen. Mit einem Esslöffel Salz (nach Wunsch auch mehr) abschmecken und warm stellen. Wenn die Sauce mit den Tortillas und dem Hühnerfleisch kombiniert wird, lässt der Salzgeschmack deutlich nach, sie sollte also stark gewürzt sein.

◆ Den Backofen auf 180 °C vorheizen.

◆ Für die *enchiladas* 80 ml Öl in einer Pfanne erhitzen, bis es zischt. Die Tortillas mithilfe einer Greifzange einzeln kurz ins Öl tauchen, bis sie weich sind, und auf Küchenpapier abtropfen lassen.

◆ Eine Tortilla kurz durch die warme Sauce ziehen und auf einen Teller legen. Nahe dem Rand einen großen Esslöffel Hühnerfleisch darauf geben, die Tortilla aufrollen und mit der Nahtseite nach unten in eine ofenfeste Form legen. Auf diese Weise alle Tortillas verarbeiten und zuletzt mit der restlichen Sauce überziehen. Für etwa 10 Minuten in den Ofen schieben, bis sie durch und durch heiß sind.

◆ Die *enchiladas* aus dem Ofen nehmen und die *crema*, die Zwiebelscheiben und den zerkrümelten Käse darüber verteilen. Sogleich servieren, da sie schnell weich werden.

Für 6 Personen

GUARNICIONES

Gemüse, Früchte und vor
allem Bohnen spielen in
der mexikanischen Küche
weit mehr als nur
eine Nebenrolle.

Vorhergehende Doppelseite: Die weißen Blüten der Yucca, einer in Teilen von Veracruz wild wachsenden Verwandten der Agave, werden traditionell in der Karwoche verkauft. Man isst sie unter Rührei oder in eine rote *mole* gemischt oder auch mit Tomatensauce überzogen. **Ganz oben:** Sicher balancieren die beiden jungen Händlerinnen ihre sorgsam verpackten *nopales* durch die Straßen von Mitla in Oaxaca. **Oben:** In den einfachsten Esslokalen genauso wie in den nobelsten Restaurants des Landes schätzt man frische und aromatische Zutaten wie diese vollendet ausgereiften, makellosen Tomaten.

Wenn ich einen Markt in Mexiko besuche, stelle ich mir jedes Mal vor, welche Irritation ein einfacher spanischer Fußsoldat empfunden haben muss, als er in Teotihuacán, der heute unter Mexiko-Stadt begrabenen Hauptstadt des Aztekenreiches, den Marktplatz betrat. Einige der dort feilgebotenen Nahrungsmittel dürften ihm bereits auf seiner Reise von der Küste zum Hochland begegnet sein. Dennoch muss für jemanden, der niemals zuvor Chilis, getrocknete Bohnen oder leuchtend rote Tomaten sah – von der befremdlichen Ananas oder der Avocado mit ihrer grünen, ledrigen Schale ganz zu schweigen –, das farbenprächtige Angebot an Obst, Gemüse und Hülsenfrüchten überwältigend gewesen sein. Zumal sich der Markt, auf dem täglich an die 25 000 Händler und Käufer zusammenkamen, über ein riesiges Areal erstreckte.

Dieselben Produkte bilden bis heute den Grundstock der mexikanischen Ernährung, wobei die Chilis zweifellos eine besondere Stellung einnehmen. Sauer eingelegt werden sie geknabbert, geröstet und in Streifen geschnitten bereichern sie *tacos*, und frisch oder getrocknet dienen sie als Hülle für alle möglichen Füllungen. Verbindet sich aber ihr mitunter höllenscharfes Aroma mit dem von Zwiebel und Knoblauch und gesellt sich dazu die besänftigende Frische von Tomaten oder *tomatillos*, dann entsteht die famose Salsa, quasi der Inbegriff der mexikanischen Küche. Eine Salsa, zumindest in einer Variante, darf auf keinem Esstisch fehlen, egal ob die Zutaten einfach zerkleinert und roh zusammengemischt oder Chilis, Zwiebeln und Knoblauch vorher geröstet und dann mit Tomaten oder *tomatillos* bei hoher Temperatur gekocht werden, um den Geschmack vollends zu extrahieren. Ohne Chilis unvorstellbar sind auch die klassischen *moles* mit ihrer exotischen, sinnlichen Würze.

Wie ein anonymer Eroberer in seinem »Bericht über einige Dinge aus Neuspanien und aus der großen Stadt Tempestitán, Mexiko« schrieb, haben sie »eine [Pflanze] ähnlich dem Pfeffer, die sie als Würze benutzen und Chili nennen und ohne die sie nichts essen«. Das gilt uneingeschränkt bis heute. Unzutreffend ist hingegen, dass Chilis mit der Pfefferpflanze verwandt sind, die Kolumbus in Indien zu entdecken gehofft hatte, als er tatsächlich auf den Bahamas landete. Chilis gehören, wie Kartoffeln, Tomaten und Auberginen, zu den Nachtschattengewächsen und sind mit etwa 30 Arten, die ausnahmslos in der Neuen Welt ihren Ursprung haben, in der eigenen Gattung *Capsicum* zusammengefasst. Die meistverbreitete Art ist *C. annuum*, der die süß-aromatische Paprikaschote ebenso angehört wie der würzige *chile serrano*.

Da die zahlreichen Chilisorten neben verschiedenen Schärfegraden auch feine, aber entscheidende Geschmacksunterschiede aufweisen, sind sie nicht beliebig austauschbar. Die meisten in Mexiko verwendeten frischen und getrockneten Chilis sind über Spezialitätengeschäfte und Versandhandlungen auch bei uns zu beziehen. Nur kommt es infolge der Bezeichnungen gelegentlich zu Verwechslungen. So heißt der frische, grüne *chile poblano* bei den Händlern in Michoacán *chile pasilla*, übersetzt »Rosine«. Im gesamten übrigen Land aber verwendet man diesen Namen für den getrockneten *chile chilaca*, der tatsächlich die Farbe dunkler Rosinen besitzt. Das ist nur ein Beispiel für die zahlreichen Fälle, in denen in bestimmten Regionen besonders populäre Chilisorten eine lokale und eben nicht die offizielle Bezeichnung tragen und so für Verwirrung sorgen können.

Unten: Mit frisch gegrillten Maiskolben, überzogen mit *crema*, bestreut mit zerbröseltem Käse und Chilipulver und beträufelt mit Limettensaft, machen die Straßenverkäufer in Mexiko viel Umsatz. **Ganz unten:** Salat von lokalen Erzeugern landet vor allem als knackige Zutat in *tacos*.

Chilis mögen der mexikanischen Küche die Würze geben, einen elementaren Grundstein der Ernährung bilden hingegen seit jeher die eiweißreichen Bohnen, und das keineswegs nur bei der armen Bevölkerung. Vergleichbar dem Reis in Asien, kommen sie täglich auf den Tisch und sind an beinahe jedem Essen beteiligt. In den südlichen Bundesstaaten ist die schwarze Bohne allgegenwärtig. Dagegen kommen in Zentralmexiko rote, weiße, bräunliche, gelbe und mehrfarbige Sorten zur Verwendung, während im Norden des Landes die Wachtelbohne dominiert.

Immer wieder erzähle ich gerne, wie ich meine erste Lektion über die Bedeutung der Bohnen in Mexiko lernte. Mein Mann und ich waren bei langjährigen Freunden in Morelia im Staat Michoacán zur *comida* eingeladen. Es war ein elegantes Essen mit einer langen Folge von Gängen, einer exquisiter als der andere. Schließlich aber gab es eine kleine Pause, in der der Tisch teilweise abgedeckt wurde, und dann bekam jeder Gast eine Tonschale, gefüllt mit Bohnen in einer Brühe, das Ganze mit Würfeln von weichem, weißem Käse bestreut. Der köstliche Duft wurde durch den Geschmack noch übertroffen, und so kratzte ich mit dem Löffel noch die letzten Reste aus meiner Schale. Bohnen werden, wie ich bei dieser Gelegenheit erfuhr, traditionsgemäß am Ende einer Mahlzeit serviert,

Unten: In dem dreifüßigen, aus Lavastein gefertigten Mörser namens *molcajete* werden frische Salsas wie auch die *guacamole* hergestellt. **Ganz unten:** Von Bohnen für deftige Suppen über Mandeln für feine Kuchen bis zu Chilis für feurige *moles* bietet der Markt von Tlacolula alles, was das Herz begehrt. **Rechte Seite:** Die Gitarren und Geigen aus Paracho in Michoacán genügen den höchsten Maßstäben.

damit die Gäste auf keinen Fall hungrig vom Tisch aufstehen.

Wenn ich in Mexiko bin, gehe ich, genau wie die meisten Hausfrauen, fast täglich auf den Markt. Für mich bedeutet dieser Gang aber keine pure Notwendigkeit, sondern jedes Mal eine interessante Erfahrung. Ich bestaune die birnenförmigen, glatten oder bestachelten Chayoten und die säuberlich zu Pyramiden aufgetürmten, manchmal winzigen, manchmal pampelmusengroßen Avocados. Kürbisblüten und Kürbisse der unterschiedlichsten Art – darunter eine, die für eine Wassermelone durchgehen könnte – gehören ebenso zum Angebot wie Bündel grüner Blattgemüse und leuchtend rote Tomaten sowie ihre Vorläufer, die murmelgroßen *miltomates*. Jedes Mal studiere ich auch die Knollenfrüchte, die für mich alle ziemlich ähnlich aussehen. Zweifelsfrei erkenne ich mittlerweile Yamsbohne, Süßkartoffel, Yam und Kartoffel. Vor allem auf den Märkten in Karibiknähe aber entdecke ich immer wieder mir völlig unbekannte Knollen, nach deren Namen und Verwendung ich mich dann natürlich erkundige. Inmitten des Gedränges sitzen in den Durchgängen Frauen, die mit scharfen Messern die Stacheln von den grünlichen *nopales*, den

scheibenförmigen Gliedern der Feigenkakteen, schaben. Jungen schlängeln sich durch die Menge und bieten Büschel kleiner, violettroter Knoblauchknollen an.

Wie bei uns als Beilage oder auch als Salat, auf einem Teller mit dem Hauptgang serviert, tritt das Gemüse in Mexiko allerdings selten in Erscheinung. Eine Ausnahme bilden Restaurants der gehobenen Klasse in Urlaubsorten und größeren Städten, die, dem Trend zu leichter Kost folgend, heutzutage Salate in größerer Auswahl anbieten. Gemüse dagegen kommt in anderen Zubereitungen zum Zuge. Grüner Salat und Weißkohl sind unverzichtbare Zutaten von *tacos* und *tostadas*. Aus der Kombination von Chilis und Tomaten entsteht eine Salsa, die, fügt man Avocado hinzu, zu *guacamole* wird. Ergänzt man sie hingegen mit Nüssen und Kernen, so ergibt sich eine *mole* oder ein *pipián*. Kürbisse sind an Suppen und Eintopfgerichten beteiligt, *nopales* werden, mit Eiern vermischt, zum Frühstück serviert, und Kartoffeln geben eine beliebte Füllung für *tacos* und *quesadillas* ab.

Die mexikanischen Gerichte entziehen sich einer Kategorisierung nach unseren Vorstellungen: In Mexiko isst man fast alles zu jeder Mahlzeit oder auch als kleinen Imbiss zwischendurch. Und getrocknete Bohnen fungieren, genau wie frisches Gemüse, sicherlich nicht als Komparsen, sondern spielen eine wichtige Hauptrolle.

Linke Seite: In Yucatán findet man vielerorts Kirchen aus der spanischen Kolonialzeit gleich in der Nähe alter Maya-Stätten. **Unten:** Gegrillt schmecken die frischen Frühlingszwiebeln, die hier sauber gebündelt auf Käufer warten, besonders gut zu kräftig gewürzten *tacos*. **Ganz unten:** Jede Mahlzeit, ob das Frühstück zu Hause oder auch ein Abendessen mit Freunden im Restaurant, bietet eine willkommene Gelegenheit zu einer entspannten Plauderei.

Puebla

Timbales de elote y calabacita

Mais-Zucchini-Flan

Mit meiner Freundin Mónica Mastretta besuchte ich den »tianguis« (Großmarkt) außerhalb von Puebla. Wir betraten die riesige Halle, wo uns ein exotisches Duftgemisch entgegenschlug, sogen die Aromen von Melonen, Guaven und Chilis tief ein und ließen uns gefangen nehmen in dieser traumhaften Welt, aus der wir erst Stunden später wieder auftauchten. Auf dem Heimweg unterhielten wir uns natürlich über Essen, und Mónica diktierte mir dieses Rezept. Jedes Mal, wenn ich die delikaten Flans zubereite, muss ich an jenen Tag zurückdenken. Mónica garniert sie gern mit Streifen von Zucchinischalen, was aber etwas Zeit kostet und ebenso entfallen kann.

1 EL Butter

450 g frische oder kurz aufgetaute tiefgefrorene Maiskörner

5 Eier

1 EL Zucker

1 EL Mehl

1 EL Crème double

1 TL Meersalz, dazu mehr zum Bestreuen

3 kleine Zucchini, von den Enden befreit

½ TL getrockneter Thymian

FÜR DIE SAUCE

4 EL Butter

½ weiße Zwiebel, fein gehackt

4 »chiles poblanos«, geröstet, Samen und Scheidewände entfernt (Seite 247)

750 ml Milch, erhitzt

45 g Mehl

Meersalz und frisch gemahlener Pfeffer

◆ Den Backofen auf 180 °C vorheizen. Sechs 250-ml-Souffléformen mit 1 Esslöffel Butter ausstreichen.

◆ Die Maiskörner mit 125 ml Wasser in den Mixer oder die Küchenmaschine geben. Die Eier, den Zucker, das Mehl, die Crème double und 1 Teelöffel Salz hinzufügen. Das Gerät laufen lassen, bis alles soeben gut vermischt ist.

◆ Für die Garnitur, falls vorgesehen, von einer Zucchini mit einem Sparschäler oder scharfen Messer lange, schmale Schalenstreifen abschälen und die-

se in 7,5 cm lange Stücke schneiden – insgesamt werden 12 Abschnitte benötigt. In einem kleinen Topf Wasser zum Kochen bringen und die Schalen 2 Minuten garen. Abseihen, kalt abbrausen und auf einem Teller ausbreiten.

◆ Alle Zucchini auf einer groben Rohkostreibe raspeln – benötigt werden etwa 150 g. Mit Salz bestreuen, gründlich durchmischen und etwa 10 Minuten ruhen lassen. In einem Küchentuch ausdrücken und zusammen mit dem Thymian unter die Maismischung mengen. Die Masse gleichmäßig auf die vorbereiteten Formen verteilen.

◆ Die Formen so in einen Bräter stellen, dass sie sich nicht berühren. Den Bräter bis auf halbe Höhe der Formen mit heißem Wasser füllen und vorsichtig in den Ofen schieben. Die Flans etwa 45 Minuten backen – sie sind fertig, wenn ein in die Mitte eingestochenes Messer leicht ölig, aber ansonsten sauber wieder herauskommt.

◆ Für die Sauce 1 Esslöffel Butter in einem Topf bei mittlerer Temperatur zerlassen. Die Zwiebel in 4–5 Minuten glasig schwitzen. Mit den Chilis und 125 ml heißer Milch im Mixer sehr fein pürieren.

◆ Die restlichen 3 Esslöffel Butter in einer Pfanne bei mittlerer bis niedriger Temperatur zerlassen. Das Mehl darüber stäuben und 2 Minuten einrühren. 250 ml heiße Milch hinzugießen und mit einem Schneebesen einrühren, bis eine glatte Mischung entsteht. Die restlichen 375 ml Milch und das Chilipüree einrühren. Die Sauce unter häufigem Rühren etwa 4 Minuten kochen, bis sie eindickt. Mit einer großzügigen Prise Salz und Pfeffer würzen und warm stellen.

◆ Die Förmchen aus dem Bräter nehmen und einige Minuten ruhen lassen. Mit einem Messer am Rand einer Form entlangfahren, einen Teller auflegen und den Flan stürzen. Mit Sauce umgießen und nach Belieben mit zwei Zucchinistreifen garnieren. Die restlichen Flans zügig genauso anrichten und sogleich servieren.

Für 6 Personen

Eine der schönsten Kathedralen Mexikos ist die von Puebla mit ihrer kachelverkleideten Kuppel.

Veracruz

Ensalada de chayotes

Festlicher Chayote-Salat

Schwer lag die Nachmittagshitze über der Landschaft außerhalb von Xalapa, der Hauptstadt von Veracruz. Ricardo Muñoz Zurita hatte für das Abendessen ein reichhaltiges Fischgericht mit Oliven, Tomaten und Kapern vorbereitet, und nun dachten wir uns einen Salat dazu aus. Chayoten mit ihrem frischen, an Gurken und entfernt auch an Zucchini erinnernden Geschmack und ein leichtes Dressing schienen perfekt. Inzwischen ist die nachfolgende Variante, angereichert mit goldgelbem Mais und leuchtend roten Tomaten, meine bevorzugte Beilage zu gegrilltem Fisch oder Huhn.

3 Chayoten, halbiert, Samen entfernt (Seite 246)

2 TL Salz

3 Maiskolben, von den Hüllblättern und seidigen Fäden befreit, oder 375 g tiefgefrorene Maiskörner

500 g Kirschtomaten, geviertelt

½ rote Zwiebel, in feine Ringe geschnitten

Kochendes Wasser nach Bedarf

FÜR DAS DRESSING

60 ml Rapsöl

60 ml Olivenöl

60 ml Ananasessig oder ein anderer milder Essig (Seite 246)

1 EL frisch gepresster Limettensaft

1 TL getrockneter Oregano (möglichst aus Mexiko)

2 TL Zucker

1 TL zerstoßene Chiliflocken

3 Tropfen Tabasco oder eine andere scharfe Chilisauce

½ TL Meersalz

Frisch gemahlener Pfeffer

◆ Die Chayoten in einem großen Topf mit Wasser bedecken und mit dem Salz würzen. Bei hoher Temperatur einmal aufkochen und dann bei mittlerer Temperatur etwa 30 Minuten köcheln lassen, bis sie gar sind, aber noch Biss haben – sie sollten sich mit einer Gabel mühelos durchstechen lassen. Ganze Maiskolben, falls verwendet, 5 Minuten vor Ende der Garzeit zu den Chayoten geben. Das Gemüse abgießen. Die Chayoten, sobald man sich an ihnen nicht mehr die Finger verbrennt, schälen und in gut 1 cm große Würfel schneiden. Von den Maiskolben mit einem Messer die Körner abstreifen. Bei Verwendung tiefgefrorener Maiskörner diese 2 Minuten in wenig kochendem Wasser garen und anschließend gut abtropfen lassen. Die Chayoten, den Mais und die Tomaten in einer Schüssel beiseite stellen.

◆ Die Zwiebelringe in einer hitzebeständigen Schüssel mit kochendem Wasser bedecken und 2–3 Minuten ruhen lassen, bis sie nicht mehr ganz knackig, aber auch noch nicht zu weich sind. Abseihen, gut abtropfen lassen und zugedeckt im Kühlschrank erkalten lassen.

◆ Für das Dressing in einer Schüssel das Raps- und das Olivenöl mit einem Schneebesen vermischen. Den Essig und den Limettensaft sowie anschließend den Oregano, den Zucker, die Chiliflocken, die Chilisauce, das Salz und Pfeffer nach Geschmack einrühren. Das Dressing noch einmal abschmecken und 125 ml davon über den Salat träufeln. Behutsam durchmischen. (Zugedeckt kann der Salat bis zu 1 Tag im Kühlschrank aufbewahrt werden.)

◆ Unmittelbar vor dem Servieren den Salat nochmals leicht durchmischen, abschmecken und nach Bedarf mehr Dressing hinzufügen. Mit den Zwiebelringen bestreuen und servieren.

Für 6–8 Personen

Jalisco

Salsa Mexicana

Salsa aus rohen Tomaten und Chilis

Die »salsa Mexicana« oder »salsa fresca«, wie sie ebenfalls genannt wird, steht in Mexiko sowohl im Nobelrestaurant als auch in der einfachsten »taquería« auf dem Tisch. In vielen Teilen des Landes heißt sie auch »pico de gallo«, genauso wie die in Jalisco sehr populäre, mit gemahlenen getrockneten Chilis bestreute Mischung von gewürfelter Yamsbohne, Gurke und Melone oder Ananas (Seite 34). Ob die Kanten der säuberlich geschnittenen Zutaten so scharf sind wie ein »Hahnenschnabel« oder ob es eher die bissige Chiliwürze ist, dem beide diesen Namen verdanken, steht nicht eindeutig fest.

Der unverfälschte Geschmack und die knackige Konsistenz der Tomaten, weißen Zwiebeln und grünen Chilis machen in Verbindung mit dem typischen Aroma von Koriandergrün den besonderen Reiz dieser Salsa aus.

500 g reife Tomaten, in etwa ½ cm große Würfel geschnitten

60 g weiße Zwiebel, fein gehackt

10 g frische Korianderblätter, gehackt

2 »chiles serranos«, Samen entfernt und fein gehackt (Seite 247)

2 TL frisch gepresster Limettensaft

Meersalz

◆ Die Tomaten mit der Zwiebel, dem Koriander, den Chilis und dem Limettensaft in einer Schüssel vermischen. Salzen, nochmals durchmischen und, falls die Salsa zu trocken ist, etwas Wasser hinzufügen.

◆ Zugedeckt mindestens 10–15 Minuten ruhen lassen, dann sogleich servieren.

Ergibt etwa 500 ml

Puebla

Salsa de chile chipotle y jitomate

Salsa mit »chiles chipotles«

Die rauchige Note dieser einfachen Tomatensauce aus Puebla stammt von den »chiles chipotles«, im Rauch getrockneten »chiles jalapeños«. In anderen Gegenden Mexikos wird diese Salsa statt der Tomaten auch mit den herb-säuerlichen »tomatillos« hergestellt. Im ganzen Land werden Salsas traditionsgemäß im »molcajete«, einem dreifüßigen Mörser, mit einem aus Lavastein gefertigten Stößel, dem »tejolote«, angerührt.

3 getrocknete »chiles chipotles« oder »chiles chipotles en adobo« aus der Dose (Seite 247)

2 Knoblauchzehen, ungeschält geröstet (Seite 248)

2 reife Tomaten (etwa 375 g), geröstet (Seite 250)

Meersalz

◆ Getrocknete Chilis, falls verwendet, in einem Topf mit Wasser bedecken, salzen und 10–15 Minuten köcheln lassen, bis sie weich sind. Abseihen und dabei das Wasser auffangen. Die Schoten mit etwa 60 ml des Wassers in den »molcajete«, den Mixer oder die Küchenmaschine füllen. Bei Verwendung von eingelegten Chilis aus der Dose die Schoten mit etwas Sauce in den »molcajete«, den Mixer oder die Küchenmaschine füllen.

◆ Den Knoblauch von der verkohlten Haut befreien und mit den Tomaten zu den Chilis geben. Alles nur kurz pürieren – es soll eine dicke, noch etwas grobe Sauce entstehen.

◆ In eine Schüssel füllen, salzen und vor dem Servieren zugedeckt 20–30 Minuten ruhen lassen, damit sich die Aromen richtig entfalten und verbinden.

Ergibt etwa 250 ml

Ohne eine Salsa mit einer ordentlichen Dosis Chiliwürze ist eine mexikanische Tafel nicht komplett.

Tamaulipas

Frijoles con tequila

»Beschwipste« Bohnen

Die Mexikaner trinken nicht nur leidenschaftlich gern Tequila, sondern verwenden ihn auch zum Kochen. Zu diesen Bohnen passen Burritos mit Ragout nach Bauernart (Seite 63).

500 g getrocknete Wachtelbohnen

2 weiße Zwiebeln, eine geviertelt und die andere fein gehackt

2 Knoblauchknollen, von der papierartigen Haut befreit und quer halbiert

Meersalz

2 »chiles anchos«, Samen und Scheidewände entfernt, geröstet (Seite 247)

250 ml Tequila blanco

125–185 g würziges Schweineschmalz (Seite 250) oder 125–185 ml Pflanzenöl

Gut 300 g »queso fresco« (Seite 248), zerkrümelt

»Totopos« (Seite 251)

Salsa mit »chiles chipotles« (linke Spalte) oder eine andere Salsa

◆ Die Bohnen verlesen, abspülen und in einem hohen Topf 2,5 cm hoch mit Wasser bedecken. Die Zwiebelviertel und den Knoblauch hinzufügen. Einmal aufkochen und dann bei niedriger Temperatur und schräg aufgelegtem Deckel etwa 2 Stunden köcheln lassen, bis die Bohnen weich sind. Nach Bedarf mehr heißes Wasser hinzugießen. Salzen und noch etwa 40 Minuten bei niedriger Temperatur eindicken lassen. Dabei gelegentlich umrühren.

◆ Die Chilis in einer Schüssel mit kochendem Wasser bedecken, 15 Minuten einweichen und abgießen. Mit dem Tequila im Mixer zu einem glatten Püree verarbeiten.

◆ Das Schmalz oder Öl in einer schweren Pfanne erhitzen. Bei mittlerer bis niedriger Temperatur die gehackte Zwiebel einrühren und in etwa 3 Minuten glasig schwitzen. Das Chilipüree hinzufügen und etwa 2 Minuten eindicken lassen. Den Pfanneninhalt unter die Bohnen mischen und weitergaren, bis eine dicke Creme entsteht, die nur noch wenige ganze Bohnen enthält. Mit Salz abschmecken.

◆ Die Hälfte des Käses unter die Bohnen mischen. In eine flache Schüssel füllen, mit dem restlichen Käse bestreuen und mit *totopos* garnieren. Weitere *totopos* und die Salsa dazu reichen.

Für 8–10 Personen

Nopales

Rund um den Globus werden verschiedene Arten des Feigenkaktus *(Opuntia ficus-indica)* als Nahrungsquelle genutzt. In Mexiko steht die Opuntie gar im Mittelpunkt einer Sage, die von der Entstehung des Aztekenreiches erzählt. Die Mexika, wie sich die Azteken selbst nannten, lebten als Nomaden im Norden des Landes, bis ihnen ihr Stammesgott verhieß, auf einem Feigenkaktus würden sie einen Adler mit einer Schlange im Schnabel sehen, und dort sollten sie sesshaft werden. Die Prophezeiung erfüllte sich auf einer von zwei kleinen Inseln im Texcoco-See, der heute fast völlig ausgetrocknet ist. Vermutlich 1325 gründeten die Azteken dort ihre Hauptstadt Tenochtitlán. In den beinahe 200 Jahren, die bis zur Ankunft Hernán Cortés' vergingen, eroberten sie einen Großteil des heutigen Mexikos. Heute steht Mexiko-Stadt auf den Ruinen der alten Aztekenstadt, und ein Kaktus mit einem Adler ziert das Staatswappen des Landes.

Die angenehm knackig und ähnlich wie Sauerampfer schmeckenden scheibenförmigen Glieder der weit verbreiteten Kakteenart werden in der mexikanischen Küche vielseitig zubereitet.

Eines meiner Lieblingsrezepte für diese *nopales* stammt aus Tlaxcala, dem kleinsten Staat Mexikos. Dort bekommt man sie bei den Straßenhändlern, die am Eingang der Ausgrabungsstätte Cacaxtla stehen, gehackt und mit einer würzigen Salsa in blaue Mais-Tortillas gewickelt. Für diesen Snack werden die *nopales* zunächst fingerförmig eingeschnitten und, mit etwas Öl und Limettensaft bestrichen, über glühenden Kohlen gebräunt. In ganz Mexiko sieht man auf den Gemüsemärkten Frauen damit beschäftigt, wie sie die spitzen Stacheln von Kakteen entfernen.

Gegessen werden auch die eiförmigen Früchte des Feigenkaktus, die alle Schattierungen von Fahlweiß über Gelblichgrün bis hin zu Magenta-rot aufweisen können und in ihrem exotisch süßen Geschmack an Melonen erinnern. Besonders mag ich diese *tunas* in leichten Obstsalaten, fein gewürfelt, mit anderen tropischen Früchten gemischt und mit Saft und Tequila blanco beträufelt. In der Weihnachtszeit bieten Straßenverkäufer in Oaxaca *horchata* an, ein Reisgetränk, das durch pürierte Kaktusfeigen einen himmlischen Geschmack bekommt.

Tlaxcala

Ensalada de nopalitos con chile

Kaktussalat mit Chili

Der Feigenkaktus liefert ein in Mexiko sehr beliebtes Gemüse. In Tlaxcala, dem kleinsten Bundesstaat Mexikos, kennt man wohl mehr Zubereitungsarten für »nopales« als irgendwo sonst im Land. Sie werden mit Bohnen, Reis, Eiern oder Fleisch kombiniert, kommen im Ganzen auf den Grill oder mischen außer in Suppen und Eintopfgerichten auch in farbenfrohen, knackigen Salaten mit.

Ähnlich wie Okraschoten sondern die »nopales« beim Kochen eine schleimige Substanz ab. Als Gegenmittel empfiehlt es sich, sie in einem Kupfertopf zuzubereiten oder Kupfermünzen, alternativ auch die papierartigen Hüllen von »tomatillos«, oder etwas Natron ins Kochwasser zu geben. Auch sofortiges Abschrecken mit kaltem Wasser nach dem Kochen hilft. In Dosen bekommt man »nopales« inzwischen auch bei uns, sie sind aber natürlich längst nicht so knackig wie das frische Gemüse.

FÜR DIE KAKTUSSTREIFEN

7 frische, möglichst kleine »nopales« (Seite 249)

1 dicke Scheibe weiße Zwiebel

2 Knoblauchzehen, geschält, aber unzerteilt

10 papierartige Hüllen von »tomatillos« oder 1 TL Natron

1 TL Meersalz

FÜR DEN SALAT

1 kleine weiße Zwiebel, in sehr feine Ringe geschnitten

1 TL getrockneter Oregano (möglichst aus Mexiko)

Saft von 1 Limette oder etwa 1 EL milder Essig

1 TL Worcestersauce

Etwa 60 ml Olivenöl

Meersalz

3 »chiles de árbol«, geröstet, Samen entfernt (Seite 247) und zerkrümelt

45 g frische Korianderblätter, gehackt

1 große, reife Tomate oder 4 Eiertomaten, fein gewürfelt

1 Avocado, vom Kern befreit, geschält und in Scheiben geschnitten

150 g »queso fresco« (Seite 248), zerkrümelt

◆ Zunächst die *nopales* vorbereiten: Mit einem scharfen Gemüsemesser die »Höcker«, auf denen die Stacheln sitzen, die Enden und die äußeren Ränder abschneiden. Die *nopales* in gut ½ cm breite Streifen und diese in 2,5 cm lange Stücke schneiden.

◆ Einen großen Topf zu drei Vierteln mit Wasser füllen und zum Kochen bringen. Die Kaktusstreifen mit der Zwiebelscheibe, dem Knoblauch, den *tomatillo*-Hüllen oder dem Natron und dem Salz hineingeben. Bei mittlerer Temperatur 5–10 Minuten im köchelnden Wasser garen – sie sollen weich werden, ihre grüne Farbe aber behalten. (Die exakte Garzeit richtet sich nach dem Alter der *nopales*.) Abseihen und sogleich kalt abbrausen, um den milchigen Schleim abzuspülen und den Garprozess zu stoppen. Die Zwiebel, den Knoblauch und die *tomatillo*-Hüllen, falls verwendet, entfernen und wegwerfen. Die Kaktusstreifen im Sieb schütteln, um möglichst viel Restwasser abtropfen zu lassen, und noch warm in eine Schüssel füllen.

◆ Den Salat zubereiten: Die Zwiebel, den Oregano, den Limettensaft oder Essig und die Worcestersauce zu den Kaktusstreifen geben und eben so viel Olivenöl hinzufügen, dass es die Zutaten gut bindet. Den Salat salzen und behutsam die Chilis untermischen. Mindestens 10 Minuten ruhen lassen.

◆ Unmittelbar vor dem Servieren den Koriander und die Tomate untermischen. Den Salat auf einer Platte oder einzelnen Tellern anrichten und mit den Avocadoscheiben und dem Käse garnieren.

Für 6 Personen

Guanajuato

Salsa verde

Tomatillo-Salsa

Diese kräftige grüne Sauce, die zu meinen Favoriten zählt, steht bei jedem mexikanischen Essen auf dem Tisch. Sie hält sich nicht lange und muss daher immer frisch zubereitet werden.

500 g »tomatillos«, von der papierartigen Hülle befreit, gewaschen und gehackt (Seite 250)

3 EL grob gehackte weiße Zwiebel

3 »chiles serranos«, Samen entfernt, grob gehackt (Seite 247)

2 Knoblauchzehen, grob gehackt

½ TL Meersalz

10 g frische Korianderblätter, fein gehackt

◆ Die *tomatillos* in einem Topf mit Wasser bedecken und bei mittlerer Temperatur erhitzen, bis das Wasser leise sprudelt. Ohne Deckel 8–10 Minuten garen, bis sie weich, aber nicht matschig sind. Abgießen. Mit der Zwiebel, den Chilis, dem Knoblauch und dem Salz im Mixer oder in der Küchenmaschine pürieren.

◆ Mit dem Koriander vermischen und in einer Schüssel servieren.

Ergibt etwa 500 ml

Jalisco

Salsa de chile seco

Salsa aus getrockneten Chilis

Das erste Mal probierte ich diese äußerst pikante Salsa bei einer »charreada«, einem Rodeo, für das Consuelo Ibarra López und ihre Tochter das Essen gekocht hatten.

4 »chiles de árbol« (Seite 247)

2 »chiles pasillas« (Seite 247)

2 Knoblauchzehen, ungeschält

6 reife Eiertomaten, geschält und grob gehackt

Saft von ½ Limette

Etwa ½ TL Meersalz

◆ Die Chilis rösten (Seite 247) und von den Samen befreien. Den Knoblauch ebenfalls rösten (Seite 248) und schälen. Die Chilis in einem Topf mit Wasser bedecken und bei mittlerer Temperatur erhitzen, bis das

Wasser leise sprudelt. Nach 5 Minuten vom Herd nehmen und noch etwa 10 Minuten ziehen lassen – sie sollten zuletzt ziemlich weich sein.

◆ Den Knoblauch und die Tomaten mit dem Limettensaft im Mixer oder in der Küchenmaschine kurz zerkleinern. Die Chilis abseihen, fein zerpflücken und mit dem Salz zur Tomatenmischung geben. Das Gerät wieder einschalten, bis eine nicht zu glatte Salsa entsteht. Falls sie zu dickflüssig ist, einige Esslöffel Wasser hinzufügen. In eine Schüssel füllen und servieren. (Die Salsa lässt sich zugedeckt im Kühlschrank einen Tag aufbewahren.)

Ergibt etwa 500 ml

México, D.F.

Salsa de mango y pepino

Tropische Salsa

Das Rezept entstammt dem Kochbuch der Mitarbeiterinnen der Junior League in Mexiko-Stadt, mit dessen Verkauf die Wohltätigkeitsorganisation Geld zur Betreuung der dortigen Straßenkinder beschafft.

2 Mangos

1 Orange

½ Salatgurke, geschält, halbiert, von den Samen befreit und in gut 1 cm große Würfel geschnitten

Saft von 1 Limette

2 »chiles serranos«, Samen entfernt, fein gehackt (Seite 247)

Meersalz

◆ Die Mangos schälen, das Fruchtfleisch in gut 1 cm große Würfel schneiden und diese in eine Schüssel (nicht aus Metall!) füllen. Von der Hälfte der Orange die Schale in langen, schmalen Streifen dünn abschälen, in gut 1 cm lange Stücke schneiden und ebenfalls in die Schüssel geben. Die Orange aufrecht auf ein Schneidbrett stellen und von oben nach unten die weiße Innenhaut bis zum Fruchtfleisch sorgfältig abschneiden. Die Segmente zwischen den Trennhäuten herauslösen und anschließend in gut 1 cm große Würfel schneiden. Von etwaigen Kernen befreien und zu den Mangos geben.

◆ Die Gurke, den Limettensaft und die Chilis hinzufügen. Das Ganze gründlich vermischen, mit Salz abschmecken, nochmals durchmischen und servieren. (Zugedeckt lässt sich die Salsa im Kühlschrank bis zu 2 Stunden aufbewahren.)

Ergibt etwa 750 ml

Puebla

Quiche de calabacitas

Zucchini-Quiche

Gerade einmal drei Jahre herrschten die Franzosen über Mexiko, trotzdem hinterließen sie in der Küche des Landes, vor allem in Zentralmexiko, nachhaltige Spuren. Diese Quiche passt mit ihrer delikaten Füllung, der »chiles poblanos« eine milde Schärfe verleihen, gut zu gegrilltem Fleisch. Genauso bietet sie sich jedoch als leichter Hauptgang an. Gereifter spanischer Manchego aus Schafsmilch schafft das charakteristische, volle Aroma.

»Empanada«-Teig (Seite 232) oder ein anderer Blätter- oder Mürbteig nach Wahl

FÜR DIE FÜLLUNG

90 g Butter

3 »chiles poblanos«, geröstet, Samen und Scheide-wände entfernt (Seite 247), zuletzt längs in schmale Streifen geschnitten

1 weiße Zwiebel, fein gehackt

1 kg kleine Zucchini, in ½ cm dicke Scheiben geschnitten

3 TL Instant-Geflügelbrühe

125 g Frischkäse (nach Belieben auch Magerstufe), raumtemperiert

3 Eier

125 ml Crème double

½ TL frisch geriebene Muskatnuss

¼ TL Meersalz

Frisch gemahlener Pfeffer

250 g spanischer Manchego (Seite 248) oder ein anderer gut schmelzender Schafskäse, gerieben

◆ Den Teig nach Anleitung herstellen, in Klarsicht-folie einschlagen und bis zur Verwendung in den Kühlschrank legen.

◆ Den Backofen auf 180 °C vorheizen. Eine 23 cm große Quiche-Form mit Butter ausstreichen. Einen Rost im unteren Drittel in den Ofen schieben.

◆ Für die Füllung die restliche Butter in einer Pfan-ne bei mittlerer Temperatur zerlassen. Die Chili-streifen und die Zwiebel in etwa 3 Minuten weich dünsten. Mit einer Schaumkelle herausnehmen und beiseite legen. Die Zucchinischeiben mit 125 ml Wasser und 1½ Teelöffeln Instantbrühe in die noch heiße Pfanne geben und in etwa 5 Minuten bissfest garen. Abseihen und abkühlen lassen.

◆ Die Hälfte der Zwiebel und Chilistreifen mit den restlichen 1½ Teelöffeln Instantbrühe, dem Frisch-käse, den Eiern, der Crème double, der Muskatnuss, dem Salz und Pfeffer in den Mixer oder die Küchen-maschine füllen und pürieren.

◆ Den Teig auf einer leicht bemehlten Arbeitsfläche etwa 3 mm hoch zu einem 28 cm großen Kreis ausrollen, um das Nudelholz wickeln und in die vorbereitete Form legen. Andrücken und den über-stehenden Rand abschneiden. Die Zucchini mit dem Rest der Zwiebel und Chilistreifen auf dem Teig verteilen. Mit der Hälfte des geriebenen Käses und der gesamten Frischkäsemischung bedecken. Den restlichen Käse darüber streuen.

◆ Die Quiche 45–60 Minuten backen, bis sie gold-braun ist und ein in die Mitte eingestochenes Messer sauber wieder herauskommt. Aus dem Ofen nehmen und einige Minuten ruhen lassen. Heiß oder raum-temperiert in der Form servieren.

Für 6–8 Personen

Coahuila

Elote asado

Gegrillte Maiskolben

Gegrillte Maiskolben stehen in Mexiko ganz oben auf der Beliebtheitsskala der Snacks, die die Straßenhändler anbieten. Manchmal sind sie dick mit »crema« oder Mayonnaise überzogen, in jedem Fall aber mit Limetten-saft und Chilipulver pikant gewürzt. Mexikanischer Mais ist besonders stärkereich, leicht mehlig und über-haupt nicht süß.

6 Maiskolben mit Hüllblättern

250 ml »crema« (Seite 246)

150 g »queso añejo« (Seite 248), zerkrümelt, oder 125 g Parmesan, gerieben

2 Limetten, geviertelt

45 g gemahlene »chiles pequíns« oder eine andere scharfe Chilisorte (Seite 247)

125 g Meersalz

◆ Die Hüllblätter der Maiskolben vorsichtig zu-rückstreifen und die seidigen Fäden entfernen. Die Blätter wieder über die Kolben legen und, mit Was-ser bedeckt, 30 Minuten einweichen.

◆ Inzwischen im Holzkohlengrill ein Feuer entfachen.

◆ Die Maiskolben aus dem Wasser nehmen und über der mittelheißen bis sehr heißen Glut auf den Grill-rost legen. Etwa 20 Minuten garen und dabei häufig drehen. Sollten die Blätter zu stark verkohlen und der Mais noch nicht gar sein, die Kolben in Alufolie wickeln und fertig garen. Auf eine Platte legen.

◆ Die *crema*, den Käse und die Limettenviertel in einzelnen kleinen Schüsseln bereitstellen. Die ge-mahlenen Chilis und das Salz ebenfalls in kleine Schüsseln oder Streuer füllen. Jeder Gast entfernt selbst die Blätter oder Alufolie von seinem Maiskol-ben und reibt ihn dann mit einem Limettenviertel ab, dessen Schnittflächen zuvor mit Chilipulver be-streut wurden. Jetzt wird *crema* darauf gestrichen, Käse darüber gestreut und zuletzt gesalzen. So kann jeder Gast die Schärfe selbst bestimmen.

Für 6 Personen

La Fiesta de los Rábanos

Seit 1897 feiern die Bewohner von Oaxaca auf dem *zócalo*, ihrem größten Platz, am 23. Dezember alljährlich die *Fiesta de los Rábanos*, das »Rettichfest«, das heute Besucher aus ganz Mexiko und sogar Touristen aus anderen Ländern nach Oaxaca lockt.

Gemeinsam lassen Gemüsebauern und Kunsthandwerker eine bunte, fantasievolle Kulisse entstehen. Aus skurril gewachsenen Rettichen schnitzen sie Figuren, die, zu traditionellen, historischen oder biblischen Szenen zusammengefügt, in Ständen rings um den Platz ausgestellt werden. Schon früh am Tag finden sich die ersten Besucher ein, um die Meisterwerke zu bestaunen, und später wird das Gedränge so groß, dass sich die Schlange um die ganze Kathedrale zieht. Erst wenn sich am Nachthimmel der herannahende Morgen ankündigt, löst sich die Menge der Feiernden langsam auf.

Das Fest geht zurück auf eine alte, bäuerliche Tradition: 1563 hatte der spanische Vizekönig den Bewohnern von Oaxaca Saatgut aus der Alten Welt und dazu Land überlassen. Am Tag vor Heiligabend kamen die Bauern dann auf dem *zócalo* zusammen, um ihre Erzeugnisse zu verkaufen. Sie bauten Stände auf, die bis zur weihnachtlichen Mitternachtsmesse stehen blieben. Um mehr Kunden anzulocken, bastelten sie aus Rettichen kleine Figuren, die sie mit zierlichen Blumenkohlblättern und Zwiebelblüten schmückten. Aus diesem kleinen Bauernmarkt entwickelte sich die heutige, gigantische *Fiesta de los Rábanos*, die Jahr für Jahr mehr Besucher anzieht.

Tlaxcala

Frijoles refritos

Gebratenes Bohnenpüree

Bei dieser Spezialität handelt es sich nicht, wie der mexikanische Name vermuten ließe, um zweimal gebratene Bohnen. Vielmehr werden als Eintopf zubereitete Bohnen grob zerdrückt und anschließend gebraten, bis sie trocken sind. Falls Sie Bohnen aus der Dose verwenden, spülen Sie sie ab und geben Sie als Ersatz für die Brühe des Eintopfs 250 ml Wasser hinzu.

125 g würziges Schweineschmalz (Seite 250) oder 125 ml Pflanzenöl (nach Bedarf auch mehr)

½ weiße Zwiebel, fein gehackt

875 g Bohneneintopf (Seite 201) mit 500 ml Brühe

3 Avocadoblätter, geröstet (Seite 246) und fein zerkrümelt (nach Belieben)

Meersalz

ZUM GARNIEREN
90 g »queso fresco« (Seite 248), zerkrümelt
»totopos« (Seite 251)
6 kleine Blätter von Romana-Salat
8 Radieschen, möglichst mit frischem Grün

◆ In einer großen, schweren Pfanne 125 g Schmalz oder 125 ml Öl bei mittlerer Temperatur erhitzen. Die Zwiebel in etwa 5 Minuten goldgelb schwitzen, dabei häufig rühren.

◆ Portionsweise nach und nach die Bohnen und die Brühe hinzufügen und mit dem Rücken eines großen Holzlöffels zerdrücken, bis ein grobes Püree entsteht. Die Avocadoblätter, falls verwendet, untermischen. Das Püree bei mittlerer bis hoher Temperatur 10–15 Minuten unter gelegentlichem Rühren braten, bis es trocken wird, dabei nach Bedarf mehr Schmalz oder Öl hinzufügen. Zuletzt mit Salz abschmecken. Nach Belieben die Masse ohne Rühren weiterbraten, bis sie sich vom Pfannenrand löst; dann die Pfanne stark neigen, den Rand der Masse umlegen und das Ganze aufrollen.

◆ Die *frijoles refritos* auf einer Platte oder einzelnen Tellern anrichten und mit dem Käse bestreuen. Die *totopos,* die als »Löffel« dienen, nach Belieben dekorativ in die Masse stecken. Die Salatblätter und Radieschen setzen, daneben angeordnet, farbige Akzente.

Für 4–6 Personen

Campeche

Salsa de jitomate

Tomaten-Salsa mit geröstetem Chili

*In den drei Staaten, aus denen sich die Yucatán-Halb-
insel zusammensetzt – Campeche, Quintana Roo und
Yucatán –, wird der »chile habanero« häufiger als jede
andere Sorte in Salsas verwendet oder pur zu einer höl-
lisch scharfen Sauce verarbeitet. Daneben aber steht meist
auch diese deutlich mildere Version auf dem Tisch.*

*Beim Rösten verstärkt sich die süße Note der Tomaten ge-
nauso wie der charakteristische, fruchtige und zugleich herbe Geschmack des »habanero«. Während der Chili in
Mérida, der Hauptstadt Yucatáns, oft nur kurz durch die
Sauce gezogen wird, kocht man ihn für ein pikanteres Ergebnis in Campeche eine Weile mit. Die warme Salsa ist
ein Muss auf »huevos Motuleños« (auf einer »tostada«
angerichtete Spiegeleier mit schwarzen Bohnen), würzt in
Campeche und Yucatán aber auch alle möglichen anderen
Bohnengerichte.*

4 reife Tomaten, geröstet (Seite 250)

*1 kleine grüne Paprikaschote, geröstet, Samen und
Scheidewände entfernt*

3 EL Pflanzenöl

1 weiße Zwiebel, gehackt

*1 »chile habanero«, geröstet (Seite 247) und auf
allen vier Seiten teils aufgeschlitzt*

Etwa 1 TL Meersalz

◆ Die enthäuteten Tomaten mit ihrem Saft und der
Paprikaschote im Mixer oder in der Küchenmaschine
grob pürieren. Das Öl in einem Topf bei mittlerer
Temperatur erhitzen. Die Zwiebel in etwa 3 Minuten
goldgelb schwitzen. Die Tomatenmischung einrühren
und etwa 3 Minuten braten, bis sich die Farbe ändert.
Den Chili hinzufügen und die Salsa bei mittlerer bis
niedriger Temperatur etwa 15 Minuten köcheln lassen, sodass sich die Aromen gut vermischen.

◆ Unmittelbar vor dem Servieren den Chili entfer-
nen und das Salz einrühren. Die Salsa heiß servieren.
(Zugedeckt hält sie sich im Kühlschrank 4 Tage.
Vor dem Servieren wieder erhitzen.)

Ergibt etwa 500 ml

Jalisco

Calabacitas rellenas de requesón

Zucchini mit Ricotta-Füllung

Vor allem Chilis und verschiedene Kürbisarten werden in Mexiko gern gefüllt. Typisch ist dieses Zucchinigericht, das mit kontrastierenden Farben, Aromen und Konsistenzen die Sinne anspricht. Miguel Ramirez Hernández serviert es in seinem beliebten Restaurant in Guadalajara. In dieser Gegend von Jalisco basiert beinahe jedes Gericht auf Fleisch. Allerdings gibt es auch viele Milchprodukte, darunter gereiften Käse ebenso wie den »requesón«, einen Frischkäse, der genauso wie die italienische Ricotta hergestellt und in kleinen Plastikbeuteln verkauft wird. Nach tagelangem intensivem Fleischkonsum schmeckt mir ein vegetarisches Gericht wie dieses ganz besonders. Gelegentlich füllt Miguel die Zucchini aber auch mit einer köstlichen Mischung aus Hackfleisch vom Schwein, Frühstücksspeck, scharf gewürztem Schinken, Zwiebeln und Tomaten. Machen Sie es wie er und kombinieren Sie ganz nach Lust und Laune!

FÜR DIE SAUCE

2 reife Tomaten oder 280 g abgetropfte gehackte Tomaten aus der Dose

¼ weiße Zwiebel

1 Knoblauchzehe, ungeschält

2 EL Pflanzenöl

½ TL getrockneter Oregano (möglichst aus Mexiko)

1 kräftige Prise gemahlener Piment

250 g Naturjoghurt

Meersalz

FÜR DIE ZUCCHINI

6 kleine Zucchini, von den Enden befreit

Meersalz

2 EL Pflanzenöl

½ weiße Zwiebel, fein gehackt

1 Knoblauchzehe, fein gehackt

1 »chile poblano«, geröstet, Samen und Scheidewände entfernt (Seite 247), zuletzt in schmale Streifen von 2,5 cm Länge geschnitten

250 g Ricotta

ZUM GARNIEREN

6 grüne Salatblätter, fein gehackt

3 EL frische Korianderblätter, fein gehackt

◆ Für die Sauce frische Tomaten, falls verwendet, rösten (Seite 250), enthäuten und von den Samen befreien. Ungeschälte Zwiebel und Knoblauch ebenfalls rösten (Seite 248 und 250). Die Tomaten mit der Zwiebel und dem Knoblauch im Mixer oder in der Küchenmaschine kurz pürieren. 2 Esslöffel Öl in einem Topf bei mittlerer bis hoher Temperatur erhitzen. Die Tomatenmischung hinzugießen und 4–5 Minuten unter gelegentlichem Rühren eindicken lassen. Mit dem Oregano und dem Piment würzen und vom Herd nehmen. Den Joghurt gründlich einrühren. Die Sauce mit Salz abschmecken und abkühlen lassen.

◆ Die Zucchini längs halbieren, in einem Topf mit Wasser bedecken und salzen. Bei mittlerer Temperatur aufsetzen und im köchelnden Wasser in etwa 10 Minuten bissfest garen. Abseihen und sogleich kalt abbrausen, um den Garprozess zu stoppen. Mit einem Löffel oder Melonenausstecher so aushöhlen, dass eine dicke Wand stehen bleibt.

◆ Das restliche Öl in einer Pfanne bei mittlerer bis hoher Temperatur erhitzen. Gehackte Zwiebel mit gehacktem Knoblauch und Chilistreifen in etwa 5 Minuten unter häufigem Rühren weich dünsten. In eine Schüssel füllen und abkühlen lassen. Die Ricotta gründlich unterziehen und die Füllung mit Salz abschmecken.

◆ Die Salatblätter auf einzelnen Tellern verteilen. Jede Zucchinihälfte mit einigen Löffeln der Ricotta-Mischung füllen, auf den Tellern anrichten, mit Sauce beträufeln und mit dem Koriander bestreuen.

Für 6 Personen

Ensalada de lechugas con jícama y mango

Blattsalat mit Yamsbohne und Mango

Mit kleinem Aufwand erzielt dieser Salat geschmacklich wie auch optisch eine große Wirkung. Aus den Grün- und Brauntönen der Blattsalate leuchten goldgelbe Mangowürfel hervor und bilden einen süßen Kontrast zur creme-weißen, knackigen Yamsbohne. Etwas rote Zwiebel reizt zusätzlich Auge und Gaumen.

1 Mango

1 roter Eichblattsalat, in einzelne Blätter getrennt

1 Kopfsalat, in einzelne Blätter getrennt

½ rote Zwiebel, fein gewürfelt

½ Yamsbohne, geschält und in gut ½ cm dicke Streifen von 5 cm Länge geschnitten (Seite 250)

FÜR DAS DRESSING

250 ml Pflanzenöl

125 ml Olivenöl

2½ EL Apfelessig

45 g glatte Petersilie, gehackt

15 g frische Korianderblätter, gehackt

1 Knoblauchzehe, gehackt

1 Schalotte, gehackt

1½ TL Honig

Etwa 1½ TL Meersalz

¼ TL frisch gemahlener Pfeffer

1 kleine Prise gemahlene Gewürznelken

1 Avocado, vom Kern befreit, geschält und in Scheiben geschnitten

◆ Die Mango schälen, das Fruchtfleisch in gut ½ cm große Würfel schneiden und in eine große Salatschüssel füllen. Den Salat in mundgerechte Stücke zerpflücken. Mit der Zwiebel und der Yamsbohne ebenfalls in die Schüssel geben.

◆ Für das Dressing alle Zutaten im Mixer glatt pürieren. Nur so viel von dem Dressing über den Salat gießen, dass nach dem Durchmischen alle Salatblätter fein überzogen sind. Den Salat mit den Avocadoscheiben garnieren und servieren.

Für 6 Personen

Jalisco

Ensalada de espinaca

Spinatsalat

Das Dressing für diesen Salat erhält seine verlockende, rosenrote Farbe durch die getrockneten Blüten des Hibiskus, der in Mexiko »jamaica« heißt. Zu beziehen ist diese Zutat über mexikanische Lebensmittelgeschäfte.

45 g getrocknete Hibiskusblüten

2 TL Zucker

Etwa ½ TL Meersalz

Etwa ½ TL frisch gemahlener Pfeffer

60 ml natives Olivenöl extra

90 g dunkler Honig

250 g Amaranth

8 Scheiben magerer Frühstücksspeck

125 g zarte Spinatblätter, gut gewaschen und abgetropft

½ kleine Yamswurzel, geschält und in feine Streifen geschnitten (Seite 250)

◆ 250 ml Wasser mit den Hibiskusblüten einmal aufkochen und anschließend 3–5 Minuten köcheln lassen, dabei häufig rühren. Durch ein mittelfeines Sieb in eine kleine Schüssel seihen – benötigt werden etwa 60 ml Hibiskuswasser. Den Zucker, das Salz und den Pfeffer mit dem Schneebesen einrühren. Dann das Öl in feinem Strahl hinzugießen und dabei ständig rühren.

◆ Den Honig in einer Pfanne bei mittlerer Temperatur erhitzen, bis sich am Rand Blasen zeigen. Den Amaranth hinzufügen und 40–60 Sekunden rühren. Sobald sich erste Klümpchen bilden, auf ein Stück Pergamentpapier geben, abkühlen lassen und die Klümpchen zwischen den Handflächen zerreiben. Den Speck in einer kalten Pfanne aufsetzen und bei mittlerer bis niedriger Temperatur in 6–8 Minuten knusprig braten. Auf Küchenpapier abtropfen lassen und grob zerkrümeln.

◆ Den Spinat verlesen und mit dem Speck in eine Schüssel füllen. So viel Dressing über den Salat gießen, dass nach dem Durchmischen alle Spinatblätter fein überzogen sind. Auf einzelnen Tellern anrichten, mit den Yamswurzelstreifen und dem Amaranth bestreuen und servieren.

Für 4 Personen

Los mercados populares

Eigentlich ist der Markt von Pochutla, der zweit-größten Stadt von Oaxaca, nichts Besonderes. Auf engem Raum über mehrere Etagen verteilt, bietet er eine vergleichsweise magere Auswahl an Chilis, Kräutern, Gemüse und Obst. Dennoch begann mit diesem (meinem ersten) Besuch auf einem mexikanischen Markt ein wunderbares Abenteuer, das für mich immer noch andauert.

Ich sah Säcke voll weinroter getrockneter Hibiskusblüten, die ein so herrlich erfrischendes Getränk ergeben, und Eimer mit den prallen Hülsenfrüchten der Tamarinde sowie daneben in gestapelten Plastikbeuteln das aus ihnen gewonnene klebrige, süßsaure Fruchtmark. Murmelgroße Tomaten fielen mir auf, und ich fand heraus, dass es sich um *miltomates* handelte, die Wildform, aus der die Einheimischen eine besonders aromatische Sauce herstellen. Fasziniert betrachtete ich die vielen exotischen Früchte, etwa die plumpe, grüne *guanábana* (Stachelannone) mit ihrem weißen, aromatischen Fruchtfleisch und die *zapote negro*, eine Sapote-Art, die für mich wie eine längst überreife Avocado aussah. Beide, so erfuhr ich, ergeben köstliche *nieves* (Sorbets), doch mag ich die *zapote negro* am liebsten so, wie sie der Verkäufer anbot: einfach mit etwas Limetten- und Orangensaft gemischt.

Inmitten der Menge fielen mir wunderschöne Frauen auf, gekleidet in farbenprächtigen Samt und Satin, geschmückt mit Spitzen und schwerem Goldschmuck, die vom Isthmus von Tehuantepec hierherauf gekommen waren. Auf dem Kopf trugen sie Binsenkörbe mit winzigen getrockneten Garnelen, Stücken von geräuchertem Fisch und allem möglichen frischen Meeresgetier. Verdutzt betrachtete ich eine besonders stattliche Frau, deren höchst origineller Kopfschmuck aus vier zahmen Leguanen bestand. Auf der anderen Seite der Straße, die den Markt säumte, bemerkte ich eine Gruppe von Männern und Frauen mit ebenso auffälligem Äußeren. Es waren Zigeuner, die Bündel getrockneter Avocadoblätter als Würze für schwarze Bohnen und dazu glitzernden Schmuck, wahrscheinlich Talmi, feilboten.

In einer der *fondas*, die auf Schildern ihre *comida corrida*, das günstige Tagesmenü, anpriesen, legte ich eine Pause ein. Damals aß ich meinen ersten *caldo de nopales con camarón*, eine Brühe auf Tomatengrundlage mit winzigen rosa Garnelen und kleinen Quadraten von grünen Kaktusgliedern als Einlage. Von jenem Tag an ließen mich die Märkte nicht mehr los. Denn hier, das hatte ich gleich begriffen, spielt sich das echte mexikanische Leben ab.

México, D.F.

Salsa verde con aguacate

Avocado-Salsa

Süßliche und herbe Noten verbindet diese Salsa, die zu Mais-Chips genauso schmeckt wie zu gegrilltem Fleisch, Fisch oder Huhn.

3 »chiles serranos«, Samen entfernt, grob gehackt (Seite 247)

½ weiße Zwiebel, in kleine Stücke geschnitten

250 g »tomatillos« (10–12 Stück), von der papierartigen Hülle befreit, gewaschen und grob gehackt (Seite 250)

45 g frische Korianderblätter, gehackt, dazu ganze Blätter zum Garnieren

1 TL dunkelbrauner Zucker

2 Avocados, vom Kern befreit und geschält

Meersalz

◆ Die Chilis und die Zwiebel mit 125 ml Wasser im Mixer zerkleinern. Die *tomatillos*, den gehackten Koriander und den Zucker hinzufügen und alles zu einem groben Püree verarbeiten.

◆ In einer Schüssel das Fruchtfleisch der Avocados mit einer Gabel grob zerdrücken. Das Chili-*tomatillo*-Püree sowie Salz nach Geschmack untermischen. Die Salsa mit Korianderblättern garnieren und servieren. (Zugedeckt hält sie sich im Kühlschrank bis zu 3 Stunden.)

Ergibt etwa 750 ml

Jalisco

Salsa de chile de árbol

Scharfe Chili-Salsa

Diese Tafelsauce aus Guadalajara erhält durch die orangerot glänzenden »chiles de árbol« eine höllische Schärfe und ist daher mit Vorsicht zu genießen.

4 Knoblauchzehen, ungeschält

12 »tomatillos«, von der papierartigen Hülle befreit und gewaschen, oder 375 g abgetropfte »tomatillos« aus der Dose (Seite 250)

2 bis 4 »chiles de árbol« (Seite 247)

Etwa ¼ TL Meersalz

45 g weiße Zwiebel, gehackt

◆ Den Knoblauch, die frischen *tomatillos*, falls verwendet, und die Chilis rösten (Seite 248, 250 und 247).

◆ Die Knoblauchzehen schälen und mit den *tomatillos* im Mixer oder in der Küchenmaschine pürieren. Die Chilis einzeln untermixen – wie viele Sie verwenden, hängt davon ab, wie viel Schärfe Sie sich und Ihren Gästen zumuten. Gleichzeitig nach Bedarf etwas Wasser hinzufügen, sodass eine sämige Sauce entsteht. Zuletzt salzen.

◆ Die Zwiebel unmittelbar vor dem Servieren einrühren. (Zugedeckt hält sich die Salsa im Kühlschrank 2 Tage.)

Ergibt etwa 500 ml

Yucatán

Curtido de cebolla roja

Eingelegte rote Zwiebeln

Diese pikanten Zwiebeln sind ein unverzichtbarer Begleiter zu gegrillten Schweinerippchen (Seite 142) und vielen anderen Gerichten aus Yucatán.

2 kleine rote Zwiebeln, in feine Scheiben geschnitten

80 ml frisch gepresster Limettensaft

2 Knoblauchzehen, zerdrückt

1 TL Meersalz

¼ TL frisch gemahlener Pfeffer

Eine Prise getrockneter Oregano (möglichst aus Mexiko)

1 »chile habanero«, geröstet (Seite 247)

◆ Die Zwiebeln in einer hitzebeständigen Schüssel mit kochendem Wasser bedecken und 2–3 Minuten ziehen lassen. Abseihen, gründlich abtropfen lassen und in einer kleinen Schüssel mit dem Limettensaft, dem Knoblauch, dem Salz, dem Pfeffer und dem Oregano vermischen. Den Chili unter die Zwiebeln geben und eine Stunde marinieren. Dabei mehrmals durchmischen, sodass alle Scheiben etwas von der Chiliwürze abbekommen.

◆ Vor dem Servieren den Chili hervorholen und auf die Zwiebeln legen. Warnung: Der *chile habanero* schlägt alle Schärferekorde, den direkten Kontakt mit dem Gaumen sollte man sich also unbedingt ersparen. (Zugedeckt halten sich die Zwiebeln im Kühlschrank 2 Wochen.)

Ergibt etwa 220 g

Jalisco

Chimichurri salsa

Pikante Salsa aus Petersilie und Knoblauch

»Chimichurri« war mir als typische Ergänzung zu den traditionellen Rindfleischgerichten Argentiniens bereits ein Begriff. Dort enthält die Sauce gewöhnlich eine kräftige Dosis schwarzen Pfeffers, während sie in Mexiko, wo sie immer häufiger auf den Tischen der Restaurants zu finden ist, mit getrockneten Chilis zubereitet wird. Kürzlich bekam ich sie im »Asadero«, einem Restaurant, das Miguel Ramirez Hernández in Guadalajara betreibt, über knusprig gebratene winzige Fische geträufelt, die mit »ceviche« angerichtet waren – eine ungewöhnliche, aber überaus köstliche Kombination.

Die herzhafte Petersiliensauce passt vorzüglich zu Gegrilltem, etwa dem marinierten Lendensteak mit Kräutern (Seite 155), aber auch zu Rindfleischeintopf oder zur Suppe mit Kartoffel-Fleisch-Bällchen (Seite 88).

125 g Blätter von glatter Petersilie (etwa 2 große Bund)

6 Knoblauchzehen, geschält

180 ml Olivenöl

125 ml Ananasessig (Seite 246) oder ein anderer milder heller Essig

2 TL frische Oreganoblättchen, gehackt, oder ½ TL getrockneter Oregano (möglichst aus Mexiko)

½ »chile de árbol«, Samen entfernt, zerkrümelt (Seite 247)

Meersalz

◆ Die Petersilie und den Knoblauch mit dem Olivenöl und dem Essig im Mixer oder in der Küchenmaschine kurz zerkleinern. Den Oregano und den Chili hinzufügen und alles glatt pürieren.

◆ Die Salsa in eine Schüssel füllen und mit Salz abschmecken. Raumtemperiert servieren. (Zugedeckt hält sich die Salsa im Kühlschrank mehrere Tage.)

Ergibt etwa 375 ml

Michoacán

Frijoles con nopales de Doña Lola

Wachtelbohnen-Kaktus-Eintopf

Als Diana Kennedy, eine Expertin auf dem Gebiet der mexikanischen Küche, das Autofahren wieder lernen wollte, begleitete Doña Lola sie auf der langen, kurvigen Bergstraße, die von ihrem Haus in Michoacán nach Mexiko-Stadt führt – ein Unternehmen, das eine Freundschaft festigen oder auch zerstören kann. Es muss gut ausgegangen sein, denn Doña Lola verriet Diana dieses Rezept, die es dann an mich weitergab. Für frisches »epazote« gibt es eigentlich keinen Ersatz. Falls Sie sich mit dem getrockneten Kraut behelfen müssen, empfehle ich, es zum Kochen in ein Tee-Ei zu füllen oder in ein Stückchen Mull einzuschlagen.

2 EL Pflanzenöl

60 g weiße Zwiebel, fein gehackt

3 »chiles serranos«, Samen entfernt (Seite 247)

250 g reife Tomaten, enthäutet, in köchelndem Wasser gegart und abgetropft, oder 450 g gehackte Tomaten aus der Dose mitsamt dem Saft

375 g gewürfelte und gekochte »nopales« (Zubereitung siehe unter »Kaktussalat mit Chili«, Seite 177) oder »nopales« aus der Dose, gut abgespült

2 große frische »epazote«-Zweige (Seite 248)

Meersalz

650 g Bohneneintopf, zubereitet mit Wachtelbohnen (Seite 201), mit 125 ml Brühe

1 Mais-Tortilla, fertig gekauft (nach Belieben)

◆ Das Öl in einer Pfanne bei mittlerer Temperatur erhitzen. Die Zwiebel mit den Chilis in etwa 3 Minuten glasig schwitzen. Die Chilis mit den Tomaten im Mixer zu einem noch leicht groben Püree verarbeiten und zurück zur Zwiebel in die Pfanne geben. Die Sauce bei mittlerer bis hoher Temperatur unter häufigem Rühren etwa 5 Minuten eindicken lassen.

◆ Die *nopales,* das *epazote* und Salz nach Geschmack hinzufügen und das Ganze bei mittlerer Temperatur zum Kochen bringen. Die Bohnen mit der Brühe einrühren und etwa 5 Minuten köcheln lassen, bis sie gründlich aufgewärmt sind.

◆ Den Eintopf in eine vorgewärmte Schüssel füllen, in die nach Belieben zuvor eine Tortilla gelegt wurde, und sogleich servieren.

Für 4–6 Personen

Epazote

Bei uns kaum bekannt, gedeiht *epazote* unter den feucht-warmen Bedingungen, wie sie im Süden Mexikos vorherrschen, so gut, dass es in manchen Gegenden außerhalb der Landesgrenzen als lästiges Unkraut angesehen wird. In Süd- und Zentralmexiko hingegen rangiert es aufgrund seines charakteristischen zitronigen Aromas unter den meistverwendeten Küchenkräutern.

Einer Schale schwarzer Bohnen fehlt das gewisse Etwas ohne die leicht scharfe Würze von *epazote*. Einfache *quesadillas* erhalten durch ein *epazote*-Blatt, das auf den schmelzenden Käse gelegt wird, einen besonderen Pfiff; ein eigentlich eher fader Eintopf aus Schweinefleisch gewinnt durch das Kraut echten Charakter; Kürbis- und Maisgerichte profitieren von seiner erdigen Note. *Epazote* sollte am Ende der Zubereitung und sparsam hinzugefügt werden. Denn das Kraut entfaltet im Gegensatz zu seinen Verwandten Spinat und Mangold eine intensive Würze, die, wenn man es als Tee aufgießt, den Körper sogar von inneren Parasiten reinigt. Darüber hinaus nimmt es empfindlichen Menschen nach dem Genuss von Bohnen das Völlegefühl.

Frisch ist *epazote* außerhalb Mexikos kaum zu bekommen. Getrocknet wird es in kleinen Zellophanbeuteln angeboten, die allerdings oft mehr verholzte Stiele als Blätter enthalten. Glücklicherweise lässt sich das Kraut aus Samen in größeren Töpfen mühelos selbst ziehen. Auch ich gehöre zu den Selbstversorgern, die so nach Bedarf jederzeit einige *epazote*-Zweige griffbereit haben.

México, D.F.

Ensalada de verano

Sommersalat

Die Hausfrauen in Mexiko-Stadt servieren zur »comida« immer öfter einen Salat, dazu vielleicht einige herzhafte »antojitos« und eine Schale Suppe. Vor allem in den Sommermonaten schätzt Margarita Salinas diese aparte Kombination von sauren »tomatillos« und scharfen »chiles chipotles en adobo« – gefolgt beispielsweise von einer cremigen Kürbisblütensuppe (Seite 82) ein idealer Auftakt zu einem Essen.

500 g »tomatillos«, von der papierartigen Hülle befreit, gewaschen und in gut 1 cm große Stücke geschnitten (Seite 250)

½ weiße Zwiebel, fein gehackt

3 EL fein gehackte frische Korianderblätter

FÜR DAS DRESSING
60 ml Olivenöl

1 oder 2 »chiles chipotles en adobo«, fein gehackt (Seite 247)

1 TL brauner Zucker

Meersalz

150 g »queso añejo« (Seite 248), zerkrümelt

»totopos« (Seite 251)

◆ In einer Schüssel die *tomatillos* mit der Zwiebel und dem Koriander vermischen.

◆ Für das Dressing das Olivenöl mit einer Chili, dem braunen Zucker und Salz mit einem Schneebesen verquirlen. Abschmecken und nach Belieben den zweiten Chili hinzufügen – mit den *tomatillos* vermischt, verliert das Dressing etwas von seiner Würze.

◆ Die *tomatillos* mit so viel von dem Dressing anmachen, dass sie großzügig benetzt sind. Den Salat auf einer Platte anrichten und mit dem Käse bestreuen. Mit den *totopos* garnieren oder diese separat dazu reichen.

Für 6 Personen

Michoacán

Papas cambray al mojo de ajo

Neue Kartoffeln mit Knoblauch

Wer nach Mexiko reist, macht sich auf Bohnen und Reis gefasst, aber wohl kaum auf Kartoffeln. Dabei bekommt man die kleinen, jungen Knollen oft als Beilage zu Gerichten mit Sauce oder auch zu gegrilltem Fisch oder Fleisch. Das erste Mal begeisterten mich diese mit Knoblauch gebackenen Kartoffeln in einem kleinen Lokal namens »Rancho San Cayetano« außerhalb von Zitácuaro in Michoacán. Probieren Sie sie einmal zu mariniertem Lendensteak mit Kräutern (Seite 155).

6 Knoblauchzehen, geschält

250 ml Olivenöl

1 TL Meersalz

1 TL frisch gemahlener Pfeffer

1 kg sehr kleine neue Kartoffeln (etwa 2,5 cm Durchmesser)

◆ Den Backofen auf 120 °C vorheizen.

◆ Den Knoblauch mit dem Öl in einem Mörser zu einer geschmeidigen Paste verarbeiten. Das Salz und den Pfeffer untermischen. Die gewaschenen Kartoffeln ringsum mit Knoblauchöl bestreichen und auf ein Backblech legen.

◆ Die Kartoffeln 30–45 Minuten backen und dabei gelegentlich mit dem restlichen Knoblauchöl beträufeln – die exakte Garzeit richtet sich nach der Größe der Kartoffeln. In eine Schüssel füllen oder auf einer Schale servieren.

Für 6–8 Personen

Inmitten des Gedränges auf einem mexikanischen Markt bieten Jungen Büschel kleiner, violettroter Knoblauchknollen feil.

México, D.F.

Aspic de camarón y chile poblano

Garnelen mit Chilis in Gelee

Obwohl nach gängiger Vorstellung für Mexiko eher untypisch, sind Gelees dort tatsächlich sehr populär. So serviert die bekannte Köchin María Dolores Torres Yzábal fast jedes Mal, wenn ich bei ihr in Mexiko-Stadt zum Essen eingeladen bin, entweder zum ersten Gang oder zum Dessert ein Gelee. Die hier präsentierte Version kann nach Belieben auch in einzelnen Förmchen zubereitet werden.

2 Limettenscheiben

1 Knoblauchzehe, zerdrückt

1 TL Pfefferkörner

1 Lorbeerblatt

20 Garnelen, nicht ausgelöst

2¼ TL Gelatinepulver

2 EL fertig gekaufte Chilisauce

2 EL fein gehackte frische Korianderblätter

1 EL fein gehackter frischer Schnittlauch

1 TL frisch gepresster Limettensaft

Etwa ¼ TL Meersalz

4 »chiles poblanos«, geröstet, Samen und Scheidewände entfernt (Seite 247), danach fein gewürfelt

1 rote Paprikaschote, geröstet, Samen und Scheidewände entfernt, danach fein gewürfelt

125 g Naturjoghurt

60 ml »crema« (Seite 246)

◆ In einem großen Topf 1 l Wasser mit den Limettenscheiben, dem Knoblauch, den Pfefferkörnern und dem Lorbeerblatt einmal aufkochen lassen und dann bei verminderter Temperatur 5–10 Minuten sanft köchelnd reduzieren, sodass sich ein kräftiger Sud ergibt. Die Garnelen hineingeben und etwa 2 Minuten garen, bis sie sich rosa färben und leicht krümmen. Abseihen – dabei die Brühe auffangen – und kalt abbrausen, um den Garprozess zu stoppen. Die Garnelen auslösen und beiseite legen. 250 ml Brühe abmessen und warm halten.

◆ Die Gelatine in 60 ml Wasser einstreuen und etwa 3 Minuten quellen lassen. Die heiße Garnelenbrühe einrühren. Die Chilisauce, den Koriander, den Schnittlauch, den Limettensaft und ¼ Teelöffel Salz hinzufügen und alles behutsam vermischen.

◆ Eine Schüssel oder Form von 1 l Inhalt kalt ausspülen und das Restwasser herausschütteln. So viel Gelee mit einem Löffel einfüllen, dass der Boden dünn bedeckt ist. Zugedeckt in den Kühlschrank stellen, bis es die Konsistenz von rohem Eiweiß besitzt, was etwa 20 Minuten dauert. Das restliche Gelee bei Raumtemperatur beiseite stellen.

◆ Nachdem das Gelee im Kühlschrank leicht erstarrt ist, die ausgelösten Garnelen in das beiseite gestellte flüssige Gelee tauchen und nebeneinander in die Schüssel oder Form legen. Wieder für etwa 20 Minuten in den Kühlschrank stellen, bis das Gelee ganz fest ist. Die Chilis und die Hälfte der Paprikaschote in das restliche, flüssige Gelee einrühren und über die Garnelen gießen. Die Schüssel oder Form zugedeckt für mindestens 2–3 Stunden und bis zu 1 Tag kalt stellen, bis es fest ist.

◆ Unmittelbar vor dem Servieren den Joghurt und die *crema* in einer kleinen Schüssel mit der restlichen Paprikaschote und Salz nach Geschmack verrühren. Das Gelee stürzen: Mit einem Spatel am Rand der Schüssel oder Form entlangfahren und diese kurz (bei Glas nur bis zu 10 Sekunden) in heißes Wasser tauchen. Auf einer gekühlten Platte servieren und die Joghurtsauce dazu reichen.

Für 4–6 Personen

Hidalgo

Salsa borracha

»Betrunkene« Salsa

Traditionsgemäß wird diese schlichte, rustikale Salsa mit »pulque« verdünnt, einem vergorenen, aber nicht destillierten, leicht alkoholischen Getränk aus Agavensaft. In den Bundesstaaten Hidalgo, Tlaxcala, Puebla und México, D.F., darf sie beim »barbacoa«, einer Lammfleischspezialität, nicht fehlen. Das Fleisch wird in der dünnen Außenhaut der schwertförmigen Agavenblätter gegart und auf einer Platte mit der Salsa, Mais-Tortillas und einer Schale aromatischer, mit Kichererbsen und anderem Gemüse angereicherter Brühe serviert. Jeden Sonntag drängen sich an den Straßenständen, die dieses Gericht anbieten, ganze Familien. Außer zu »barbacoa« bildet die »salsa borracha« auch zu »tacos« mit gegrilltem Steak die perfekte Ergänzung.

5 »chiles pasillas«, Samen entfernt, leicht geröstet (Seite 247)

3 Knoblauchzehen, grob gehackt

1 dünne Scheibe weiße Zwiebel, grob gehackt

180 ml frisch gepresster Orangensaft

60 ml Bier oder Tequila blanco

½ TL Meersalz

◆ Die Chilis in einer Schüssel mit sehr heißem Wasser bedecken und etwa 15 Minuten einweichen, bis sie biegsam sind. Abseihen und zerpflücken. Mit dem Knoblauch, der Zwiebel, dem Orangensaft und dem Bier oder Tequila im Mixer oder in der Küchenmaschine glatt pürieren.

◆ Die Salsa in eine kleine Servierschüssel füllen und mit Salz würzen. Zugedeckt im Kühlschrank hält sie sich bis zu 1 Woche und gewinnt sogar noch an Geschmack.

Ergibt etwa 375 ml

Camotes

Eines Abends saß ich im Innenhof meines Hotels in Mexiko-Stadt, als von der Straße ein melancholisches Seufzen an mein Ohr drang. Ich beschloss, der Herkunft auf den Grund zu gehen, und machte schließlich als Quelle einen kleinen Karren aus, den ein Mann durch eine Straße ganz in der Nähe schob. Das Geräusch wurde durch den Dampf erzeugt, der aus einem Metallkessel entwich, und lockte eine Reihe von Bewohnern aus der Nachbarschaft an. Wie ich dann schnell herausfand, bot der Straßenverkäufer gedämpfte Süßkartoffeln an, einen in Mexiko sehr beliebten Imbiss.

Die Süßkartoffel, auch Batate und in ihrem Heimatland Mexiko *camote* genannt, birgt hinter ihrer zart getönten Schale ein beinahe cremig weiches Fruchtfleisch. Heute wird sie nur noch selten als Hauptspeise gegessen, sondern vornehmlich als kleiner Snack zwischendurch oder verarbeitet zu verschiedenen Süßspeisen. Vor der Ankunft der Spanier hingegen war sie, in der Schale gedämpft und mit Wildhonig kombiniert, bei den Maya sehr geschätzt und wurde auch verwendet, um den Mais für Tortillas, *tamales* und Getränke zu strecken, wenn die Vorräte allmählich zu Ende gingen.

Camotes al horno
Gebackene Süßkartoffeln

Während die schmackhaften Knollen vor der Ankunft der Spanier in Mexiko einen wesentlichen Bestandteil der dortigen Ernährung darstellten, werden sie heutzutage meist zu Süßigkeiten wie den berühmten »camotes« aus Puebla verarbeitet oder, in Dampf gegart, an Straßenständen als kleine Zwischenmahlzeit gegessen. In Zacatecas, wo es empfindlich kalt werden kann, finden sie so besonders regen Absatz.

> *4 Süßkartoffeln, gründlich abgebürstet*
> *150 g brauner Zucker oder gehackter »piloncillo« (Seite 250)*
> *80 ml frisch gepresster Limettensaft*
> *80 ml frisch gepresster Orangensaft*
> *1½ TL gemahlener Zimt*
> *½ TL gemahlener Piment*
> *60 g Butter (nach Belieben)*
> *Etwa 1 TL Meersalz*
> *½ TL frisch gemahlener Pfeffer*

◆ Den Backofen auf 200 °C vorheizen.

◆ Die Süßkartoffeln mehrmals einstechen und auf ein Backblech legen. Etwa 45 Minuten backen, bis sie sich weich anfühlen – die exakte Garzeit hängt von ihrer Größe ab.

◆ Kurz vor Ende der Garzeit den braunen Zucker oder *piloncillo* mit dem Limetten- und dem Orangensaft, dem Zimt und dem Piment in einem Topf verrühren. Das Ganze bei niedriger Temperatur unter ständigem Rühren etwa 3 Minuten erhitzen, bis sich der Zucker aufgelöst und die Mischung eine siruppartige Konsistenz angenommen hat.

◆ Die fertig gegarten Süßkartoffeln aus dem Ofen nehmen und abkühlen lassen, bis man sich an ihnen nicht mehr die Finger verbrennt. Der Länge nach einschneiden und das Fruchtfleisch mit einer Gabel leicht zerdrücken, dabei nach Belieben jeweils ein Viertel der Butter untermischen.

◆ Die Süßkartoffeln in einer flachen Schüssel anrichten. Das zerdrückte Fruchtfleisch salzen und pfeffern, mit jeweils einem Viertel des Sirups beträufeln und leicht untermischen. Die *camotes* sogleich servieren.

Für 4 Personen

Guerrero

Ensalada de berros

Brunnenkressesalat mit Pilzen

Salate stehen noch gar nicht so lange auf den Speisekarten mexikanischer Restaurants, entwickeln sich aber, vor allem in der Hauptstadt und in den Urlaubsorten, allmählich zu einem Renner. Gutes Olivenöl und Balsamessig aus Italien bekommt man inzwischen in jedem größeren Supermarkt. Einen ganz ähnlichen Salat wie diesen genoss ich einmal zusammen mit einem herrlichen Blick auf den Playa La Ropa in einem Lokal in Zihuatanejo.

250 g Brunnenkresse, gründlich gewaschen und harte Stiele entfernt

8 frische weiße Champignons, sorgfältig abgerieben, entstielt und in feine Scheiben geschnitten

6 Scheiben magerer Frühstücksspeck, in 2,5 cm große Stücke geschnitten

2 EL Balsamessig

2 EL natives Olivenöl extra

1 EL Maiskeim- oder Rapsöl

½ TL Dijon-Senf

½ TL Meersalz

1 Prise frisch gemahlener Pfeffer

3 EL Sesamsamen, geröstet

1 Tomate, in feine Scheiben geschnitten

◆ Die Brunnenkresse gut abtropfen lassen und verlesen. Die Blätter in einer Salatschüssel mit den Champignonscheiben leicht vermischen.

◆ Den Speck in einer Pfanne bei mittlerer Temperatur in 3–5 Minuten knusprig braten. Mit einer Schaumkelle herausnehmen und auf Küchenpapier abtropfen lassen.

◆ In einer kleinen Schüssel den Essig, die beiden Ölsorten, 1 Esslöffel des ausgebratenen Fetts aus der Pfanne, den Senf, das Salz und den Pfeffer mit einem Schneebesen verrühren. Das Dressing nochmals abschmecken. Den Speck und die Sesamsamen über den Salat streuen und diesen mit so viel Dressing beträufeln, dass nach dem Durchmischen die Blätter und Pilze fein überzogen sind. Mit den Tomatenscheiben garnieren und sogleich servieren.

Für 4 Personen

Durango

Frijoles de la olla

Bohneneintopf

Fast alle mexikanischen Bohnengerichte beginnen mit »frijoles de la olla«, die gewöhnlich in den großen Tontöpfen zubereitet werden, denen sie ihren Namen verdanken. Auf dem Herd köcheln in diesen »ollas« im Süden schwarze Bohnen, in Zentralmexiko und im Norden hingegen Wachtelbohnen langsam vor sich hin. Vor allem in Durango, wo das Land hauptsächlich für die Viehhaltung genutzt wird, bilden getrocknete Bohnen einen wichtigen Bestandteil der von Fleisch, Tortillas und Salsa beherrschten Ernährung.

Kaufen Sie möglichst Bohnen, die noch nicht länger als ein Jahr lagern, da sie sonst lange Garzeiten benötigen. Das Gros der mexikanischen Köche verzichtet darauf, die Bohnen vor der Zubereitung einzuweichen. Manche Experten aber erachten diesen Schritt als wichtig, um den Zucker und damit die blähende Wirkung zu vermindern. Dafür lässt man die Bohnen im Wasser einmal aufkochen und anschließend ein bis zwei Stunden ruhen. Das Einweichwasser ersetzt man durch die gleiche Menge frischen Wassers und gart die Bohnen nach Anleitung, was jetzt auch weniger Zeit in Anspruch nimmt.

Die »frijoles de la olla« ergeben, ergänzt vielleicht durch einen grünen Salat und einen Stapel heißer Tortillas, eine ebenso gesunde wie schmackhafte Mahlzeit, können aber auch in anderen Gerichten weiterverwendet werden.

550 g getrocknete Bohnen (siehe Rezepteinleitung)

2 EL Pflanzenöl, würziges Schweineschmalz (Seite 250) oder Fett von ausgebratenem Speck

1 weiße Zwiebel, fein gehackt

1 Knoblauchzehe, gehackt

2 frische »epazote«-Zweige (nach Belieben, aber besonders bei schwarzen Bohnen zu empfehlen)

Etwa 1 gehäufter TL Meersalz

75 g »queso fresco« (Seite 248), zerkrümelt (nach Belieben)

◆ Die Bohnen auf etwaige Steinchen sowie auffällig geformte Exemplare durchsehen und diese entfernen. Gründlich abspülen und in einem großen Topf einige Zentimeter hoch mit Wasser bedecken. Einmal aufkochen lassen und dann die Temperatur so reduzieren, dass das Wasser nur noch leise siedet.

◆ Inzwischen das Öl, Schmalz oder ausgebratene Fett in einer kleinen Pfanne bei mittlerer Temperatur erhitzen. Die Zwiebel in etwa 4 Minuten goldgelb schwitzen. Den Knoblauch einrühren und 1 Minute mitdünsten. Die Zwiebelmischung zu den Bohnen geben und diese bei mittlerer bis niedriger Temperatur und schräg aufgelegtem Deckel in etwa 2 Stunden bissfest garen – die exakte Garzeit richtet sich nach dem Alter der Bohnen. Die Bohnen gelegentlich durchmischen und bei Bedarf weiteres heißes Wasser hinzugießen, sodass sie stets 2,5 cm hoch bedeckt sind.

◆ Das *epazote,* falls verwendet, einlegen und die Bohnen salzen. Noch etwa 40 Minuten garen, bis sie ziemlich weich sind – wieder variiert die benötigte Gardauer –, und anschließend, falls es Ihre Zeit erlaubt, in der Brühe abkühlen lassen. (Einen besonders herzhaften Geschmack entwickelt der Eintopf, wenn Sie ihn zugedeckt über Nacht in den Kühlschrank stellen und danach langsam wieder erwärmen. Er lässt sich bis zu 4 Tage aufbewahren.)

◆ Den Bohneneintopf, sofern er nicht anderweitig verwertet werden soll, in vorgewärmten Schalen servieren und nach Belieben mit dem Käse bestreuen.

Ergibt etwa 1,75 kg; für 4 Personen als Hauptgericht

POSTRES,
DULCES
Y BEBIDAS

Viele Rezepte der in
Mexiko heute so beliebten
süßen Genüsse stammen
aus den Klöstern.

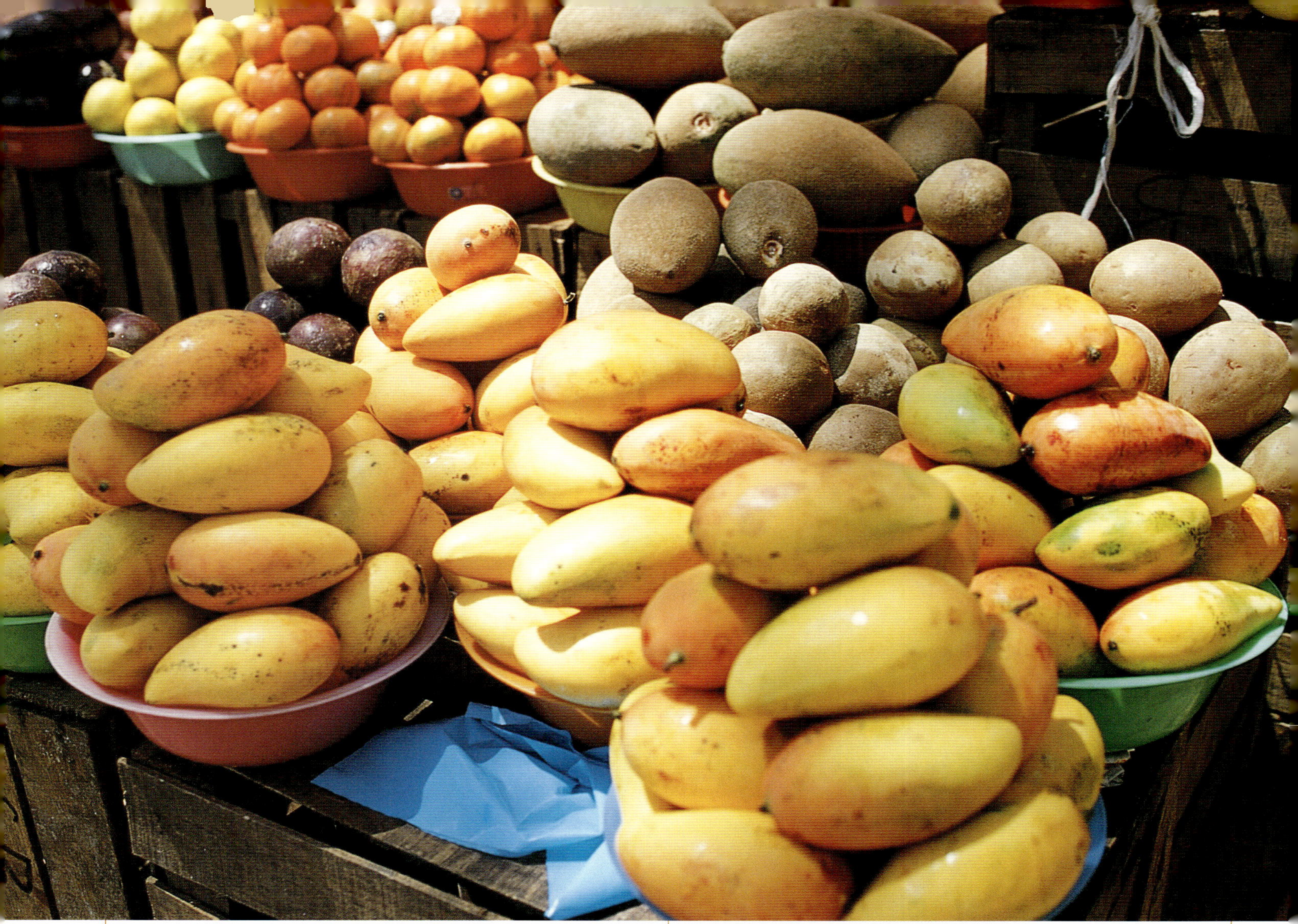

Vorhergehende Doppelseite: Wie Edelsteine funkeln die verschiedenen *gelatinas* in einem Geschäft in Mexiko-Stadt. **Ganz oben:** Überall auf den Märkten locken säuberlich aufgetürmte Mangos und andere frische Früchte zum Kauf. **Oben:** Die traditionellen Holzquirle – *molinillos* – bringen den dicken Schaum auf die heiße Schokolade. **Rechte Seite:** Das fast unüberschaubare Eiscremeangebot umfasst auf diesem Markt so ungewöhnliche Sorten wie Avocado, Tamarinde und *guanábana*.

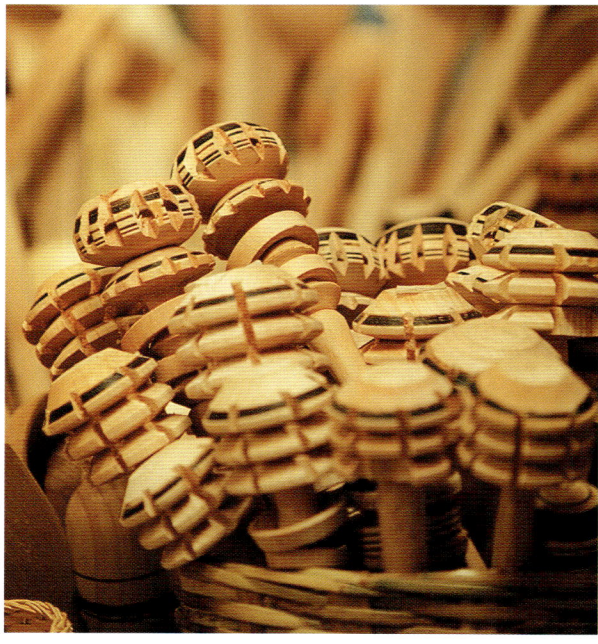

Schon als kleines Mädchen liebte ich den Duft von Backstuben und besuchte meine engste Freundin auch deshalb so oft, weil ihre Eltern eine Bäckerei besaßen. Noch heute zieht es mich, wenn ich in Mexiko bin und an einer *panadería* vorbeikomme, fast unwiderstehlich an den Ladenregalen mit den süßen Köstlichkeiten vorbei nach hinten in die Backstube.

Besonders gern halte ich mich in den Gewölben von »La Flor de Puebla« auf, eine der ältesten Bäckereien von Puebla, die schon in der dritten Generation in Familienbesitz ist. Der derzeitige Chef kreiert zusammen mit seinem Sohn und vielen Mitarbeitern die hochwertigen Backwaren, die den guten Ruf des Hauses begründen. Bei meinem letzten Besuch waren sie unter rhythmischem Gesang dabei, Berge von Teig zu walken und zu *pan de muertos* zu formen. Täglich 60 000 Stück werden hier in den Wochen vor dem Tag der Toten, den ganz Mexiko am 2. November feiert, verkauft, ganz zu schweigen von all den anderen Gebäcksorten, die bei den Kunden so gefragt sind. Unaufhörlich wurde der große, holzbefeuerte Ofen für die nächste Fuhre geleert.

Puebla lag am Kreuzungspunkt der Routen spanischer Händler, die zwischen Veracruz, Mexiko-Stadt und Acapulco das Land durchquerten. Beinahe zwangsläufig wurde die Stadt so zu einem bedeutenden Warenumschlagplatz. Im 18. Jahrhundert dominierte sie den Mehlmarkt, denn hier wurde der Großteil des mexikanischen Weizens angebaut oder verkauft. Die Spanier liebten ihr traditionelles *pan dulce,* und während der Herrschaft der Franzosen setzten sich, obwohl sie nur von 1864–1867 währte, weitere Brot- und Gebäckspezialitäten durch. Europäische Bäcker, die sich auf ihr Handwerk verstanden, siedelten sich in Puebla an, und ihre Geschäfte waren bald landesweit berühmt.

In kleineren Städten übernehmen häufig Privatfamilien die Versorgung der Bevölkerung mit Brot und Gebäck. Ein eher unauffälliges Schild über der Tür weist Interessenten den Weg. Oft muss man den Wohnraum durchqueren, wobei man die Alten oder Kinder, die sich gerade dort aufhalten, natürlich grüßt, um dann in den Küchenbereich, der meist gleichzeitig Verkaufsstube ist, zu gelangen. Der anschließende Hof, in dem in einer abgetrennten Ecke ein gemauerter Holzofen steht, fungiert als Backstube.

Die Mexikaner sind in der ganzen Welt für ihre Naschhaftigkeit bekannt. In Puebla gibt es eine ganze Straße mit kleinen *dulcerías* (Süßwarenläden), und in Morelia, der Hauptstadt von Michoacán, bieten auf dem *mercado de dulces* an die 30 Händler ihre Kalorienbomben feil. Hier wie dort waren es die Nonnen in den bald nach der Ankunft der Spanier errichteten Klöstern, die viele Backanleitungen und Rezepte für süße Zubereitungen perfektionierten: für die *ates* (Fruchtpasten) und die *morelianas,* die für Morelia typischen scheibenförmigen Gebilde aus einem zu Karamell verarbeiteten Milch-Zucker-Gemisch, ebenso wie für die berühmten, aus Süßkartoffeln zubereiteten *camotes* aus Puebla, die aus Amaranth hergestellten *alegrías* aus Tlaxcala oder auch die *panocha* aus Sinaloa, eine Art Fondant. Jede Region hat ihre besonderen Spezialitäten, die sich zu dem gängigen Angebot von Krokant, kandierten Früchten, mit Kokosnuss gefüllten Limetten und vielem anderen mehr gesellen.

In Jalapa brachte mich ein Freund auf die Spur einer weiteren Köstlichkeit. Er führte mich zu einem Kloster, wo wir am Seiteneingang klingelten. In der Tür tat sich eine Klappe auf, hinter der jedoch Dunkel und Wortlosigkeit herrschten. Wir äußerten unseren Wunsch, dem prompt, aber weiterhin stumm entsprochen wurde, nachdem wir unser Geld auf einen Drehteller gelegt hatten. Es erschien ein kleiner Karton mit kunstvoll geform-

Oben: Bei einer *fiesta* in Tlacotálpan sorgt ein Marine-Musik-korps auf der Plaza für schwungvolle Unterhaltung. **Rechts:** Eine in Blütenform geschnitzte, saftige Mango dient an einem Straßenstand als Blickfang und Kundenmagnet. **Rechte Seite oben:** Wenn man sich nach dem Genuss eines knusprig aus-gebackenen *buñuelo* etwas wünscht und gleich darauf seinen Teller zerschlägt, wird der Wunsch wahr – so jedenfalls sagt man in Oaxaca. **Rechte Seite unten:** Überall in Mexiko bieten die *panaderías* neben dem Standardgebäck auch regionale süße Genüsse, etwa in Oaxaca solche Hörnchen mit Cremefüllung.

tem Marzipankonfekt: nachgebildete Granatapfel-
segmente, Kohlköpfe und Bananen en miniature,
die in ihren Formen, Farben und Details natur-
getreuer nicht hätten sein können.

Der Einfluss der Nonnen zeigt sich auch in den
köstlichen, mit Eiern zubereiteten Desserts. Wie in
Spanien werden die Eigelbe zu Flans, Cremes und
Puddings verarbeitet. Einer dieser süßen Träume
sind die *huevos reales* (»Eier auf königliche Art«), für
die Eigelbe, mit Backpulver und Butter gemischt,
gebacken und anschließend mit Zuckersirup und
Sherry getränkt werden. Aus den Eiweißen entstehen alle möglichen luftig-leichten Genüsse von
Schnee-Eiern bis zu verschiedenen Baisers. Zu
meinem großen Erstaunen konnte ich einmal be-
obachten, wie Baisers entgegen allen Regeln der
Kunst in Yucatán über Kohlenglut gebacken wurden – und perfekt gerieten.

Kuchen und Torten sind in Mexiko eher Rand-erscheinungen. Ausnahmen bilden einige wenige Klassiker wie der üppige, mit einer Mischung aus Sahne, ungesüßter und gesüßter Kondensmilch getränkte *pastel tres leches*, die mit Sirup übergossenen *antes* und die festliche Kaisertorte. Zum Abschluss eines Essens werden oft Käsekuchen, Flans oder auch Reis- und Brotpuddings serviert. Früchte, allen voran Pfirsiche aus der Dose, sind ebenfalls sehr beliebt, genauso wie Gelees, Granitas und Eiscremes in ungewöhnlichen Geschmacksrichtungen.

Groß ist die Auswahl an Getränken, die man in Mexiko zu herzhaften und süßen Speisen oder auch einfach zwischendurch trinkt. An belebten Straßenecken kommen Händler mit dem Pressen frischer Orangen oft gar nicht nach, während andere aus großen Glaskrügen bunte *aguas frescas*, mit Wasser gemischte Zubereitungen aus Früchten und Blüten, ja sogar aus Reis oder Mandeln ausschenken. Auf dem Mercado Benito Juárez in Oaxaca fielen mir an mehreren Ständen riesige Tontöpfe auf. Sie enthielten *horchata*, einen populären Reistrunk von milchig weißer Farbe. Bei meinem letzten Besuch sah ich sogar eine rosafarbene Version, die mit pürierten Kaktusfrüchten angereichert war. Da die *guanábana* (Stachelannone) dicke Samen enthält, die selbst das Pürieren überstehen, werden Getränke aus dieser exotischen Frucht mit einer kleinen Zusatzschale serviert, in die man die Kerne spucken kann. Über Kundenmangel können die Anbieter wahrlich nicht klagen. Zwischen den Ständen hocken auf einfachen Bänken dicht an dicht Menschen, die ihre Erfrischung bereits genießen, während andere noch geduldig Schlange stehen, um eine zu ergattern.

Auf jedem Markt findet sich ein solcher »Saftladen«. Wer etwa Appetit auf einen frischen Möhren-, Mango- oder Papayasaft hat, kommt hier genauso auf seine Kosten wie jene, die eine Vitaminspritze aus Orangen mit Alfalfa brauchen oder mit einem *licuado*, gemixt aus Milch und verschiedensten Früchten, Energie tanken wollen. In Reichweite steht ein Korb mit Eiern, die, unter die Drinks gerührt, diese in ein schnelles flüssiges Komplettfrühstück verwandeln.

Eine Schale heiße *atole* oder Schokolade bildet die traditionelle Ergänzung zu *tamales*. Beide Getränke waren schon bei den Ureinwohnern Mexikos bekannt und werden bis heute in nahezu unveränderter Form serviert. *Atole* kann man sich vorstellen wie eine Art Haferschleim, zubereitet aus *masa*, seltener auch aus frischem Mais oder Reis. Er

Linke Seite oben: Beatriz Hernández, die Gründerin von Guadalajara, wacht als Standbild über das Geschehen auf einer der zahlreichen Plazas der Stadt. **Linke Seite unten:** Verlockend glitzern die dicken, saftigen Brombeeren auf dem Markt von Zitácuaro in Michoacán. **Ganz oben:** *Aguas frescas* aus Limetten, Erdbeeren, Mango, Ananas und Tamarinde leuchten in allen Regenbogenfarben. **Oben:** Ein Händler karrt sein Angebot durch die engen Straßen und über die Plätze von Oaxaca. **Links:** Stolz reckt sich der Turm der Iglesia de la Tercera Orden in den azurblauen Himmel über der geschichtsträchtigen Stadt Mérida.

kann mit verschiedenen Früchten, Nüssen oder Samen aromatisiert sein, wobei die mit Schokolade und Zimt angereicherte Version namens *champurrado* wohl die populärste ist. Für ein Getränk besitzt *atole* zweifellos eine eher ungewöhnliche Konsistenz, dafür wärmt er den Körper und tut nicht nur dem Magen ausgesprochen gut.

Niemals werde ich einen kalten Abend in Teloloapan, hoch droben in Guerrero, vergessen: Mein Begleiter, der sich in dem Ort gut auskannte, parkte seinen Wagen am schmalen Eingang zum Markt. Es war kurz vor Mitternacht, und nur einige nackte Glühbirnen erhellten die stockfinstere Nacht, während wir im Zickzack zwischen verrammelten Ständen hindurchgingen und schließlich zu einer Händlerin gelangten, die für Nachtschwärmer köstliche, selbst hergestellte *tamales* und *atole* bereithielt. Wir probierten dampfend heiße *atoles* in verschie-

denen Geschmacksrichtungen: mit purpurnen Wildkirschen, scharf-aromatischem *epazote* und cremig zarten Bohnen. Am besten aber mundete mir ihr *chileatole*, zubereitet aus frischem Mais und feurig scharfen Chilis – der perfekte »Absacker« nach einem wundervollen Tag in Mexiko.

Links: Die Blütenkelche von *jamaica* (Hibiskus) verleihen dem von Einheimischen viel getrunkenen *agua de jamaica* seine erfrischende Note und intensive Farbe. **Oben:** In Valle de Bravo schiebt ein Bäcker in der *panadería* »Santa María« das nächste Blech in den Ofen, denn die Vorräte an Gebäck finden reißenden Absatz. **Oben rechts:** *Canela,* echte Zimtrinde, ist eine unverzichtbare Zutat in vielen süßen und pikanten Zubereitungen und daher auf beinahe jedem Markt zu finden. **Rechts:** Direkt auf dem Blech werden die ofenfrischen runden *conchas* und zarten, blättrigen *hojaldras* angeboten. Mit einer Zange nehmen sich die Kunden selbst das Stück herunter, das sie zu ihrem Morgenkaffee genießen wollen.

Guanajuato

Pay de queso y nuez con cajeta

Käsekuchen mit Pecannüssen und Karamellsauce

Die meisten Restaurants und »fondas« bieten zum Dessert außer Flan und Reispudding, die zum Standard-programm gehören, auch Käsekuchen an. Die in Mexiko heimischen Pecannüsse sowie »cajeta« runden die hier vorgestellte Version ab. »Cajeta«, ein dicker Karamellsirup aus Ziegenmilch, ist eine Spezialität aus Celaya, einer Kleinstadt in Guanajuato, wo sie überall angeboten wird. Der Name leitet sich ab von den kleinen ovalen Spanschachteln, in denen »cajeta« traditionsgemäß verkauft wird. Obwohl ihre Zubereitung etwas Zeit erfordert, schmeckt sie selbst gemacht einfach viel besser als die über den Versandhandel erhältlichen Dosen-produkte.

FÜR DIE CAJETA

1 l Ziegenmilch

250 g Zucker

¼ TL Natron

125 ml Kuhmilch

1 EL Vanillearoma, Rum oder Weinbrand

60 g Pecannüsse, geröstet und fein gehackt

1 Prise Meersalz

FÜR DEN KUCHENBODEN

140 g Vanillewaffeln, fein zerstoßen

60 g Butter, zerlassen

FÜR DIE FÜLLUNG

750 g Frischkäse, raumtemperiert

175 g Zucker

1 TL Vanillearoma

3 Eier

FÜR DEN GUSS

500 ml saure Sahne

60 g Zucker

2 TL Vanillearoma

25–30 Pecannusshälften, grob gehackt

◆ Für die *cajeta* in einem großen, schweren Topf die Ziegenmilch bei mittlerer Temperatur erhitzen, bis sie simmert. Den Zucker einrühren, bis er sich voll-ständig aufgelöst hat. In einer kleinen Schüssel das Natron in der Kuhmilch verrühren. Etwas von der heißen Ziegenmilch unter Rühren hinzugießen. Den Topf mit der Ziegenmilch vom Herd nehmen und die Natronmischung mit einem Schneebesen einrühren. Den Topf wieder aufsetzen, gründlich mit einem Holzlöffel rühren und die Mischung bei mittlerer Temperatur noch etwa 30 Minuten sim-mern lassen, bis sie allmählich eindickt, dabei häu-fig rühren. Wenn die Mischung dunkler wird, die Temperatur auf die niedrigste Stufe herunterschal-ten und ständig rühren, bis die *cajeta* nach etwa 20 Minuten eine dunkle Karamellfarbe annimmt und einen Löffelrücken gleichmäßig überzieht. In einer Schüssel abkühlen lassen und dann das Va-nillearoma oder den Alkohol einrühren. Die Hälfte der *cajeta* in den Kühlschrank stellen. In die rest-liche *cajeta* die gehackten Nüsse sowie das Salz ein-rühren.

◆ Den Backofen auf 180 °C vorheizen. Für den Kuchenboden die Vanillewaffeln mit der Butter vermengen, bis die Brösel gleichmäßig vom Fett überzogen sind. In eine 23 cm große Springform füllen und über den Boden sowie den Rand bis in 2,5 cm Höhe gleichmäßig verteilen und gut an-drücken. Die Form für 30 Minuten in den Kühl-schrank stellen.

◆ Für die Füllung den Frischkäse in einer Schüssel mit einem elektrischen Handrührgerät cremig rüh-ren. Den Zucker und das Vanillearoma gründlich untermischen. Die Eier einzeln hinzufügen und zügig, aber gleichmäßig untermischen, dabei öfter die Masse vom Schüsselrand herunterschaben.

◆ Die Pecannuss-*cajeta* gleichmäßig auf dem Teig-boden verteilen und darüber die Käsemischung ein-füllen. Den Kuchen 50–60 Minuten backen, bis die Masse fest ist. Aus dem Ofen nehmen und sofort für 15 Minuten auf einem Küchentuch in den Kühl-schrank stellen. Die Ofentemperatur auf 230 °C erhöhen.

◆ Für den Guss die saure Sahne, den Zucker und das Vanillearoma in einer Schüssel verrühren. Den Käse-kuchen damit übergießen und nochmals 10 Minuten backen. Auf einem Drahtgitter abkühlen lassen. Den Kuchen für mindestens 24 Stunden und bis zu 3 Tage zugedeckt in den Kühlschrank stellen.

◆ Vor dem Servieren den Rand der Springform ab-nehmen und den Kuchen aufschneiden. Die restliche *cajeta* lauwarm erwärmen. Die Kuchenstücke auf einzelnen Tellern anrichten, jeweils mit etwas *cajeta* beträufeln und mit den restlichen Pecannüssen de-korieren.

Für 12 Personen

Oaxaca

Agua de jamaica

Hibiskusblütenwasser

Das wie Wein funkelnde Getränk gehört in Mexiko zu den beliebtesten Durstlöschern. Es wird aus den getrockneten roten Blütenkelchen von »Hibiscus sabdariffa« zubereitet, einer kleineren Art der auch als Ziergewächse beliebten Pflanzen. Die Blüten, die auf Spanisch »jamaica« heißen und viel Vitamin C enthalten, werden im deutschsprachigen Raum als Tee in Supermärkten, Reformhäusern, Kräuter- und Bioläden verkauft. Das nachfolgende Rezept stammt von Emilia Arroya und ihrer Tochter Aurora.

175 g getrocknete Hibiskusblüten (Seite 248)

*Abgeriebene Schale von 1 Orange
(nach Belieben)*

125 g Zucker oder 175 g Honig (auch mehr nach Bedarf)

2 EL frisch gepresster Limettensaft

Mineralwasser oder frisch gepresster Orangensaft

Eiswürfel

Limettenscheiben

◆ 1,5 l Wasser mit den Hibiskusblüten und der Orangenschale, sofern verwendet, in einem Topf bei mittlerer Temperatur erhitzen und 5 Minuten köcheln lassen. In eine hitzebeständige Glasschüssel füllen. Den Zucker oder Honig einrühren und das Ganze 10 Minuten abkühlen lassen.

◆ Durch ein feines Sieb in ein Glas- oder Kunststoffgefäß füllen und den Limettensaft einrühren. Nach Geschmack mit weiterem Zucker oder Honig süßen. Zugedeckt für etwa 3 Tage in den Kühlschrank stellen.

◆ Vor dem Servieren nach Geschmack mit Mineralwasser oder Orangensaft verdünnen. In hohe, mit Eiswürfeln gefüllte Gläser gießen und mit Limettenscheiben dekorieren.

Ergibt etwa 1,5 l Konzentrat; für 10–12 Personen

Straßenhändler verführen mit farbenfrohen »aguas frescas«, zubereitet mit frischen Früchten, Blüten, Samen und sogar Reis.

Veracruz

Horchata de coco

Kokosnuss-Reis-Getränk

Nach meinem Empfinden ist die »horchata« das erfrischendste unter den vielen mexikanischen »aguas frescas«. Die Hauptzutat bilden gemahlene Reiskörner oder auch Melonenkerne. Hinzu kommen oft Zimt und Mandeln und, in diesem speziellen Fall, Kokosmilch. Sie wird in Veracruz, wo Kokospalmen in großer Zahl wachsen, natürlich aus dem frischen Fruchtfleisch gewonnen. Das Rezept gelingt aber auch mit Kokosmilch aus der Dose.

600 g ungekochter Reis, in einer Gewürzmühle fein gemahlen

*30 g echte Zimtrinde, zerkrümelt, dazu
6–8 Stücke von 10 cm Länge zum Dekorieren
(nach Belieben)*

1 l heißes Wasser

15 blanchierte Mandeln, leicht geröstet und fein gemahlen

420 ml Kokosmilch

250 g Zucker

Schale von 1 Limette, in lange, breite Streifen geschnitten

Eiswürfel

Heller Rum (nach Belieben)

6–8 frische Minzezweige (nach Belieben)

◆ Am Vortag den Reis, den zerkrümelten Zimt und das heiße Wasser in einer Schüssel vermischen. Abkühlen lassen und zugedeckt beiseite stellen.

◆ Am nächsten Tag die Mandeln und die Kokosmilch einrühren. Die Mischung portionsweise im Mixer in jeweils etwa 5 Minuten fein pürieren. Durch ein mittelfeines Sieb in einen Krug gießen.

◆ 250 ml kaltes Wasser mit dem Zucker und der Limettenschale in einem Topf bei niedriger Temperatur aufsetzen und rühren, bis sich der Zucker eben aufgelöst hat. Den Sirup abkühlen lassen und ohne die Limettenschale zur Reis-Kokosmilch-Mischung geben. Gründlich umrühren und nach Geschmack mit weiterem Wasser verdünnen. Zugedeckt ausgiebig kühlen.

◆ In hohe, mit Eiswürfeln gefüllte Gläser nach Belieben einen Schuss Rum geben. Die *horchata* nochmals gründlich durchmischen, in die Gläser gießen und, nach Belieben jeweils mit einem Minzezweig und einem Stück Zimtrinde dekoriert, servieren.

Für 6–8 Personen

Jalisco

Mangos flameados

Mangos mit Tequila flambiert

Bei diesem Dessert kombiniert Paula Mendoza Ramos die exotische Süße von Mangos mit der leicht herben Note von weißem Tequila.

3 EL Butter, in kleine Stücke geschnitten,
sowie etwas Butter für die Form

6 reife Mangos (insgesamt etwa 1,5 kg)

3 EL brauner Zucker

Schale von 1 Limette, in feine Streifen geschnitten

Schale von ½ Orange, in feine Streifen geschnitten

1 EL frisch gepresster Limettensaft

1 EL frisch gepresster Orangensaft

60 ml Tequila blanco

1 l Kokosnuss- oder Vanilleeis

60 g ungesüßte Kokosraspel, geröstet (Seite 249)

◆ Den Backofen auf 200 °C vorheizen. Eine dekorative, flache ofenfeste Form von etwa 23 × 33 cm dünn mit Butter ausstreichen.

◆ Die Mangos schälen, das Fruchtfleisch in Scheiben schneiden und diese leicht überlappend in die vorbereitete Form legen. Den Zucker und die Butter darüber verteilen. Mit den Limetten- und Orangenschalenstreifen bestreuen, zuletzt mit dem Limetten- und dem Orangensaft beträufeln. Etwa 20 Minuten backen, bis die Früchte leicht bräunen.

◆ Die Mangos bei Tisch mit dem Tequila übergießen, diesen mit einem langen Streichholz entzünden und die Form kurz rütteln, sodass die Flammen verlöschen. Die Mangoscheiben mit einer Kugel Eiscreme auf einzelnen Tellern anrichten und zuletzt mit den gerösteten Kokosraspeln bestreuen.

Für 6 Personen

Oaxaca

Flan de coco

Kokos-Flan

Wie in Spanien ist der Flan auch in Mexiko der Renner unter den Desserts. Hier wird er allerdings häufiger mit Kondensmilch zubereitet, da Kühlschränke und mithin frische Milch bis vor kurzem den wohlhabenden Kreisen vorbehalten waren. In ihrem Restaurant »El Naranjo« in Oaxaca serviert Iliana de la Vega traditionelle Zubereitungen der Region meist in moderner Interpretation, aber diesen Kokos-Flan bereitet sie auf klassische Art mit der Milch und dem Fruchtfleisch von frischer Kokosnuss zu. Ich habe ihr Rezept vereinfacht und verwende Kokosmilch aus der Dose.

Kokosnüsse gedeihen, obwohl nicht ursprünglich in Mexiko beheimatet, inzwischen überall an der Küste und daher auch an den Stränden von Oaxaca. Die Jungen warten neben den aufgehäuften glänzend grünen Früchten darauf, für einen Kunden mit ihrer Machete geschickt einen Deckel von einer Frucht abzuschlagen und das Kokoswasser, ob pur oder für »coco loco« mit Rum gemischt, anzubieten.

Einen besonderen Genuss bietet dieser Flan nach einem eher schlichten Gericht wie mariniertem Lendensteak mit Kräutern (Seite 155) oder nach Chilis mit Hühnchenfüllung (Seite 157), zu denen er geschmacklich und in seiner Konsistenz einen reizvollen Kontrapunkt bildet.

375 g Zucker

60 ml Wasser

10 Eier

750 ml Milch

440 ml gesüßte Kondensmilch

420 ml Kokosmilch

90 g gesüßte getrocknete Kokosraspel

◆ Den Backofen auf 180 °C vorheizen. Den Zucker mit dem Wasser in einem kleinen, schweren Topf bei mittlerer bis hoher Temperatur unter Rühren erhitzen, bis ein klarer Sirup entsteht. Wenn der Zucker zu karamellisieren beginnt, nicht mehr rühren, sondern den Topf nur noch vorsichtig schwenken, bis sich der Sirup bernsteingelb färbt. Noch einige Minuten kochen lassen. Sobald die Farbe dunkler wird, den Sirup unverzüglich in eine Flan-Form oder eine andere ofenfeste Back-form aus Glas oder Keramik gießen und durch Schwenken so verteilen, dass er auch einen Teil des Randes überzieht.

◆ In einer großen Schüssel die Eier gründlich verquirlen. Die Milch, die gesüßte Kondensmilch, die Kokosmilch und zuletzt die Kokosraspel einrühren. Die Mischung in die vorbereitete Form gießen.

◆ Die Form in einen Bräter setzen und diesen bis auf halbe Höhe der Form mit sehr heißem Wasser füllen. Locker mit Alufolie bedecken. Vorsichtig in den Ofen schieben und den Flan etwa 1½ Stunden backen – er ist fertig, wenn ein in der Mitte eingestochenes Messer sauber wieder herauskommt. Aus dem Ofen nehmen und im Wasserbad abkühlen lassen. Zugedeckt bis zum Servieren in den Kühlschrank stellen.

◆ Mit einem Messer am Rand der Form entlangfahren. Eine Servierplatte mit höherem Rand umgedreht auf die Form setzen und das Ganze schwungvoll umdrehen, sodass der Flan aus der Form gleitet. Falls nötig, den Boden der Form einige Sekunden in heißes Wasser tauchen und den Flan dann auf die Platte stürzen. Sogleich servieren.

Für 10–12 Personen

Veracruz

Pan de elote

Maiskuchen

Wenn ein sehr feines oder üppiges Dessert nicht passt, empfiehlt sich ein rustikaler, saftiger Maiskuchen mit einer Tasse Kaffee. Von den vielen Varianten schmeckt mir diese aus Veracruz und dem benachbarten Puebla am besten.

125 g plus 2 EL Butter, raumtemperiert

125 g Zucker, dazu mehr zum Bestreuen (nach Belieben)

185 g frische Maiskörner

4 Eier

1 EL Mehl

1 TL Backpulver

1 TL Salz

1 EL Maiskeimöl

◆ Den Backofen auf 180 °C vorheizen.

◆ In einer Schüssel 125 g Butter und 125 g Zucker mit dem elektrischen Handrührgerät cremig rühren. Die Maiskörner im Mixer oder in der Küchenmaschine nicht ganz fein pürieren und unter die Buttermischung rühren. Die Eier einzeln gründlich unterziehen. Das Mehl, das Backpulver und das Salz zügig untermischen.

◆ Die 2 Esslöffel Butter mit dem Öl in einer hitzebeständigen Pfanne oder Quiche-Form im Ofen erhitzen, bis die Butter geschmolzen ist. Die Mais-Butter-Mischung einfüllen und etwa 20 Minuten backen, bis sie fest ist und ein in der Mitte eingestochenes Holzstäbchen sauber wieder herauskommt. Wenn Sie die Pfanne oder Form rütteln oder schräg halten, darf keine Flüssigkeit zu sehen sein.

◆ Den Kuchen aus dem Ofen nehmen und nach Belieben mit Zucker bestreuen. Wie eine Torte aufschneiden und direkt in der Pfanne oder Form servieren.

Für 8 Personen

Puebla

Ponche caliente

Heißer Punsch

In der Weihnachtszeit kommt ein Punsch immer gut an. Diese Version von Ana María Gutiérrez López, die ich bevorzugt mit englischem Breakfast Tea oder einem Darjeeling zubereite, verbreitet genau den exotischen Duft, den ich mit Puebla in Verbindung bringe.

3 Teebeutel (siehe Rezepteinleitung)

250 g Zucker

2 Orangen, in Scheiben geschnitten

250 g entsteinte Backpflaumen

½ Vanilleschote

1 Stück echte Zimtrinde (7,5 cm lang)

500 ml trockener Rotwein

125 ml dunkler Rum

Saft von 2 Limetten

◆ In einem großen Topf (nicht aus Aluminium!) 1 l Wasser sprudelnd erhitzen. Vom Herd nehmen, sogleich die Teebeutel einhängen und nicht länger als 4 Minuten ziehen lassen. Danach die Teebeutel entfernen.

◆ Den Zucker mit 250 ml Wasser in einem Topf bei niedriger Temperatur verrühren. Sobald er sich aufgelöst hat, die Orangenscheiben, die Pflaumen, die Vanilleschote und den Zimt hinzufügen und alles einmal aufkochen lassen.

◆ Den aromatisierten Sirup zum Tee gießen. Den Wein, den Rum und den Limettensaft gründlich einrühren. Die Vanilleschote entfernen – abgespült und anschließend getrocknet kann sie nochmals anderweitig verwendet werden. In hitzebeständige Glastassen füllen und sogleich servieren.

Für 6 Personen

Bis tief in die Nacht sind die Cafés am geschichtsträchtigen Zócalo von Veracruz gut besucht.

Vanilla

Lange vor der Invasion der Spanier gedieh in den feuchten Regenwäldern im Südosten Mexikos bereits die Vanille, eine kletternde Orchidee. Die in dem Gebiet (das heute als Veracruz bekannt ist) lebenden Totonaken nahmen die Pflanze in Kultur, um ihre langen Fruchtkapseln zu ernten und ihr unvergleichliches, süßes Aroma für ihre Küche zu nutzen.

Wie die Vanille in die Welt kam, erzählt eine Legende der Totonaken. Gemäß dem Geheiß des Herrschers von El Tajín, der größten Totonakenstadt, diente dessen schöne Tochter namens »Licht des Morgensterns« als Priesterin der Göttin des Landbaus und brachte jeden Tag Gaben in den Tempel, den ihr Vater hatte bauen lassen. Eines Tages beobachtete ein junger Prinz das Mädchen, während sie ihrer Aufgabe nachkam, und verliebte sich Hals über Kopf in sie. Als sie den Baum passierte, hinter dem er sich verbarg, sprang er hervor, schloss sie in seine Arme und lief mit ihr in die Berge.

Anfangs noch widerstrebend, war die Prinzessin bald von seiner Liebesglut überwältigt und folgte ihm freiwillig.

Als ihre Kräfte jedoch schwanden, wurden die beiden von den Priestern, die den Tempel bewacht hatten, eingeholt und an Ort und Stelle geköpft. Dort, wo ihr Blut auf die Erde tropfte, spross eine leuchtend grüne Pflanze, die sich mit ihren Rankenwurzeln an den Bäumen ringsum emporwand. Vor den verwunderten Augen der Priester entfalteten sich anmutige gelbe Orchideenblüten, die sich zu schlanken grünen Kapseln wandelten. Diese Vanilleschoten dufteten so köstlich, dass die Totonaken sie als würdiges Geschenk an die Götter erachteten. Später wurde die Vanille als Tribut an die Aztekenherrscher entrichtet, die mit ihnen ihre heiße Schokolade würzten.

Zwar wird die Pflanze heute auch in anderen tropischen Ländern kultiviert, doch ist die mexikanische Vanille, wie ich finde, besonders köstlich. Die 15 bis 20 Zentimeter langen Fruchtkapseln der Pflanze, die sich an Bäumen und anderen geeigneten Stützen bis in 15 Meter Höhe rankt, werden nach der Ernte einer ausgeklügelten Prozedur unterzogen, bei der sie abwechselnd in luftdicht verschlossenen Behältern »schwitzen« und in der Sonne trocknen. So gewinnen sie ihre dunkelbraune Farbe und das feine Aroma, das Speiseeis, Süßigkeiten, Gebäck und Liköre veredelt. Die schrumpeligen schwarzen Schoten enthalten winzige hocharomatische Samen, die aus den aufgeschlitzten Früchten gekratzt werden können, um einen besonders intensiven Geschmack zu erreichen.

Puebla

Jericalla

Klassische Vanillecreme

Fast immer, wenn ich Ana María López Landa besuche, werkelt die 88-Jährige, die ihr gesamtes Leben in Puebla verbracht hat, in der Küche. Von ihr bekam ich dieses Rezept für die klassische Vanillecreme, die nach der kleinen Stadt Jerico in Kolumbien benannt, aber auch in Mexiko sehr beliebt ist.

750 ml Milch

185 g Zucker

1 Stück echte Zimtrinde (5 cm lang)

½ Vanilleschote, längs aufgeschnitten

3 Eigelb

◆ Die Milch mit dem Zucker in einem Topf bei mittlerer Temperatur erhitzen. Mit der Spitze eines kleinen Messers das Mark aus der Vanilleschote schaben und zusammen mit der Zimtrinde in die Milch geben. Langsam zum Kochen bringen und dabei rühren, bis sich der Zucker aufgelöst hat.

Anschließend bei niedriger Temperatur etwa 20 Minuten köcheln lassen, bis die Mischung eingedickt ist und einen Löffelrücken gleichmäßig überzieht. Durchseihen und leicht abkühlen lassen.

◆ Den Backofen auf 165 °C vorheizen.

◆ In einer Schüssel die Eigelbe verquirlen und 80 ml der noch heißen Milchmischung einrühren. Unter ständigem Rühren zur restlichen Milchmischung gießen. Diese gleichmäßig auf 6–8 ofenfeste Becherförmchen aus Porzellan oder Glas verteilen. Die Förmchen mit etwas Abstand in einen Bräter stellen und diesen bis auf halbe Höhe der Förmchen mit heißem Wasser füllen. Die Vanillecreme etwa 1 Stunde backen – sie ist gar, wenn ein in der Mitte eingestochenes Messer sauber wieder herauskommt.

◆ Die Förmchen aus dem Wasserbad nehmen und auf ein Backblech setzen. Den Backofengrill einschalten und die Oberfläche der Creme leicht bräunen. Abkühlen lassen und anschließend zugedeckt für einige Stunden in den Kühlschrank stellen.

◆ Direkt in den Förmchen servieren oder auf Dessertteller stürzen, dafür mit einem Messer am Rand der Formen entlangfahren.

Für 6–8 Personen

Puebla

Mamón del emperador

Kaisertorte

Diese üppige Torte, deren Rezept ich Mónica Mastretta verdanke, verrät den Einfluss der Europäer auf die mexikanische Küche und Kultur im ausgehenden 19. Jahrhundert.

FÜR DEN TEIG

*250 g Butter, raumtemperiert, dazu etwas Butter
für die Form*

185 g Zucker

8 Eier, raumtemperiert und getrennt

125 g plus 1 EL Mehl, gesiebt

½ TL Backpulver

1 Prise Meersalz

FÜR DEN SIRUP

750 g Zucker

FÜR DIE CREME

8 Eigelb

1 EL Maisstärke, gesiebt

1 EL gemahlener Zimt

½ TL Meersalz

Schale von 1 Zitrone, in feine Streifen geschnitten

1 EL Butter

2 EL Cognac

FÜR DIE FÜLLUNG

*Je 90 g kandierte Feigen, Orangeat und Zitronat,
fein gehackt*

60 g kandierte Limette, fein gehackt

125 ml Cognac

FÜR DIE GLASUR

4 Eiweiß, raumtemperiert

625 ml Crème double, 30 Minuten tiefgefroren

125 g Puderzucker, gesiebt

FÜR DIE TORTE

125 ml Cognac

3 kandierte Feigen, in feine Streifen geschnitten

1 kandierte Orange, in feine Streifen geschnitten

2 kandierte Limetten, in feine Streifen geschnitten

30 g Pinienkerne, leicht geröstet

30 g Mandelblättchen, leicht geröstet

◆ Den Backofen auf 180 °C vorheizen. Zwei Springformen von 20 cm Durchmesser mit Butter bestreichen und mit Mehl bestäuben. Den Rand mit einem Streifen Pergamentpapier auskleiden.

◆ Für den Teig in einer Schüssel die Butter cremig rühren. Langsam den Zucker hinzufügen und weiter energisch rühren, bis die Mischung eine helle Farbe annimmt. Die 8 Eigelbe einzeln unterziehen. In einer Schüssel das Mehl, das Backpulver und das Salz vermengen. Das Ganze langsam in die Eigelbmischung einarbeiten, bis alles vermischt ist. Die Eiweiße zu weichem Schnee schlagen und unter die Eigelbmischung ziehen. Den Teig gleichmäßig in die beiden Formen füllen. Etwa 35 Minuten backen, bis ein in der Mitte eingestochenes Holzstäbchen sauber wieder herauskommt. 10 Minuten abkühlen lassen, danach aus der Form lösen und das Papier entfernen.

◆ Für den Sirup 250 ml Wasser mit dem Zucker in einem schweren Topf aufkochen und dann, ohne zu rühren, weiterkochen lassen, bis das Zuckerthermometer 125 °C anzeigt oder der Sirup eine sämige Konsistenz hat.

◆ Für die Creme die Eigelbe etwa 2 Minuten mit dem Schneebesen schlagen. Langsam den Sirup dazugießen und etwa 2 Minuten weiter energisch rühren, bis die Mischung eindickt.. Die Maisstärke, den Zimt, das Salz, die Zitronenschale und die Butter einrühren. Die Creme im Wasserbad leicht erhitzen und höchstens 15 Minuten rühren, bis sie einen Löffelrücken gleichmäßig überzieht. Vom Herd nehmen und mit dem Cognac aromatisieren. Mit Klarsichtfolie so abdecken, dass diese direkt aufliegt, und für 2 Stunden in den Kühlschrank stellen.

◆ Für die Füllung die Früchte und den Cognac gründlich vermischen und 1 Stunde ruhen lassen.

◆ Für die Glasur die Eiweiße in einer Schüssel zu weichem Schnee schlagen. In einer zweiten Schüssel die Crème double zusammen mit dem Zucker ebenfalls schlagen, bis sie fest ist. Den Eischnee behutsam unterheben. Zugedeckt in den Kühlschrank stellen.

◆ Die Teigböden waagerecht durchschneiden. Die in Cognac eingeweichten Früchte abseihen. Einen Tortenboden auf eine Kuchenplatte legen, mit einem Drittel des Cognacs beträufeln, mit einem Drittel der Creme bestreichen und mit einem Drittel der eingeweichten Früchte bestreuen. Mit den restlichen Böden ebenso fortfahren, den Abschluss bildet der vierte Boden. Die Torte mit der Glasur überziehen und mit den kandierten Früchten, Pinienkernen und Mandeln dekorieren. Vor dem Servieren für mindestens 2 Stunden in den Kühlschrank stellen.

Für 10–14 Personen

Coahuila

Higos al horno con queso de cabra

Gebackene Feigen mit Ziegenfrischkäse

Glücklicherweise beschert mir mein Garten einmal im Jahr eine schöne Feigenernte. In Nordmexiko, wo die Früchte in Hülle und Fülle gedeihen, gehört dieses Dessert, das übrigens nach den Garnelen mit Orange und Tequila (Seite 125) vorzüglich mundet, zu den Klassikern. Verwenden Sie möglichst am Baum gereifte, dunkle Feigen, die besonders süß schmecken.

12 reife Feigen

60 g brauner Zucker

45 g Walnusshälften

60 g Butter, in kleine Würfel geschnitten

125 g Ziegenfrischkäse, zerkrümelt

◆ Den Backofen auf 180 °C vorheizen. Eine flache, ofenfeste Form, in der die aufgeschnittenen Feigen nebeneinander Platz haben, mit Butter ausstreichen.

◆ Die Stielansätze von den Feigen abschneiden und die Früchte senkrecht so vierteln, dass die Stücke am Boden noch zusammenhängen. Aufspreizen und mit der Spitze nach oben in die vorbereitete Form setzen. Gleichmäßig mit dem Zucker bestreuen, anschließend die Walnüsse und Butterwürfel darüber verteilen.

◆ Die Feigen mit Alufolie abdecken und etwa 20 Minuten backen, bis sie durch und durch heiß sind. Den Ziegenkäse in den Feigen verteilen und im sehr heißen Ofen oder unter dem Grill ohne Abdeckung noch einige Minuten bräunen.

◆ Heiß oder raumtemperiert auf einzelnen Tellern anrichten und mit etwas von dem Sirup, der sich beim Backen in der Form gesammelt hat, beträufeln.

Für 4 Personen

Puebla

Tamales canarios

Süße Tamales

Mir ist zwar bekannt, dass diese blassgelben, mit Reismehl und Eigelben zubereiteten »tamales« auch in anderen Gegenden Zentralmexikos zubereitet werden; trotzdem sind sie mir bisher nur im Staat Puebla begegnet. Bei einem meiner ersten Aufenthalte in Cholula, einem Städtchen im Schatten der schneebedeckten Vulkangipfel des Popocatépetl (Rauchender Berg) und des Iztaccíhuatl (Schlafende Frau), nahm mich eine Freundin zu einem Morgenimbiss mit in eine kleine »fonda« nicht weit vom Markt. Wir aßen süße »tamales canarios«, benannt nach der Farbe der Kanarienvögel. Begleitet von einer heißen Schokolade, schmeckten sie einfach wundervoll, aber das Rezept wollte man uns leider nicht verraten. Später bekam ich dieses Familienrezept von Ana María Gutiérrez López aus Puebla, das sie bei festlichen Anlässen schon oft zubereitet hat.

FÜR DEN TEIG

250 g Butter, raumtemperiert

185 g Zucker

5 Eier

225 g Reismehl

125 ml Milch

2 EL Weinbrand

FÜR DIE FÜLLUNG

500 ml Milch

3 Eigelb, leicht verquirlt

125 g Zucker

1 Prise gemahlener Zimt

2 EL Maisstärke, in 60 ml Wasser verrührt

90 g Rosinen

60 g Pecannüsse, gehackt

50 Maishüllblätter (Seite 249)

1 EL Butter, zerlassen

◆ Für den Teig die Butter mit dem Zucker mit einem elektrischen Handrührgerät cremig rühren. Die Eier einzeln gründlich untermischen. Das Reismehl sowie anschließend die Milch und den Weinbrand einrühren. Der Teig sollte sehr cremig sein.

◆ Für die Füllung die Milch in einem Topf bei mittlerer Temperatur erhitzen, bis sie simmert. In einer Schüssel die Eigelbe, den Zucker und den Zimt mit einem Schneebesen verrühren. Langsam die Hälfte

der Milch einrühren und die Mischung dann in den Topf gießen. Das Ganze 8–10 Minuten köcheln lassen und zuletzt mit der Maisstärke binden. Bei mittlerer Temperatur unter ständigem Rühren weitere 5 Minuten eindicken lassen. Abkühlen lassen.

◆ Die Maishüllblätter abspülen und etwa 15 Minuten in sehr heißem Wasser einweichen, bis sie geschmeidig sind. Trockentupfen und mit 5 von ihnen einen Dämpfkorb oder anderen Einsatz auslegen.

◆ Die 40 schönsten Blätter auf der Arbeitsfläche ausbreiten und mit zerlassener Butter bestreichen. In der Mitte jeweils 1 gehäuften Teelöffel des Teigs verstreichen. Mitten auf den Teig 1 Teelöffel der Füllung setzen und einige Rosinen und gehackte Nüsse hineindrücken. Erst die Blattränder und dann die untere Hälfte über die Füllung legen – die oberen Blattenden werden nach Belieben mit schmalen Blattstreifen zusammengebunden.

◆ Die *tamales* waagerecht in den Dämpfkorb oder Einsatz legen. Einen großen Topf bis knapp unterhalb des Bodens des Dämpfkorbes mit Wasser füllen. Erhitzen, bis das Wasser köchelt. Den Dämpfkorb in den Topf setzen, die *tamales* mit den restlichen Maishüllblättern und einem Küchentuch abdecken und einen fest schließenden Deckel auflegen.

◆ Die *tamales* 40 Minuten dämpfen, ohne den Deckel abzunehmen. Ein *tamal* herausnehmen, kurz abkühlen lassen und öffnen – es ist fertig, wenn sich der Teig von der Blatthülle löst. Die *tamales* heiß servieren. Die Gäste dürfen sie selbst öffnen.

Ergibt 40 kleine »tamales«

México, D.F.

Budín de arroz con coco

Reispudding mit Kokosraspel

Kokosraspel und die sahnige Schokoladensauce machen aus einem klassischen, bodenständigen Dessert der mexikanischen Küche einen traumhaften Genuss.

FÜR DEN PUDDING

750 ml Milch

250 ml Kokosmilch aus der Dose

125 g gesüßte getrocknete Kokosraspel, dazu 2 EL zum Garnieren

100 g weißer Mittelkornreis

2 Eigelb

1 EL Zucker

1 TL Vanillearoma

FÜR DIE SAUCE

125 ml Crème double

2 EL Zucker

½ Vanilleschote, längs aufgeschnitten

1½ TL Instant-Espressopulver

90 g gute Zartbitterschokolade, fein gehackt

1 EL Butter

◆ Für den Pudding die Milch, die Kokosmilch, 125 g Kokosraspel und den Reis bei mittlerer Temperatur langsam einmal aufkochen und dann auf niedrigster Stufe ohne Deckel unter häufigem Rühren etwa 1 Stunde köcheln lassen, bis der Reis die gesamte Flüssigkeit aufgenommen hat und ganz weich ist.

◆ Die Eigelbe mit dem Zucker und dem Vanillearoma mit einem Schneebesen verrühren und unter den Reis ziehen. Den Pudding nach Belieben warm oder kalt servieren. Die Sauce jedoch erst unmittelbar davor zubereiten. Dafür die Crème double und 2 Esslöffel Zucker in einem schweren Topf verrühren. Das Mark aus der Vanilleschote herausschaben und dazugeben. Bei mittlerer Temperatur erhitzen und, sobald die Sauce träge sprudelt, vom Herd nehmen. Das Kaffeepulver und die Schokolade einrühren. Die Sauce mit einem Schneebesen glatt rühren und zuletzt die Butter unterziehen.

◆ Den Pudding in Kelchgläser füllen. Mit der Sauce übergießen, mit den 2 Esslöffeln Kokosraspel garnieren und sogleich servieren.

Für 4 Personen

Chocolate

Ganz gleich, zu welcher Jahreszeit ich Oaxaca besuche, führt mich mein Weg am ersten Morgen stets auf den nächstgelegenen Markt, wo ich mir eine Tasse heiße Schokolade genehmige. Natürlich darf dabei das köstliche *pan de yema* nicht fehlen, ein briocheähnliches Gebäck, mit dem man den luftigen Schaum der Schokolade auftunkt.

Von meiner Freundin Abigail Mendoza, einer temperamentvollen jungen Zapotekin, erfuhr ich, dass eine junge Frau, um von ihrer zukünftigen Schwiegermutter akzeptiert zu werden, folgende Probe abliefern muss: Mit dem *molinillo*, einem geschnitzten Holzquirl, dessen unteres Ende an einen Kreisel erinnert, muss sie einen so dicken Schokoladenschaum erzeugen, dass er sich mit einem speziellen flachen Holzwerkzeug löffeln lässt und mindestens eine Stunde lang nicht zusammenfällt. Abigails Schaum ist dicker und haltbarer als der jeder anderen jungen Frau in ihrem Dorf. Und auch die meisten Mütter der potenziellen Heiratskandidaten können ihr beim Schokoladequirlen nicht das Wasser reichen. Sie hätte also freie Wahl, zieht aber bisher ihre Unabhängigkeit vor.

Schokolade ist in Mexiko in erster Linie ein Synonym für das Getränk aus gerösteten Kakaobohnen, Zucker und oft auch Mandeln. Ansonsten ist sie noch bei manchen *moles* unerlässlich, denen sie einen vollen, runden Geschmack verleiht. Schokoladenkuchen, -desserts oder -eis sind hingegen untypisch und daher selten.

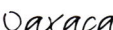Oaxaca

Plátano al horno con rompope y crema

Gebackene Kochbananen mit mexikanischem Eierlikör

Kochbananen, noch brutzelnd von der Hitze im »horno«, dem holzbefeuerten Lehmofen, angerichtet mit »rompope«, einer Art schaumigem Eierlikör, und mit säuerlicher »crema« vollendet, sind die Dessertspezialität schlechthin von »Dos Jorges«, einem der besten Seafoodrestaurants in Oaxaca. Zwar sehen Kochbananen ganz ähnlich wie die üblichen Bananen aus, werden aber vor dem Genuss stets gegart. Für dieses Rezept müssen sie so reif sein, dass sie schon beinahe schwarz sind.

Das »rompope«-Rezept ist so bemessen, dass bestimmt etwas übrig bleibt. Der Rest schmeckt köstlich auf Früchten, Eiscreme oder Pudding.

FÜR DEN ROMPOPE

500 ml Milch

125 g Zucker

1 Stück echte Zimtrinde (4 cm lang)

1 Prise Natron

6 Eigelb

Eiswürfel oder zerstoßenes Eis

60 ml Weinbrand

2 voll ausgereifte Kochbananen (siehe Rezepteinleitung)

2 EL Butter, klein geschnitten, sowie etwas Butter für die Form

250 ml »crema« (Seite 246)

◆ Für den *rompope* die Milch, den Zucker, den Zimt und das Natron in einen großen Topf geben. Bei mittlerer Temperatur rühren, bis das Ganze zu kochen beginnt, und dann bei niedriger Temperatur etwa 20 Minuten köcheln lassen. Abkühlen lassen, durchseihen und die Zimtrinde wegwerfen.

◆ Die Eigelbe in einer Schüssel mit einem Schneebesen oder elektrischen Handrührgerät in etwa 5 Minuten zu einer dicken, zitronengelben Creme schlagen. Langsam die abgekühlte Milchmischung hinzugießen und dabei ständig weiterrühren. Die Mischung in den Topf füllen und bei niedriger Temperatur unter ständigem Rühren erhitzen, bis sie eindickt und den Rücken eines Holzlöffels dünn überzieht. Vom Herd nehmen und sogleich in eine Metallschüssel füllen, die in einer großen Schüssel mit Eiswürfeln oder zerstoßenem Eis sitzt. Rühren, bis die Creme abgekühlt ist, und dann langsam den Weinbrand untermischen. (In einem fest verschlossenen Gefäß lässt sich der *rompope* im Kühlschrank mehrere Wochen aufbewahren.)

◆ Den Backofen auf 220 °C vorheizen. Eine ofenfeste Form dünn mit Butter ausstreichen. Die Bananen ungeschält längs halbieren und mit der Schnittfläche nach oben nebeneinander in die vorbereitete Form legen. Die Butterstückchen darauf verteilen.

◆ Die Bananen etwa 10 Minuten backen, bis sie dunkel goldbraun sind.

◆ Aus dem Ofen nehmen und auf einer Platte anrichten. Mit *rompope* umgießen. Die Bananen mit der *crema* beträufeln und sehr heiß servieren.

Für 4 Personen

México, D.F.

Rosca de almendra

Mandelkranz

Neben anderen köstlichen Desserts lernte ich auch diesen Mandelkranz in Mexiko-Stadt bei María Dolores Torres Yzábal kennen.

FÜR DEN KUCHEN

5 Eiweiß, raumtemperiert

1 Prise Meersalz

175 g Zucker

500 g blanchierte Mandeln, fein gemahlen

3 EL Butter, zerlassen und abgekühlt, sowie etwas Butter für die Form

¼ TL Mandelaroma

FÜR DIE SAUCE

200 g frische oder aufgetaute tiefgefrorene Himbeeren

100 g extrafeiner Zucker

1 EL frisch gepresster Zitronensaft

60 ml Amaretto

◆ Den Backofen auf 180 °C vorheizen. Eine 1-l-Ringform dünn mit Butter ausstreichen.

◆ Für den Kuchen die Eiweiße mit dem Salz in einer Schüssel mit dem elektrischen Handrührgerät zu weichem Schnee schlagen. Langsam den Zucker hinzufügen und weiterschlagen, bis der Schnee feste Spitzen bildet. Die Mandeln, die zerlassene Butter und das Mandelaroma unterziehen. Die Mischung behutsam in die vorbereitete Form gießen.

◆ Den Kuchen in etwa 30 Minuten goldgelb backen – er ist gar, wenn ein in der Mitte eingestochenes Holzstäbchen sauber wieder herauskommt. 10 Minuten abkühlen lassen, dann mit einem Messer am Rand der Form entlangfahren und den Kuchen auf eine Platte stürzen. Völlig auskühlen lassen.

◆ Zum Garnieren einige schöne Beeren beiseite legen. Für die Sauce den Rest im Mixer oder in der Küchenmaschine mit dem extrafeinen Zucker, dem Zitronensaft und dem Amaretto zu einer glatten Sauce verarbeiten. Durch ein feines Sieb streichen.

◆ Den Mandelring in dicke Stücke schneiden. Auf einzelnen Tellern mit der Sauce übergießen, mit den ganzen Beeren dekorieren und servieren.

Für 8–10 Personen

Veracruz

Rosca de reyes

Dreikönigskranz

So wie die Heiligen Drei Könige bei ihrer Ankunft in Bethlehem das Jesuskind mit Gold, Myrrhe und Weihrauch beschenkten, erhalten auch mexikanische Kinder am Morgen des 6. Januar traditionsgemäß kleine Gaben. Verwandte und Freunde treffen sich an diesem Tag und essen gemeinsam einen üppig dekorierten, kranzförmigen Kuchen. In ihm ist als Sinnbild für das Jesuskind eine winzige Porzellanpuppe verborgen. Beim Aufschneiden ist deshalb die Spannung groß, denn derjenige, in dessen Stück sich das Püppchen befindet, muss am 2. Februar, wenn El Día de la Candelaria, also Mariä Lichtmess, gefeiert wird, eine »tamales«-Party geben.

Einige der nachfolgend als Dekoration angegebenen Zutaten dürften hierzulande schwer aufzutreiben sein. Falls Ihre Suche erfolglos bleibt, denken Sie sich einfach andere Zutaten zum Verzieren aus. »Acitrón« zum Beispiel, kandierter »biznaga«-Kaktus, kann durch kandierte Ananas ersetzt werden. Servieren Sie zu diesem festlichen Kuchen heiße Schokolade (Seite 239).

FÜR DEN TEIG

125 ml warmes Wasser (45 °C)

5 TL Trockenhefe

125 g Butter, zerlassen und abgekühlt

125 g Zucker

4 Eigelb, mit 2 EL Wasser leicht verquirlt, dazu 2 ganze Eier, kräftig verquirlt

1 EL fein abgeriebene Orangenschale

1 EL fein abgeriebene Limettenschale

½ TL Orangenblütenwasser (nach Belieben)

1 TL Meersalz

620–770 g Mehl

180 g kandierte Früchte, gehackt

60 g Pecannüsse, fein gehackt

2 kleine, ofenfeste Puppen aus Porzellan oder Kunststoff

ZUM DEKORIEREN

2 ganze Eier

1 EL Crème double

6 getrocknete oder kandierte Feigen, in Streifen geschnitten (nach Belieben)

1 kandierte Orange, in Streifen geschnitten (nach Belieben)

1 kandierte »acitrón« (siehe Rezepteinleitung), in Streifen geschnitten (nach Belieben)

Streifen von anderen kandierten Früchten (nach Belieben)

90 g Zucker

◆ Für den Teig das warme Wasser in eine große Schüssel gießen und die Hefe einstreuen. Sobald sie nach etwa 5 Minuten schäumt, die Butter, den Zucker, die verquirlten Eigelbe, die ganzen Eier, die abgeriebene Orangen- und Limettenschale, das Orangenblütenwasser, sofern verwendet, und das Salz einrühren.

◆ 470 g Mehl hinzufügen und 3 Minuten energisch mit einem Holzlöffel oder auf niedriger Geschwindigkeitsstufe mit den Knethaken des elektrischen Handrührgeräts rühren. 50-g-weise weiteres Mehl untermischen, bis sich ein zusammenhängender Teig ergibt, der sich von selbst vom Schüsselrand löst.

◆ Auf einer bemehlten Arbeitsfläche mit den Händen etwa 10 Minuten kneten und dabei nach Bedarf weiteres Mehl einarbeiten, bis der Teig glatt und elastisch ist und sich auf der Oberfläche erste Blasen zeigen. Den Teig zu einer Kugel formen.

◆ Eine große Schüssel mit Öl oder Butter ausstreichen und den Teig darin wälzen, bis er gleichmäßig eingefettet ist. Mit einem feuchten, festen Küchentuch abdecken und an einem warmen Platz in etwa 1½ Stunden auf das Doppelte aufgehen lassen.

◆ Zwei Backbleche mit Öl oder Butter bestreichen. Den Teig auf einer leicht bemehlten Arbeitsfläche in zwei gleiche Portionen teilen. Jeweils mit der Hälfte der kandierten Früchte und Nüsse bestreuen und diese gleichmäßig einarbeiten. Die Teigstücke jeweils zu einem Laib von etwa 60 cm Länge und 5 cm Durchmesser formen und in jeden ein Püppchen schieben. Die Laibe jeweils zu einem Kranz schließen und auf ein Blech legen. Damit die Kränze beim Backen ihre Form wahren, in die Mitte jeweils eine gut eingeölte, ofenfeste Schüssel setzen. Locker mit einem Küchentuch abdecken und in 45–60 Minuten beinahe auf das Doppelte aufgehen lassen.

◆ Inzwischen den Backofen auf 190 °C vorheizen. Für die Dekoration die Eier mit der Crème double in einer Schüssel verquirlen und die Kränze damit bestreichen. Nach Fantasie mit Streifen von kandierten Früchten belegen und dazwischen bandförmig den Zucker aufstreuen. Die Kränze in etwa 25 Minuten goldgelb, aber auf keinen Fall zu lange backen. Auf Drahtgittern vollständig auskühlen lassen.

Ergibt 2 große Kränze; für 16 Personen

Yucatán

Empanadas con piña

Teigtaschen mit Ananasfüllung

Ganz ähnliche »empanadas« wie diese bekommt man an Straßenständen in Mérida. Von den vielen Teigrezepten, die ich bisher ausprobiert habe, gefällt mir das folgende immer noch am besten.

FÜR DEN TEIG

175 g fettarmer Frischkäse, raumtemperiert

250 g Butter, raumtemperiert

300 g Mehl

½ TL Meersalz

FÜR DIE FÜLLUNG

125 ml Ananassaft

2 EL Maisstärke

3 EL Zucker

60 g Pecannüsse, gehackt

60 g frische oder getrocknete Kokosraspel, ungesüßt

45 g Rosinen

1 Ei, mit 1 TL Wasser leicht verquirlt (bei Zubereitung im Ofen)

Zucker und gemahlener Zimt

Erdnussöl (bei Zubereitung in der Pfanne)

◆ Falls die *empanadas* im Ofen zubereitet werden, diesen auf 190 °C vorheizen. Ein Backblech dünn mit Öl einstreichen.

◆ Für den Teig den Frischkäse und die Butter in einer Schüssel mit einem Löffel, einem elektrischen Handrührgerät oder auch den Händen gründlich vermengen. Das Mehl und das Salz untermischen. Den Teig auf einer leicht bemehlten Arbeitsfläche etwa 1 Minute behutsam kneten und zu einer Kugel formen. In Klarsichtfolie wickeln und für mindestens 15 Minuten in den Kühlschrank legen.

◆ Für die Füllung den Ananassaft und die Maisstärke in einem Topf mit einem Schneebesen verrühren. Bei mittlerer Temperatur erhitzen und dabei rühren, bis sich die Maisstärke aufgelöst hat. Den Zucker zugeben und bei niedriger Temperatur unter gelegentlichem Rühren 3–5 Minuten ziemlich stark eindicken lassen. Vom Herd nehmen. Die Nüsse, die Kokosraspel und die Rosinen einrühren. Das Ganze abkühlen lassen.

◆ Den Teig auf einer leicht bemehlten Fläche etwa 3 mm dick ausrollen. Für *empanadas* 7,5 cm, für kleinere *empanaditas* 4–5 cm große Kreise ausstechen.

◆ In die Mitte jedes Teigstücks 1 Teelöffel der Füllung setzen – für *empanaditas* etwas weniger verwenden. Die Stücke über der Füllung zusammenlegen, den Rand zusammendrücken und mit den Zinken einer Gabel wellen.

◆ Für die Zubereitung im Ofen die Teigtaschen oben mit dem verquirlten Ei bestreichen, mit Zucker und Zimt bestreuen und auf das Backblech legen. 12 Minuten backen und, falls die *empanadas* nicht gleichmäßig bräunen, das Blech jetzt um 180 Grad drehen. In weiteren 4–5 Minuten goldbraun backen und sogleich servieren.

◆ Für die Zubereitung in der Pfanne das Ei weglassen. Die Pfanne gut 1 cm hoch mit Öl füllen und dieses bei mittlerer bis hoher Temperatur kräftig, aber nicht bis zum Rauchpunkt erhitzen. Die *empanadas* portionsweise in 2–3 Minuten von jeder Seite knusprig und goldbraun braten. Auf Küchenpapier abtropfen lassen und im Ofen bei niedriger Temperatur warm halten. Noch heiß mit Zucker und Zimt bestreuen und servieren.

Ergibt 15–20 »empanadas« oder 30 »empanaditas«; für 10–12 Personen

México, D.F.

Nieve de hierba buena

Minzeis

Im Lauf der Jahre kam ich zu der Überzeugung, dass das »El Estoril« eines der besten Restaurants von Mexiko-Stadt sei. Zu seinen Glanzstücken gehört ein ungewöhnliches Minzeis oder vielmehr eine Granita, deren feine Eiskristalle den Gaumen nach einem Essen perfekt erfrischen. In einer vereinfachten Version stelle ich »nieve« nicht in einer Eismaschine her, sondern in einer flachen Form im Gefrierfach.

200 g frische Minzeblätter, dazu 4–6 Blätter zum Garnieren

500 g Zucker

1 EL frisch gepresster Zitronensaft

¼ TL gemahlener Zimt

3 Tropfen grüne Lebensmittelfarbe (nach Belieben)

◆ 200 g Minzeblätter mit 500 ml Wasser im Mixer oder in der Küchenmaschine sehr glatt pürieren. Über einer Schüssel durch ein feines Sieb streichen. Nochmals 500 ml Wasser, den Zucker, den Zitronensaft, den Zimt und, sofern eine intensivere Farbe erwünscht ist, die grüne Lebensmittelfarbe hinzufügen. Rühren, bis sich der Zucker aufgelöst hat.

◆ Das Ganze in einen Bräter oder in Eisschalen gießen, sorgfältig mit Klarsichtfolie abdecken und etwa 2 Stunden im Gefrierfach erstarren lassen. Dabei die Masse mit einer Gabel alle 30 Minuten durchrühren.

◆ Mit einem Löffel kleinere Portionen in gekühlte Kristallgläser oder Schalen füllen und zuletzt mit Minzeblättern garnieren.

Für 4–6 Personen

Papaya fría con lima

Gekühlte Papaya mit Limetten

Auf den staubigen Straßen Südmexikos unterwegs, sieht man oft etwa fünf bis sieben Meter hohe Pflanzen, deren staksiger Stamm von einem Büschel stattlicher Blätter gekrönt ist. Zwischen diesen Blättern lugen Früchte in mattem Gelb, Orange und Rosa hervor, deren Gestalt an übergroße Birnen oder kleine Wassermelonen erinnert. Das Fleisch dieser delikat süßen Papayas schmeckt so köstlich, dass es meist nur mit einem Spritzer Limettensaft abgerundet wird.

Auch aus anderen tropischen Ländern kommen Papayas in vielen verschiedenen Sorten auf den Markt. Die Früchte werden gewöhnlich noch grün geerntet, reifen aber bei Raumtemperatur mühelos nach. Bei einem Besuch der Salomoninseln sah ich, dass die Frauen die Schale von Papayas auf beiden Seiten von oben bis unten leicht einritzen und die Früchte dann, kopfüber auf ein Glas gesetzt, etwa einen Tag ruhen lassen. So entwickeln sie angeblich eine besondere Süße.

1 feste, aber reife Papaya (etwa 1 kg)
1 Limette, in 8 Spalten geschnitten

◆ Die Papaya, sobald sie voll ausgereift ist, für mindestens 4–6 Stunden, aber nicht länger als 2 Tage in den Kühlschrank legen. Die Frucht längs halbieren und die schwarz schimmernden Kerne über einer kleinen Schüssel herausschaben. Die Hälften mit einem kleinen, scharfen Messer schälen und in gut 1 cm dicke Scheiben schneiden.

◆ Die Papayascheiben fächerförmig auf einzelnen Desserttellern oder einer dekorativen Servierplatte arrangieren. Mit einigen der pfeffrig schmeckenden Kerne bestreuen und mit den Limettenspalten dekorieren.

Für 4 Personen

Baja California Norte

Margarita

Margarita

Über die Entstehung dieses Tequila-Cocktails kursieren ebenso viele Geschichten, wie Rezepte für ihn in Umlauf sind. Nachdem man Mezcal und Tequila seit Jahrhunderten schon mit Zitronensaft trinkt und traditionsgemäß dazu auch etwas Salz auf die Zunge nimmt, war der Schritt von diesem Trio zu einem der heute populärsten Cocktails nicht weit.

Leider enthalten die Margaritas, die man in Lokalen bekommt, meist billigen Tequila und entschieden zu viel Eis. Bei diesem Rezept wird der Tequila nicht verwässert, dafür bekommen Sie den echten, belebend herben Kick. Ob Sie Ihre Margaritas schütteln oder lieber rühren, bleibt ganz Ihnen überlassen, und auch bei der Wahl des Tequilas und Orangenlikörs haben Sie völlig freie Hand. Experimentieren Sie drauflos!

90 ml Tequila blanco
30 ml Cointreau oder Triple Sec
30 ml frisch gepresster Limettensaft
250 ml grob zerstoßenes Eis
Meersalz
Mehrere Limettenspalten

◆ Den Tequila, den Cointreau oder Triple Sec, den Limettensaft und das Eis in einem Shaker oder Glas mit Deckel rasch mixen – wenn Sie öfter als 12- bis 15-mal schütteln, wird der Cocktail zu wässrig.

◆ Salz auf einen kleinen Teller streuen. Den Rand zweier 180-ml-Gläser (möglichst mit langem Stiel) mit einer Limettenspalte einreiben und ins Salz drücken. Den Überschuss abschütteln. Die Cocktailmischung durch ein Sieb in die Gläser gießen und sogleich servieren.

Für 2 Personen

Pulque, Mezcal y Tequila

 Kein Mond und kein Stern waren am Himmel zu sehen, so sagt die Legende, als plötzlich ein greller Blitz die tiefschwarze Nacht durchzuckte und in das Herz einer hoch aufragenden Agave fuhr. Flammen schlugen heraus, und mit Erstaunen sahen die sogleich herbeigeeilten Dorfbewohner, wie ein duftender Nektar aus den schwertförmigen Blättern rann. Ehrfürchtig kosteten sie von dem Trunk, den sie für ein Geschenk der Götter hielten und der heute als *pulque* bekannt ist.

Seit jeher nutzen die Einheimischen alle Teile der mehr als 100 Pflanzen, die unter dem botanischen Namen *Agave* zusammengefasst sind und in Mexiko *maguey* genannt werden. Das wohl wichtigste Erzeugnis aber ist der aus dem imposanten, ananasförmigen Strunk, der *piña*, gewonnene Saft. Er wird zu Pulque vergoren, einem leicht alkoholischen Most, an dem sich schon die Aztekenherrscher labten.

Sehr viel stärker ist der Mezcal, dessen Herstellung mit der Einführung des Destillationsverfahrens durch die Spanier begann. Bis heute ist der Mezcal in ländlichen Gegenden Mexikos äußerst populär. In manchen Dörfern des Staates Oaxaca leben fast alle Familien von der Herstellung dieses Getränks »des einfachen Volks«. Jede dieser »Kleinfabriken«, *palenques* genannt, verfügt über eine tiefe Erdgrube zum Rösten der *piñas* – diesem Produktionsschritt verdankt der Schnaps sein charakteristisches süßlich-rauchiges Aroma – und einen Platz, auf dem ein Pferd mit einer schweren Steinwalze im Schlepptau endlose Runden dreht. Auf diese Weise werden die gekochten Agavenherzen zerquetscht, bevor der Brei in Holzbottichen vergoren und der derbe Schnaps dann in kleinen, primitiven Destillierapparaten gebrannt wird. Ein Teil dieses Mezcal aus Oaxaca fließt heute auch ins Ausland.

Eine besondere Art des Mezcal ist der Tequila, das wohl bekannteste alkoholische Getränk Mexikos. Er wird ausschließlich aus der blauen Agave gewonnen, einer eher kleinwüchsigen Art, die in Jalisco und einigen wenigen anderen Bundesstaaten gedeiht. Grundsätzlich unterscheidet man den zu 100 Prozent aus dem Saft der blauen Agave hergestellten Tequila von dem preisgünstigeren *mixto*, der bis zu 40 Prozent Kornbranntwein enthalten darf. Der Zusatz *blanco* oder »silver« ist für reinen, hochwertigen Tequila reserviert.

México, D.F.

Polvorones de cacahuate

Erdnussplätzchen

Bei meiner Freundin Laura Caraza Campos erhalten die klassischen mexikanischen Plätzchen durch fein gemahlene Erdnüsse eine neue Variante.

> 150 g rohe Erdnüsse,
> enthäutet und grob gehackt
>
> 125 g Butter, raumtemperiert
>
> 125 g Pflanzenfett,
> raumtemperiert
>
> 60 g Puderzucker,
> dazu weitere 125 g, gesiebt
>
> 1 EL dunkler Rum
>
> 300 g Mehl
>
> ¼ TL Meersalz

◆ Die Erdnüsse in einer Gewürzmühle oder der Küchenmaschine fein hacken – sie sollen jedoch nicht die Konsistenz einer Paste erhalten. In einer Schüssel die Butter und das Pflanzenfett mit einem elektrischen Handrührgerät cremig rühren. 60 g Zucker und den Rum hinzufügen und weiterrühren, bis sich eine luftig leichte Mischung ergibt.

◆ Das Mehl mit dem Salz in die Schüssel mit der Butter-Zucker-Mischung sieben und gründlich einrühren. Die gehackten Nüsse sorgfältig untermischen. Den Teig zugedeckt für mindestens 1 Stunde oder auch über Nacht in den Kühlschrank stellen.

◆ Den Backofen auf 165 °C vorheizen. Kleine Teigportionen mit den Händen zu 2 cm großen Kugeln rollen. Mit 2,5 cm Abstand auf ein mit Backpapier ausgelegtes Backblech setzen und ins obere Drittel des Ofens schieben. Die Plätzchen in etwa 15 Minuten hellgelb backen und dabei, falls sie nicht gleichmäßig bräunen, das Blech nach der Hälfte der Zeit um 180 Grad drehen. Aus dem Ofen nehmen.

◆ 125 g Puderzucker auf einen flachen Teller streuen. Die noch heißen Plätzchen darin wälzen und auf einem Drahtgitter völlig abkühlen lassen. Danach nochmals im Zucker wälzen.

◆ Die Plätzchen sogleich servieren oder zwischen Lagen von Pergamentpapier in einen fest verschließbaren Behälter füllen. Bei Raumtemperatur halten sie sich so einige Wochen.

Ergibt etwa 36 Plätzchen

Michoacán

Chocolate

Heiße Schokolade

Traditionsgemäß wird heiße Schokolade in Mexiko mit Wasser, zunehmend aber auch mit Milch zubereitet. Eine runde Platte, bestehend aus Schokolade, Zucker, Zimt und oft gemahlenen Mandeln (siehe auch Seite 250), wird in einem speziellen Tontopf im heißen Wasser oder eben auch in Milch aufgelöst. Dann kommt der »molinillo« zum Einsatz, ein Holzquirl, dessen unteres Ende kompliziert geschnitzte Ringe aufweist und wie ein Kreisel geformt ist. Rasch zwischen den Handflächen gedreht, erzeugt er eine dicke Schicht feinen Schaums auf der Schokolade, die dann in einzelnen Bechern oder Tassen serviert wird.

> 1 l Milch oder Wasser
>
> 2 mexikanische Schokoladenplatten oder Halbbitterschokolade (125 g), in kleine Stücke gebrochen
>
> 1 Vanilleschote und Zucker (nach Belieben)

◆ In einem Topf 250 ml Milch oder Wasser bei niedriger Temperatur erhitzen. Die Schokolade mit einem Holzlöffel einrühren, bis sie geschmolzen ist. Die restlichen 750 ml Milch oder Wasser und nach Belieben die Vanilleschote und Zucker hinzufügen. Alles noch einige Minuten köcheln lassen.

◆ Den Topf vom Herd ziehen. Die Vanilleschote herausnehmen – sie kann noch anderweitig verwendet werden. Die heiße Schokolade mit einem Schneebesen oder Handrührgerät energisch schlagen, bis sie von dickem Schaum überzogen ist. In Becher oder Tassen füllen und dabei den Schaum gleichmäßig verteilen. Sogleich servieren.

Für 4 Personen

Ohne die tägliche Tasse heiße Schokolade ist ein Mexikaner nur ein halber Mensch, und besonders wenn »tamales« auf den Tisch kommen, darf sie keinesfalls fehlen.

México, D.F.

Gelatina de anís con frutas frescas y nueces

Anisgelee mit Früchten und Nüssen

Küchenchef Roberto Santibañez erzählte mir einmal von einer prunkvollen Hochzeitsfeier in Mexiko-Stadt, an der seine Tante Moraima Leandro und seine Großmutter Adoración vor über 50 Jahren teilgenommen hatten. Auf jedem Tisch hatte ein Gebilde aus kristallklarem, funkelndem Gelee gestanden, in das Früchte und Blüten eingebettet waren. Dieser Tischschmuck war jedoch nicht zum Essen, sondern nur zum Bestaunen gedacht. Höchst beeindruckt, entwickelten die beiden zu Hause ihre eigene Version, die nicht nur dekorativ, sondern auch äußerst schmackhaft war. Ihr Rezept hat Roberto dann für mich abgewandelt, und ich wünsche mir nun, dass die Leser ihrerseits mit essbaren Blüten, anderen Früchten und verschiedenen Formen fantasievolle Abwandlungen kreieren. Wichtig ist nur, dass die Früchte nicht, wie etwa Ananas, extrem säurehaltig sind und dass Sie das Verhältnis von Flüssigkeit und Früchten – in diesem Fall etwas über 1,5 kg Früchte auf 1 l – beibehalten.

250 g Zucker

3½ EL Gelatinepulver

250 ml Anislikör, möglichst gesüßt

1 große oder 2 kleine, reife Mangos, geschält und in gut 1 cm große Würfel geschnitten (gut 500 g)

1 kleine, reife Papaya, halbiert, von den Kernen befreit, geschält und in gut 1 cm große Würfel geschnitten (300 g)

¼ Kantalupmelone, von den Kernen befreit, geschält und in gut 1 cm große Würfel geschnitten (300 g)

500 g grüne Äpfel, geschält, vom Kerngehäuse befreit und in gut 1 cm große Würfel geschnitten

8 Erdbeeren, entstielt und geviertelt

125 g kernlose grüne Trauben

125 g kernlose blaue Trauben

10 große, entsteinte Backpflaumen, jeweils in 3 oder 4 Stücke geschnitten (insgesamt 125 g)

30 kleine Pecannusshälften

◆ Eine Form von 24 cm Durchmesser oder eine Schüssel von 1,75 l Inhalt kühlen.

◆ In einem kleinen Topf (nicht aus Aluminium!) 500 ml Wasser mit dem Zucker zum Kochen bringen und dabei häufig rühren, bis sich der Zucker aufgelöst hat.

◆ Gleichzeitig die Gelatine in 250 ml Wasser einstreuen und etwa 3 Minuten quellen lassen. In den Zuckersirup einrühren und diesen nochmals 30 Sekunden erhitzen, bis er sich klärt. Beiseite stellen, abkühlen lassen und dann den Anislikör einrühren.

◆ Die Mango-, Papaya-, Melonen- und Apfelwürfel, die Erdbeerviertel, die Trauben, die Pflaumen und die Nüsse in einer Schüssel gründlich vermischen.

◆ Die Fruchtmischung in die gekühlte Form oder Schüssel geben und mit der abgekühlten Gelatine übergießen – sie sollte bis zum Rand reichen. Zugedeckt für 2–3 Stunden in den Kühlschrank stellen, bis die Gelatine fest ist. Gleichzeitig eine Servierplatte kühlen.

◆ Die Form oder Schüssel einige Sekunden in heißes Wasser tauchen. Die Servierplatte darauf legen und das Ganze mit einem Schwung umdrehen. Einige Male rasch hin und her – nicht auf und ab! – bewegen, bis das Gelee auf die Platte gleitet.

◆ In dicke Scheiben schneiden und auf vorgekühlten Dessertellern sogleich servieren.

Für 8–10 Personen

Gelatinas

Ob man in Mexiko durch eine größere Stadt schlendert oder auch durch eine kleine Ortschaft, es ist eigentlich immer das Gleiche: Überall locken erfrischende Kleinigkeiten, etwa ein Glas frisch gepresster Orangensaft, knackige gewürfelte Yamsbohne, die, mit Chilipulver und Limettensaft gewürzt, in spitzen Papiertüten verkauft wird, oder auch *gelatinas,* die, in Plastikbecher gefüllt, in allen Regenbogenfarben leuchten. Mein Favorit ist Pflaumengelee, überzogen mit *rompope,* einem dicken, mit Weinbrand aromatisierten Eierlikör (Seite 228).

Gelees sind in Mexiko durchaus auch »salonfähig«. In den Schaufenstern der alteingesessenen *dulcerías* im Zentrum von Mexiko-Stadt locken fantastische Gebilde, die sich jedes Kind inbrünstig und viel lieber als jeden Kuchen für seine Geburtstagsfeier wünscht. Oft bekomme ich, wenn ich bei Freunden zum Essen eingeladen bin, Gemüse oder Meeresfrüchte in Aspik (wie die Garnelen mit Chilis in Gelee, Seite 196), und bei eleganten Abendessen versuchen sich die Gastgeberinnen mit ausgefallenen Geleedesserts gegenseitig zu übertrumpfen. Zu den raffiniertesten Kreationen, die mir bisher untergekommen sind, gehören eine »gelatina«, die mit Kahlúa parfümiert und mit einem Klecks Schlagsahne gekrönt war, eine andere, über deren Fruchtpotpourri ein Hauch von Anis lag (wie im Rezept links), und eine dritte, die meinen Gaumen mit gemahlenen Mandeln und in Weinbrand eingeweichten Backpflaumenstücken betörte.

Baja California Norte

Agua fresca de uva y melón

Erfrischender Trauben-Melonen-Drink

An heißen Tagen ist ein solches aus Früchten und Wasser gemixtes Getränk als Durstlöscher genauso effektvoll wie als belebender Vitaminspender.

1 kg kernlose grüne Trauben

1 sehr reife Honigmelone, halbiert, von den Kernen befreit, geschält und in Stücke geschnitten

Saft von 1 Limette

500 ml stilles Mineralwasser

60–125 g Zucker

500 ml gekühltes Mineralwasser (nach Belieben mit oder ohne Kohlensäure)

Eiswürfel

2 Limetten, geviertelt

◆ Die Hälfte der Trauben, der Melone und des Limettensafts mit 250 ml stillem Mineralwasser im Mixer glatt pürieren und die Mischung in eine Schüssel gießen. Diesen Schritt mit denselben Zutaten wiederholen und die Mischung ebenfalls in die Schüssel gießen. Zucker nach Geschmack gründlich einrühren.

◆ Die Mischung durch ein mittelfeines Sieb in einen Krug gießen. Das gekühlte Mineralwasser und die Eiswürfel hinzufügen. In hohen Gläsern, jeweils mit einem Limettenviertel dekoriert, servieren.

Für 8 Personen

Guerrero

Micheladas

Würziges Bier auf Eis

Ein Bier mit Eiswürfeln und Chilisauce mag befremden – aber nur bis zum ersten kühlen Schluck. Ich genoss ihn im Restaurante »Machis« in Iguala, einer Kleinstadt in Guerrero.

60 g Meersalz

2 Limettenscheiben

Eiswürfel

60 ml frisch gepresster Limettensaft

1 Spritzer Worcestersauce

1 Spritzer scharfe Chilisauce

1 Flasche (375 ml) mexikanisches Bier (beispielsweise »Superior« oder »Bohemia«)

◆ Das Salz auf einen kleinen Teller streuen. Den Rand eines hohen Glases mit einer Limettenscheibe einreiben und ins Salz drücken. Die Eiswürfel, den Limettensaft, die Worcester- und die Chilisauce ins Glas füllen.

◆ Das Bier eingießen, mit der zweiten Limettenscheibe dekorieren und servieren.

Für 1 Person

Michoacán

Sangrita

Sangrita

In den meisten Restaurants bekommt man Tequila serviert mit einigen Limettenspalten, Salz und einem kleinen Glas Sangrita. Ist diese selbst hergestellt, besitzt sie neben ihrer pikanten Note ein köstliches, frisches Aroma. Es lohnt sich also unbedingt, nicht zur Flasche mit einem Fertigprodukt zu greifen.

2 »chiles de árbol«, geröstet (Seite 247) und die Samen entfernt

375 ml frisch gepresster Orangensaft

125 ml Tomatensaft

2 EL frisch gepresster Limettensaft

2 EL fein gehackte weiße Zwiebel

1 TL Meersalz

500 ml Tequila blanco oder Tequila reposado (zwei bis zwölf Monate gereift)

◆ Die Chilis in einer Schüssel mit sehr heißem Wasser bedecken und etwa 15 Minuten einweichen. Abseihen und fein zerpflücken. Mit dem Orangen-, dem Tomaten- und dem Limettensaft, der Zwiebel und dem Salz im Mixer glatt pürieren. Mit dem Rücken eines Holzlöffels durch ein feines Sieb streichen. Die Sangrita zugedeckt für mindestens eine Stunde in den Kühlschrank stellen. Dort hält sie sich bis zu 1 Woche.

◆ Zum Servieren in Gläser mit 60–80 ml Inhalt füllen und jeweils ein kleines Glas mit gutem Tequila dazu reichen.

Für 8 Personen

Guanajuato

Flan de kahlúa y ron

Flan mit Kahlúa und Rum

Süße Eiercremes, auch Flans genannt, erfreuen sich allseits großer Beliebtheit. Wie so viele Süßspeisen Mexikos ist auch der Flan ein Vermächtnis der spanischen Eroberer. In dieser modernen Version, aromatisiert mit Kahlúa und Rum, mundet er nach einem Huhn im Bananenblatt (Seite 128) besonders gut.

2 l Milch

400 g Zucker

1 Stück echte Zimtrinde (5 cm lang)

6 ganze Eier plus 4 Eigelb

2 EL Kahlúa oder ein anderer Kaffeelikör

1 EL dunkler Rum

1 TL Vanillearoma

Gemahlener Zimt (nach Belieben)

◆ Den Backofen auf 180 °C vorheizen. Die Milch mit 250 g Zucker und der Zimtrinde in einem großen Topf bei mittlerer bis niedriger Temperatur zum Kochen bringen und dabei ständig rühren, um den Zucker aufzulösen. Bei niedriger Temperatur ohne Deckel unter häufigem Rühren etwa 45 Minuten köcheln lassen, bis die Milch auf etwa 1 l eingekocht ist. Leicht abkühlen lassen.

◆ Die restlichen 150 g Zucker mit 60 ml Wasser in einem kleinen, schweren Topf bei mittlerer bis hoher Temperatur sprudelnd erhitzen und, ohne zu rühren, etwa 15 Minuten kochen lassen, bis der Sirup etwas Farbe annimmt. Die Temperatur so weit drosseln, dass der Sirup nur noch köchelt, und diesen im Topf etwa eine Minute schwenken, bis er dunkel bernsteingelb ist. Den Karamell unverzüglich in eine Soufflé- oder Charlottenform von 2,5 l Inhalt (oder auch in einzelne Becherförmchen) gießen und durch Schwenken gleichmäßig auf dem Boden verteilen, wobei möglichst wenig auf den Rand gelangen sollte. Beiseite stellen.

◆ Die ganzen Eier, die Eigelbe, den Kahlúa, den Rum und das Vanillearoma in einer großen Schüssel mit einem Schneebesen verquirlen. Langsam die eingekochte Milch gründlich einrühren. Die Mischung durch ein feines Sieb in die vorbereitete Form gießen. Die Form in einen Bräter stellen und diesen bis auf halbe Höhe der Form mit heißem Wasser füllen. Locker mit Alufolie bedecken.

◆ Den Flan 40–50 Minuten backen – er ist gar, wenn ein in der Mitte eingestochenes Messer sauber wieder herauskommt. Den Bräter aus dem Ofen nehmen und den Flan im Wasserbad abkühlen lassen. (Zugedeckt lässt er sich im Kühlschrank bis zu 2 Tage aufbewahren.)

◆ Vor dem Servieren mit einem Messer am Rand der Form entlangfahren. Eine Platte mit höherem Rand auf die Form legen und beides mit einem Schwung umdrehen. Sollte sich der Flan nicht lösen, die Form einige Sekunden in heißes Wasser tauchen und dann den Flan auf die Unterlage stürzen. Nach Belieben mit gemahlenem Zimt bestäuben und sogleich servieren.

Für 6–8 Personen

Yucatán

Caballeros pobres

Arme Ritter

Die nach den Eroberern ins Land strömenden spanischen Glücksritter waren auf ein genussvolles Leben aus, aber oft knapp bei Kasse – ein Dilemma, das sie mit Zubereitungen wie dieser lösten, die Raul Rosada Lixa heute in seinem Restaurant in Yucatán serviert.

175 g Zucker

2 Stücke echte Zimtrinde (jeweils 7,5 cm lang)

6 Gewürznelken

6 Pimentkörner

½ TL Anissamen

175 g Rosinen

125 g Mandelblättchen

4 Eier, getrennt

1 Prise Salz

2 EL Butter

1 TL Pflanzenöl

12 Baguettescheiben (jeweils 2 cm dick), entrindet

◆ Den Zucker in einen 1-l-Topf füllen und 375 ml Wasser einrühren. Den Zimt, die Nelken, den Piment und die Anissamen hinzufügen. Alles bei mittlerer Temperatur erhitzen, bis es leise sprudelt, und dabei den Zucker unter langsamem Rühren auflösen. Zugedeckt noch 2 Minuten köcheln lassen, danach den Sirup durchseihen. Die Rosinen und Mandeln einrühren und das Ganze abkühlen lassen.

◆ In einer Schüssel die Eiweiße mit dem Salz zu luftigem Schnee schlagen. In einer kleinen Schüssel die Eigelbe leicht verquirlen, bis sie eben vermischt sind, und unter das Eiweiß ziehen. Die Butter mit dem Öl in einer Pfanne zerlassen. Die Brotscheiben ins Ei tauchen und in 5–6 Minuten bei mittlerer Temperatur leicht knusprig braten, dabei einmal wenden. Auf Küchenpapier abtropfen lassen, auf eine Platte legen und mit dem Sirup übergießen. 15–20 Minuten ruhen lassen und warm servieren.

Für 6 Personen

Glossar

Hier werden die besonderen Zutaten der mexikanischen Küche vorgestellt, die in den Rezepten dieses Buches häufig benötigt werden. Die meisten Erzeugnisse bekommen Sie in Delikatessengeschäften, viele auch in den Spezialabteilungen der Kaufhäuser und in gut sortierten Supermärkten oder aber im Versandhandel. Eine Auswahl der Bezugsadressen finden Sie auf Seite 255.

ACHIOTE-PASTE
Gewonnen aus den harten, ziegelroten Samen des tropischen Orleansstrauchs, verleiht die Würzpaste Speisen eine leicht blumige Note und einen intensiv orangegelben Farbton. Sie ist typisch für die Küche der Yucatán-Halbinsel.

ANANASESSIG
Aus Ananas wird in Mexiko ein viel verwendeter Essig hergestellt. Ersatzweise mischen Sie Apfelessig, Wasser und Reisessig zu gleichen Teilen.

AVOCADO
Dieser in Mexiko heimische Baum aus der Familie der Lorbeergewächse entwickelt vielseitig verwendbare Früchte. Es gibt fast 400 Arten; für alle Rezepte in diesem Buch empfehle ich die Sorte »Hass« mit ihrer narbigen, braunen Haut und ihrem köstlichen nussigen Aroma. Für manche Gerichte, besonders im südlichen Zentralmexiko, werden auch die langen, ledrigen Blätter des Avocadobaumes verwendet. Frisch oder getrocknet verleihen sie pikanten Zubereitungen, denen sie im Ganzen oder zerkrümelt hinzugefügt werden, ein anisähnliches Aroma.

AVOCADOBLÄTTER RÖSTEN: Eine schwere Pfanne oder Backplatte bei mittlerer Temperatur erhitzen. Die Blätter von beiden Seiten trocken braten, dabei mit einem Spatel flach drücken und einmal wenden. Sie sind fertig, sobald sie etwas Farbe angenommen haben und aromatisch duften.

BANANENBLÄTTER
Fisch, Fleisch und Geflügel werden beim Dämpfen, Grillen oder Braten in die großen, geschmeidigen grünen Blätter der Bananenstaude gehüllt. So sind sie geschützt und gewinnen außerdem eine reizvolle, leicht grasige Geschmacksnote. Vor der Verwendung werden die Blätter über Wasserdampf oder einer Flamme weich gemacht. Auch die in Dampf gegarten *tamales* werden manchmal in Bananenblätter, meist allerdings in Maishüllblätter (Seite 249) gewickelt. In Asienläden sind Bananenblätter häufig tiefgekühlt erhältlich.

BOHNEN / FRIJOLES
Neben Mais und Chilis sind die getrockneten Bohnenkerne die dritte Säule der mexikanischen Küche. In fast jedem Haushalt steht eine *olla,* ein großer Tontopf, auf dem Herd, in dem immer ein Bohnengericht vor sich hin köchelt, denn Bohnen kommen täglich auf den Tisch. Von diesem eiweißreichen Grundnahrungsmittel, das in Mexiko vorwiegend zu Pürees oder Eintopfgerichten verarbeitet wird, gibt es zahlreiche Sorten. Am verbreitetsten sind die kleinen schwarzen Bohnen *(frijoles negros)* aus dem Südosten und von der Golfküste. Die gelbliche *frijol de Mayo* findet man am häufigsten in Zentralmexiko. Die rot-braun-beige gesprenkelte Wachtel- oder Pintobohne ist typisch für Nordmexiko. Die bei uns gängigen roten Kidneybohnen in der Dose werden in Mexiko kaum verwendet. Über den Versandhandel und im Naturkostladen sind mittlerweile auch bei uns andere Bohnensorten – gekocht in der Dose oder getrocknet – erhältlich. Auch *frijoles refritos* (Rezept Seite 182) sind in mexikanischen Lebensmittelläden in Dosen zu bekommen, aber natürlich schmeckt das selbst gemachte Bohnenpüree viel besser. Wenn Sie getrocknete Bohnen zu Hause zubereiten, kaufen Sie möglichst welche, die noch nicht länger als ein Jahr lagern. Die meisten mexikanischen Köche weichen die Bohnen vor der Zubereitung nicht ein. Wenn Sie allerdings die Kochzeit verkürzen wollen, sollten Sie es tun. Lassen Sie dafür die Bohnen im Wasser einmal aufkochen und danach 1–2 Stunden oder über Nacht ruhen.

CHAYOTE
Ein milder, gurkenähnlicher Geschmack zeichnet die in Mexiko beheimatete, birnenförmige Kürbisart aus. Das Angebot reicht von elfenbeinfarbenen, glatten bis zu dunkelgrünen, weich bestachelten Früchten. Als Ersatz lassen sich am ehesten Zucchini verwenden.

CHICHARRONES
Luftgetrocknete Schweineschwarte mit einer nur hauchdünnen Fettschicht wird knusprig ausgebraten und auf den Märkten des Landes als kleiner Snack verkauft. Zerkrümelt sind die *chicharrones* ein würziger Bestandteil mancher mexikanischer Zubereitung. In Asien- und Mexikoläden erhältlich.

CHORIZO
Nicht nur in Mexiko, sondern auch in Spanien wird frische Schweinswurst mit diesem Namen bezeichnet. Allerdings ist die mexikanische *chorizo* meist herzhafter und stärker gewürzt, unter anderem mit Zimt, Nelken und Koriander. In mexikanischen oder spanischen Lebensmittelgeschäften manchmal erhältlich. Zum Kochen wird *chorizo* wie Schweinemettwurst zerbröselt, die auch als Ersatz dienen kann, eventuell entsprechend nachgewürzt.

CREMA
Das Wort *crema* bedeutet zunächst einmal schlicht »Sahne«, bezeichnet in Mexiko aber meist ein dickes, säuerliches Milchprodukt, das es fertig zu kaufen gibt. Ähnlich in der Konsistenz und daher eine angemessene Alternative ist Crème fraîche.

CREMA HERSTELLEN: In einer kleinen Schüssel (nicht aus Aluminium!) 250 ml Crème double mit 1 EL Buttermilch oder gutem Naturjoghurt verrühren. Mit Klarsichtfolie, die mehrmals eingestochen wird, abdecken und an einem warmen Ort (etwa 30 °C) 8–24 Stunden ruhen lassen, bis die Mischung eindickt. Umrühren, mit frischer Klarsichtfolie abdecken und etwa 6 Stunden im Kühlschrank fest werden lassen. Falls die *crema* danach zu fest ist, kann sie mit etwas Vollmilch verrührt werden.

CHILIS

Da sich die verschiedenen Sorten von Chilis geschmacklich wie auch hinsichtlich ihres Schärfegrades stark unterscheiden, sind sie nicht beliebig austauschbar. Frische Chilis guter Qualität besitzen eine makellos glatte, glänzende Haut ohne Risse. Auch getrocknete Chilis sollten keine verfärbten Stellen aufweisen und noch etwas biegsam sein. Etliche Chilisorten sind im Versandhandel erhältlich, eingelegt in Gläsern oder getrocknet auch als Pulver. Verblüffenderweise lassen sich einige Chilisorten auch bei uns im Topf ziehen (Informationen dazu siehe unter www.chili-balkon.de). Um ihre Schärfe zu mildern, sollten die Samen und Scheidewände entfernt werden.

FRISCHE CHILIS

ANAHEIM – Lange, grüne Schoten mit milder bis mäßig scharfer Würze. Eine kalifornische Sorte, der »New Mexican« sehr ähnlich.

GÜERO – Blassgelb bis zartgrün. Ihre Schärfe variiert, wobei die meisten einen eher milden Geschmack besitzen. Als Ersatz können die gelben, spitzen Paprikaschoten aus türkischen Gemüsemärkten verwendet werden.

HABANERO – Berüchtigt für ihre Schärfe, neben der man aber auch Andeutungen von Tomaten und exotischen Früchten wahrnimmt. Die in Yucatán heimische Sorte entwickelt 5 cm lange Schoten, die wie ein kleiner Lampion mit einer markanten Spitze am unteren Ende aussehen. Im unreifen Zustand grün, später dann gelb, orange und rot.

JALAPEÑO – Die meistverwendete und meistverbreitete Sorte. Zylindrische, zur Spitze sich verjüngende, fleischige Schote von 5–7 cm Länge, ziemlich scharf. Erhältlich im unreifen, grünen Zustand, aber auch in leicht süßlicher, roter Form sowie in Essig eingelegt *(en escabeche)*.

POBLANO – Nach dem Bundesstaat Puebla ist dieser mäßig scharfe Chili benannt. Von glänzendem Grün, wird er etwa 13 cm lang und hat eine oben breite, nach unten sich verjüngende, leicht eingedellte Form. Notfalls ersetzbar durch grüne Paprika. In mexikanischen Lebensmittelläden in der Dose erhältlich, entweder ganz zum Füllen oder in Streifen *(rajas)* geschnitten.

SERRANO – Schlanke, 2,5–5 cm lange Schoten mit ausgeprägter Schärfe und markanter säuerlicher Note. Sowohl grün als auch in gereifter roter Form auf dem Markt.

FRISCHE CHILIS RÖSTEN: Die Schoten etwa 5 Minuten mit einer langen Greifzange über einer Gasflamme, einem sehr heißen Holzkohlengrill oder Gasgrill drehen, bis sie gleichmäßig dunkel angelaufen und von Blasen überzogen sind; alternativ für 6–8 Minuten unter den vorgeheizten Elektrogrill legen und häufiger wenden. In einer dicken Papier- oder Plastiktüte oder auch eingeschlagen in ein feuchtes Küchentuch 5 Minuten schwitzen lassen und dann enthäuten.

GERÖSTETE CHILIS ENTHÄUTEN UND DIE SAMEN ENTFERNEN: Die dunkel angelaufene, von Blasen übersäte Haut mit den Fingern abziehen. Stellen, an denen sie sich nicht löst, mit einem Messer abschälen oder unter kaltem Wasser abspülen – wenn kleine verkohlte Reste bleiben, macht das nichts aus. Die Chilis aufschneiden und die Samen und weißlichen Scheidewände mit den Fingern, einem kleinen Löffel oder der Spitze eines kleinen, scharfen Messers herauslösen.

GETROCKNETE CHILIS

ANCHO – Die getrocknete Form des *chile poblano* ist 12 cm lang und weist eine runzlige, dunkel rotbraune Haut auf; der milde, bittersüße Geschmack erinnert an Schokolade sowie entfernt an Backpflaumen.

ÁRBOL – Glatthäutige, orangerot leuchtende Schote, schlank, etwa 6–7 cm lang und feurig scharf.

CASCABEL – In Anspielung an das Geräusch, das die Samen beim Schütteln der Schote erzeugen, wird diese Sorte auch »Rassel-Chili« genannt. Ziemlich scharf. Die etwa 4 cm langen, kugeligen Schoten besitzen eine bräunlich rote, glatte Haut.

CHIPOTLE – Das Farbspektrum der im Rauch getrockneten Form der gereiften *chile jalapeño* reicht von Lederbraun bis zu dunklem Burgunderrot. Erhältlich in Essig-Tomaten-Sauce *(chiles chipotles en adobo)* oder auch sauer eingelegt *(en escabeche)*.

GUAJILLO – Scharf mit durchdringendem, geradlinigem Geschmack. Die glatte, weinrote Haut der etwa 13 cm langen, spitz zulaufenden Schote ist brüchig.

MULATO – Von der Gestalt dem *ancho* sehr ähnlich, jedoch beinahe schwarz und mit einem charakteristischen vollen, lieblichen Aroma.

PASILLA – Runzlige, korinthenschwarze Schote von etwa 15 cm Länge mit durchdringendem, ziemlich scharfem Geschmack. Der Name leitet sich vom spanischen Wort für »Rosine« ab.

PEQUÍN – Sehr scharfe, sehr kleine rote Chilischote, die gerne als Pulver verwendet wird.

BEI GETROCKNETEN CHILIS DIE SAMEN ENTFERNEN: Die Schoten mit einem feuchten Tuch abreiben, längs aufschneiden und die Samen mit einem kleinen, scharfen Messer herausholen.

GETROCKNETE CHILIS RÖSTEN: Die Schoten mit einem feuchten Tuch abreiben. Eine schwere Pfanne, Backplatte oder *comal* bei mittlerer Temperatur erhitzen. Die intakten oder von den Samen befreiten Chilis darauf legen, einige Sekunden mit einem Spatel fest herunterdrücken, wenden und von der zweiten Seite genauso behandeln. Dabei sollten die Schoten nur leicht ihre Farbe verändern und einen aromatischen Duft verbreiten.

WICHTIGE WARNUNG

Die in den Schoten enthaltenen ätherischen Öle können starke Reizungen hervorrufen. Berühren Sie daher, nachdem Sie Chilis angefasst haben, nicht die Augen oder andere empfindliche Stellen, ohne vorher die Hände gründlich in warmem Seifenwasser zu waschen. Wer besonders empfindliche Haut hat, sollte beim Umgang mit Chilischoten Gummihandschuhe anziehen.

EPAZOTE

Das mexikanische Teekraut ist eine einjährige Pflanze, dessen unverwechselbares Aroma besonders Bohnengerichten den letzten Kick gibt. Einen guten Ersatz für *epazote* gibt es nicht. Da es leicht nach Zitrone schmeckt, ist es noch am ehesten mit Zitronenmelisse zu vergleichen. Getrocknet ist *epazote* über den Versandhandel erhältlich. Falls man Samen bekommt, kann man es auch selbst ziehen. (Siehe auch Seite 193.)

HIBISKUSBLÜTEN

Jamaica lautet der hübsche spanische Name für die tiefroten getrockneten Blütenkelche von *Hibiscus sabdariffa*. Sie ergeben einen Tee mit säuerlicher Note, aus dem die Mexikaner ein köstliches *agua fresca* (Erfrischungsgetränk) bereiten. In mexikanischen Lebensmittelgeschäften und im Versandhandel, aber auch in Tee- oder Kräuterläden erhältlich.

HUITLACOCHE

Dieser Pilz, manchmal auch *cuitlacoche* geschrieben, wächst als Schädling auf Maiskolben, wird aber mittlerweile auch gezüchtet. In Zentralmexiko gilt er als große Delikatesse und wird geschmacklich oft mit Trüffel verglichen. Im Versandhandel ist er in Dosen erhältlich. (Siehe auch Seite 151.)

KALMARE

Das Fleisch dieser Weichtiere, die sowohl vor der Pazifikküste als auch im Karibischen Meer gefischt werden, schmeckt mild und fest. Damit es nicht zäh wird, darf es nur kurz gekocht oder langsam geschmort werden. Im rohen Zustand besitzt es eine leicht graue Farbe.

KALMARE SÄUBERN: Die Arme (Tentakel) mitsamt dem Kopf und den daran anschließenden Innereien aus dem Körperbeutel ziehen. Die Innereien abtrennen und wegwerfen. Gleich unterhalb der Augen die Arme abschneiden und beiseite legen, das andere Stück wegwerfen. Zwischen den Armen die Kauwerkzeuge nach vorn herausdrücken, abtrennen und wegwerfen. Das lange, transparente Fischbein aus dem Körperbeutel ziehen und wegwerfen. Körperbeutel und Arme gründlich unter fließendem kaltem Wasser abspülen. Die gräuliche Haut vom Körper abziehen. Körper und Fangarme je nach Rezept ganz lassen oder zerteilen.

KNOBLAUCH

In der mexikanischen Küche werden ganze Knoblauchzehen oft ungeschält geröstet, um ihren Geschmack zu intensivieren.

KNOBLAUCHZEHEN RÖSTEN: Die Knoblauchzehen vereinzeln und von der papierartigen äußeren Hülle befreien, aber nicht schälen. Eine Bratpfanne oder Backplatte bei mittlerer Temperatur erhitzen. Die Knoblauchzehen darauf legen und etwa 10 Minuten unter häufigem Wenden rösten, bis sie weich sind und ihre Schale dunkel anläuft. Vor dem Schälen abkühlen lassen.

KÄSE

Nachdem im 16. Jahrhundert Kühe und Ziegen nach Mexiko eingeführt worden waren, erhielt Käse bald einen wichtigen Stellenwert in der Ernährung. Bei einigen Käsesorten handelt es sich allerdings um regionale Spezialitäten, die selbst in anderen Staaten Mexikos nur schwer zu bekommen sind. Deshalb gebe ich manchmal bei den Rezepten einen Ersatz an, der dem jeweiligen Gericht angemessen ist. Darüber hinaus gelten natürlich die allgemeinen Empfehlungen hier bei den entsprechenden Arten.

QUESILLO DE OAXACA – Ein leicht schmelzender Käse, der gut durch Mozzarella ersetzt werden kann, denn er hat eine ähnliche Konsistenz.

QUESO AÑEJO – Gereifter *queso fresco* heißt *queso añejo* oder auch *queso cotijo*. Der trockene, salzige Käse bereichert gerieben *tacos*, *enchiladas* und andere Zubereitungen der Alltagsküche. Als Ersatz eignet sich Parmesan.

QUESO ASADERO – Ein nur leicht scharfer Ziegenkäse, der gut schmilzt. Als Ersatz eignen sich milder Feta oder Provolone.

QUESO CHIHUAHUA – Ein milder Käse mit nussigem Aroma, der recht selten zu finden ist. Ursprünglich wurde er in den mennonitischen Gemeinden Chihuahuas hergestellt. Er schmilzt leicht und wird zum Füllen von Chilis verwendet oder gerieben über Speisen gestreut. Als Ersatz eignen sich Gouda, Raclette oder mittelscharfer Cheddar.

QUESO FRESCO – Ein würziger, krümeliger Käse, der als Vorspeise oder Snack mit Salsa gegessen oder über Suppen gestreut wird. Bei diesem Frischkäse handelt es sich um leicht gesalzene Ziegen- oder Kuhmilcherzeugnisse. Er wird zerkrümelt oder in Scheiben geschnitten verwendet. Im Handel ist er unter der Bezeichnung *queso fresco* oder *queso ranchero*. Als Ersatz eignen sich Feta oder Mozzarella.

QUESO MANCHEGO – Mexikanischer Manchego ähnelt zwar seinem gleichnamigen spanischen Pendant, besteht allerdings nicht aus Schaf-, sondern aus Kuhmilch und schmilzt gut. Er wird kaum exportiert und ist deshalb bei uns schwer zu bekommen. Man kann ihn durch spanischen Manchego oder jungen Pecorino ersetzen.

QUESO PANELA – Ein krümeliger Frischkäse aus Zentralmexiko, der oft in kleinen Körben verkauft wird. Er kann durch Doppelrahmfrischkäse ersetzt werden.

KOCHBANANEN / PLÁTANO

Eng mit der Obstbanane verwandt, aber stärkereicher, fester und nicht süß ist die große Kochbanane, die vor dem Verzehr grundsätzlich gegart wird. Reife Kochbananen weisen eine nahezu gleichmäßig schwarze Schale auf und geben auf Druck leicht nach. Einige Rezepte verlangen unausgereifte, festere Früchte mit nur leicht gesprenkelter, noch gelblich grüner Schale.

KOKOSRASPEL

Das sehr wohlschmeckende weiße Fleisch der Frucht einer aus den Tropen stammenden Palme findet sich in den Zutatenlisten süßer wie pikanter Rezepte. Durch Rösten lässt sich das Aroma noch intensivieren und gewinnt eine nussige Note.

KOKOSRASPEL RÖSTEN: Den Backofen auf 180 °C vorheizen. Die Kokosraspel in einer dünnen Lage gleichmäßig in einer ofenfesten Form verteilen. In 7–10 Minuten goldbraun rösten und dabei häufig durchmischen.

KORIANDER, FRISCH

Von den spanischen Eroberern eingeführt, ist das ursprünglich im Mittelmeerraum und in Asien heimische, in Mexiko *cilantro* genannte Kraut heute aus vielen Zubereitungen nicht mehr wegzudenken. Die saftig grünen Blätter erinnern in ihrer Form an glatte Petersilie, von der sie sich allerdings mit ihrem intensiven, anisartigen Duft ebenso deutlich unterscheiden wie mit ihrem aromatischen Geschmack. Bei uns erhalten Sie frischen Koriander vornehmlich in Asienläden.

KÜRBISBLÜTEN

Ob gefüllt oder auch gehackt und selbst als Füllung verwendet, bieten die goldgelben Blüten der mexikanischen Kürbissorten einen delikaten Genuss. Sie sollten in jedem Fall früh am Morgen gepflückt werden, also bevor sie sich öffnen. Manche Gärtner ernten nur die männlichen Blüten, um ihren Fruchtertrag nicht zu mindern. Im Versandhandel gibt es mexikanische Kürbisblüten in der Dose.

KÜRBISKERNE / PEPITAS

Seit langem werden in der mexikanischen Küche die gemahlenen Kerne verschiedener Riesenkürbissorten und anderer hartschaliger Winterkürbisse zum Andicken von Saucen *(pipanes)* verwendet. Nur geschält, aber nicht zerkleinert sind die Kerne zudem eine beliebte Knabberei und dienen als Zutat für Süßigkeiten und Gebäck. Durch kurzes Rösten werden sie noch knackiger und geschmacksintensiver. (Siehe auch Seite 60.)

KÜRBISKERNE RÖSTEN: Die Kerne ohne Fett in eine Pfanne geben und bei mittlerer Temperatur ständig rühren, bis sie leicht Farbe annehmen. In einem hitzebeständigen Gefäß abkühlen lassen, wobei sie aufgrund der gespeicherten Hitze noch etwas nachdunkeln.

MAISHÜLLBLÄTTER

Getrocknet bilden die Blätter, die die Maiskolben umschließen, die klassische Hülle für *tamales*, wobei sie dem Teig nicht nur ein typisches Muster aufprägen, sondern beim Dämpfen auch ein feines Aroma abgeben. Die Blätter sind gebündelt und in Plastik verpackt im Versandhandel erhältlich.

MASA / MASA HARINA

Die Körner von getrocknetem Mais werden in Kalkwasser eingeweicht, um die harte Außenhaut zu lösen. Nachdem diese entfernt wurde, werden die Körner gemahlen. Es entsteht *masa* (übersetzt »Teig«), die für Tortillas, *tamales* und anderes mehr verwendet wird. Frische *masa* ist in Mexiko in Beuteln à 2,5 oder 5 kg erhältlich. Was Sie nicht benötigen, können Sie in kleinere Beutel abfüllen und einfrieren.

Bei uns wird frische *masa* wohl schwer zu bekommen sein, Sie können sie aber aus *masa harina,* dem aus *masa* gewonnenen Mehl, selbst mischen, indem Sie lauwarmes Wasser und eventuell etwas Olivenöl zugeben. *Masa harina* (oft auch bezeichnet als »Maismehl für Tortillas«) ist in mexikanischen Lebensmittelgeschäften oder über den Versandhandel zu beziehen. Grundsätzlich unterscheidet man fein gemahlene *masa harina* für Tortillas und grobe *masa harina* für *tamales. Masa harina* ist nicht durch herkömmliches Maismehl zu ersetzen!

NOPALES

Die flachen Glieder des Feigenkaktus werden in Mexiko gerne als Gemüse gegessen. Vor der Verwendung müssen die spitzen Stacheln vorsichtig entfernt werden. Beim Kochen sondern *nopales* ähnlich wie Okra eine schleimige Flüssigkeit ab, die durch anschließendes Abschrecken mit kaltem Wasser entfernt werden muss. Bei uns sind frische *nopales* kaum erhältlich, aber in der Dose sind sie im Versandhandel und in mexikanischen Lebensmittelgeschäften durchaus zu bekommen. (Siehe auch Seite 176.)

NÜSSE UND SAMEN

Mandeln, Pinienkerne, Kürbiskerne und andere Nüsse und Samen kommen im Ganzen, in Stücken oder gemahlen in der mexikanischen Küche vielseitig zum Einsatz. Oft werden sie geröstet, um ihr Aroma besser zu erschließen. Mehr zu Kürbiskernen *(pepitas)* erfahren Sie oben und auf Seite 60.

NÜSSE UND SAMEN RÖSTEN: Die Samen ohne Fett in eine Pfanne füllen und bei mittlerer Temperatur ständig rühren, bis sie leicht Farbe annehmen. In einem hitzebeständigen Gefäß abkühlen lassen, wobei sie aufgrund der gespeicherten Hitze noch etwas nachdunkeln.

ORANGENSAFT, FRISCH GEPRESST AUS BITTERORANGEN

Die aromatischen, dickschaligen und runzligen Bitterorangen aus Yucatán sind außerhalb ihrer Heimat kaum zu finden, können aber ohne weiteres durch andere Bitterorangen/Pomeranzen ersetzt werden. Alternativ mischen Sie, wenn der Saft benötigt wird, je einen Teil normalen Orangen- und Grapefruitsaft mit zwei Teilen Limettensaft. Etwas fein abgeriebene Grapefruitschale sorgt für einen noch kräftigeren Geschmack.

OREGANO, GETROCKNET, AUS MEXIKO

Von den 13 Formen des Krauts, die in Mexiko unter der Bezeichnung »Oregano« gehandelt werden, kommen hauptsächlich die langblättrige *Poliomentha longiflora* aus Nordmexiko sowie die mit der Verbene verwandte *Lippia graveolens* oder *L. geminata* zur Verwendung. Letztere, die als »mexikanischer Oregano« in Spezialitätengeschäften angeboten wird, besitzt ein volleres Aroma als das im Mittelmeerraum gebräuchliche *Origanum vulgare.*

PILONCILLO

In Mexiko wird dieser nicht raffinierte Zucker in Form eines Kegels von etwa 20 g oder aber ungefähr 280 g angeboten. Die erforderliche Menge wird heruntergeraspelt oder gehackt. In Südmexiko bekommt man *piloncillo* häufig auch zu dünnen, runden Platten oder eckigen Laiben gepresst. Je dunkler die Farbe, desto stärker schmeckt er nach Melasse. Gut eingewickelt, hält er sich unbegrenzt. *Piloncillo* ist über den Versandhandel erhältlich; brauner, unraffinierter Zucker (aus dem Naturkostladen) bildet jedoch einen angemessenen Ersatz.

POZOLE

Für diesen mexikanischen Maisbrei wird getrockneter, weißer Mais zunächst in Kalkwasser eingeweicht, um die harten Schalen zu lösen. Anschließend werden die Körner nicht wie für *masa* gemahlen, sondern weich gegart. *Pozole* dient als Grundlage für deftige Suppen gleichen Namens, die neben Chilis meist Schweinefleisch enthalten, und ist ebenfalls fester Bestandteil der Kuttelsuppe *menudo*. Im mexikanischen Lebensmittelhandel bekommt man den vorbehandelten Mais als »Mais für *pozole*« oder bereits vorgekocht in Dosen. (Siehe auch Seite 92.)

SCHOKOLADE

In Scheiben oder Tafeln von meist 90 g ist die aus Kakaobohnen, Zucker sowie oft Mandeln, Zimt und Vanille hergestellte mexikanische Schokolade erhältlich. Mit ihrer im Vergleich zu Kuvertüre eher körnigen Konsistenz ist sie zum Backen und für Konfekt nicht geeignet. Als Ersatz verwenden Sie Halbbitterschokolade und fügen nach Wunsch zusätzlich Zucker, Zimt, Mandeln oder Vanille hinzu.
(Siehe auch Seite 227.)

SCHWEINESCHMALZ

Schweineschmalz *(manteca)* rundet klassische Zubereitungen der mexikanischen Küche wie gebratenes Bohnenpüree oder auch die *masa* für *tamales* würzig ab. Verwenden Sie möglichst kein Industrieerzeugnis, sondern besorgen Sie das Schmalz bei einem Metzger Ihres Vertrauens, der es noch nach »Hausmacherart« selbst herstellt. Eine andere Möglichkeit ist, dass Sie das Schmalz selbst gewinnen.

SCHMALZ HERSTELLEN: Kaufen Sie Speck, den Sie vom Metzger durchdrehen lassen oder auch zu Hause im Mixer fein hacken können. Den Backofen auf 150 °C vorheizen. 0,5−1 kg durchgedrehten oder gehackten fetten Speck in einem großen Bräter verteilen. 30−45 Minuten im Ofen auslassen, bis das meiste Fett ausgeschmolzen ist. Sollte das Schmalz seine Farbe verändern, die Temperatur sogleich etwas drosseln. Aus dem Ofen nehmen, leicht abkühlen lassen und durch ein Sieb in Gläser gießen. Die knusprigen Grieben können Sie nach Belieben untermischen oder anderweitig verwerten. Das Schmalz völlig abkühlen lassen und fest verschließen. Im Kühlschrank hält es sich mehrere Monate, tiefgefroren bis zu einem Jahr.

TAMARINDE

Das süßsaure Mark aus den langen, braunen Hülsenfrüchten eines in Indien heimischen Baumes ist ein beliebtes Würzmittel. Es wird frisch oder getrocknet in Blockform oder als Konzentrat angeboten.

TOMATEN / JITOMATES

Schon in vorspanischer Zeit waren Tomaten eine wichtige Zutat der mexikanischen Küche. Bevorzugt werden die am Strauch gereiften Früchte, die man an ihrer intensiven Farbe und dem süß-aromatischen Geschmack erkennt. In Mexiko sind auch die murmelgroßen *miltomates*, eine Wildform der hiesigen Tomate, sehr beliebt.

TOMATEN UND TOMATILLOS RÖSTEN: Eine schwere Bratpfanne oder Backplatte mit dicker Alufolie auslegen und bei mittlerer Temperatur erhitzen. Die Tomaten oder *tomatillos* unter gelegentlichem Wenden rösten, bis sie weich werden und Saft abgeben. Wenn die Haut dunkel angelaufen und von Blasen überzogen ist, die verkohlten Stellen entfernen und die Tomaten nach Rezept weiterverarbeiten.

TOMATILLOS

Obwohl sie wie kleine, unreife Tomaten aussehen, sind die grünen Früchte tatsächlich mit der Kapstachelbeere (Physalis) verwandt. Mit ihrem frischen, fruchtigen Geschmack bilden sie eine beliebte Zutat für rohe und gekochte Salsas sowie Eintopfgerichte. Bei uns sind die Früchte meist nur als Dosenware erhältlich. Bei frischen Früchten muss der papierartige Kelch vor der Zubereitung entfernt werden. Gern werden *tomatillos*, um das Aroma noch zu intensivieren, auch geröstet (siehe hierzu unter Tomaten).

YAMSBOHNE / JICAMA

Die große, braune Knolle besitzt ein angenehm knackiges, mild-aromatisches Fleisch, das sich auch für den Rohverzehr eignet. Ursprünglich in Mittel- und Südamerika heimisch, wird die Pflanze heute auch in Asien angebaut. Vor der Verwendung muss die Knolle dick geschält werden, um die faserige Schicht unter der Haut zu entfernen.

ZIMTRINDE, ECHTE

Bei *canela*, dem von mexikanischen Köchen für pikante wie süße Spezialitäten bevorzugten Zimt, handelt es sich um die Rinde des auf Sri Lanka heimischen Zimtbaumes, der zur Familie der Lorbeergewächse gehört und als Zimtstangen auch bei uns erhältlich ist.

ZWIEBELN, WEISS

In der mexikanischen Küche werden hauptsächlich weiße Zwiebeln verwendet, deren klares, beißendes Aroma durch Rösten intensiviert wird.

ZWIEBEL RÖSTEN: Die Zwiebel ganz lassen oder, wie vom jeweiligen Rezept verlangt, zerkleinern. Im Holzkohlengrill ein Feuer entfachen oder den Gasgrill einschalten. Alternativ eine gusseiserne Pfanne oder eine Backplatte mit schwerer Alufolie auslegen − damit nichts ansetzt, muss die glänzende Seite nach oben zeigen − und bei mittlerer Temperatur erhitzen. Die Zwiebel unter gelegentlichem Wenden rösten, bis sie weich wird und schwarze Sprenkel aufweist. Frühlingszwiebeln im Ganzen rösten.

TORTILLAS

Gute Maismehl- und Weizen-Tortillas gibt es in ausreichender Auswahl fertig zu kaufen. Gewöhnlich werden sie in Gerichten verwendet, bei denen sie gebraten oder mitgegart werden. Als Beilage hingegen empfehlen sich selbst hergestellte Tortillas. Das einzige dafür erforderliche Spezialzubehör ist eine Tortillapresse. Die meisten Modelle sind aus Metall gefertigt und bestehen aus zwei mit einem Scharnier verbundenen, runden Platten, zwischen denen die zu kleinen Kugeln geformte »masa« flach gepresst wird. Um Tortillas aufzuwärmen, wickeln Sie Stapel von jeweils fünf Stück in Alufolie und legen sie für fünf bis zehn Minuten in den auf 135 °C aufgeheizten Backofen. Falls Sie »totopos« nicht ausbacken möchten, wie unten beschrieben, legen Sie sie nebeneinander auf ein Backblech und rösten sie etwa 30 Minuten bei 150 °C. Ein darüber gelegter Drahtrost verhindert, dass sie sich krümmen.

MAIS-TORTILLAS

500 g frisch zubereitete »masa« oder 250 g »masa harina« für Tortillas
Etwa 1 TL Meersalz
350 ml warmes Wasser (bei Verwendung von »masa harina«)

Frische *masa*, falls verwendet, in einer Schüssel mit dem Salz vermengen, dabei nach Bedarf etwas warmes Wasser hinzufügen, sodass schließlich ein weicher Teig entsteht. *Masa harina*, falls verwendet, in einer Schüssel mit dem warmen Wasser mit den Händen vermengen. 5 Minuten ruhen lassen, dann das Salz hinzufügen und den Teig 1 Minute kneten. Zu golfballgroßen Kugeln formen und diese mit einem feuchten Küchentuch oder einer Klarsichtfolie abdecken.
Eine große gusseiserne Pfanne, Backplatte oder *comal* bei mittlerer Temperatur erhitzen.
Die Platten der Tortillapresse mit 2 Folienstücken, aus einem dicken Gefrierbeutel passend zugeschnitten, abdecken. Eine *masa*-Kugel dazwischenlegen und die obere Platte vorsichtig herunterdrücken. Die Presse öffnen und die obere Folie abziehen. Die Tortilla auf eine Handfläche stürzen und die zweite Folie abziehen. Falls Ihnen keine Tortillapresse zur Verfügung steht, rollen Sie die *masa*-Kugel einfach zwischen Klarsichtfolie aus.
Die Tortilla von der Handfläche in die heiße Pfanne gleiten lassen und etwa 30 Sekunden braten, bis sie auf der Unterseite gesprenkelt ist. Wenden, von der zweiten Seite 20–30 Sekunden und zuletzt von der ersten Seite nochmals einige Sekunden braten. Die fertigen Tortillas auf einem Teller stapeln und unter einem Küchentuch warm halten.

Ergibt etwa 10 Tortillas von 13 cm Durchmesser

WEIZEN-TORTILLAS

470 g Mehl
1 TL Backpulver
125 g würziges Schweineschmalz (Seite 250) oder Pflanzenfett, raumtemperiert und in kleine Stücke geschnitten
1½ TL Meersalz
180 ml lauwarmes Wasser, nach Bedarf auch mehr

In einer Schüssel das Mehl mit dem Backpulver vermengen. Das Schmalz oder Pflanzenfett mit den Fingern einarbeiten, bis sich feine Streusel bilden. Das Salz in 180 ml Wasser auflösen. Zu den Streuseln gießen und alles vermischen, dabei, falls die Mischung zu trocken ist, nach Bedarf weiteres Wasser hinzufügen.

Sobald sich ein zusammenhängender Teig bildet, diesen noch einige Minuten kneten und dann, mit Klarsichtfolie abgedeckt, 30 Minuten bei Raumtemperatur ruhen lassen.
Eine große gusseiserne Pfanne, Backplatte oder *comal* bei mittlerer Temperatur erhitzen. Von dem Teig eine kleinere Menge abnehmen – den Rest wieder mit der Folie abdecken – und zu einer 4 cm großen Kugel rollen. Auf einer leicht bemehlten Arbeitsfläche zu einem kleinen Fladen formen und diesen zu einer dünnen Tortilla von etwa 18 cm Durchmesser ausrollen, dabei von der Mitte nach außen arbeiten und den Fladen immer wieder drehen.
Die Tortilla in der heißen Pfanne von beiden Seiten etwa 30 Sekunden braten, bis sie leicht aufgegangen und braun gesprenkelt ist, dabei nur einmal wenden. In ein Küchentuch einschlagen oder in Alufolie bei niedriger Temperatur im Backofen warm halten, bis der restliche Teig verarbeitet ist.

Ergibt etwa 18 Tortillas von 18 cm Durchmesser

TOSTADAS UND TOTOPOS

8 dünne Mais-Tortillas (10–15 cm groß), fertig gekauft
Maiskeim- oder Erdnussöl zum Ausbacken
Meersalz (nach Belieben)

Für *totopos* jeweils 4 Tortillas aufeinander stapeln und nach Wunsch wie eine Torte in 4 bis 6 Stücke (für Chips), alternativ auch in gut ½ cm breite und 2,5 cm lange Streifen oder in kleine Quadrate schneiden. Für *tostadas* bleiben die Tortillas ganz. Nebeneinander mindestens einige Stunden trocknen lassen, wobei ein darüber gelegter Drahtrost verhindert, dass sie sich krümmen.
Eine schwere Pfanne 2,5 cm hoch mit Öl füllen und dieses erhitzen, bis das Fettthermometer 190 °C anzeigt. Ganze Tortillas einzeln einlegen und wieder herausnehmen, sobald sie etwas Farbe annehmen. Auf Küchenpapier abtropfen lassen. Für *totopos* die Stücke portionsweise hellgelb ausbacken und dabei mehrmals durchmischen. Achtung: Wenn sie zu dunkel werden, schmecken sie bitter! Auf Küchenpapier abtropfen lassen und nach Belieben noch heiß salzen.
Mit einem trockenen Küchentuch abdecken und bis zu 30 Minuten bei 95 °C im Backofen warm halten. In einem luftdicht verschlossenen Plastikbeutel bleiben sie bis zu einem Tag knusprig.

Ergibt 8 »tostadas« oder 90 g »totopos«

Register

Bezugsadressen

Wenn Sie in Ihrer Nähe keine Gelegenheit haben, mexikanische Lebensmittel zu kaufen, hier – stellvertretend für viele andere – eine Auswahl von Versandhandlungen im Internet:

www.latortilla.de
Tel: 089 / 13 93 75 64

www.pepperworldhotshop.de
Tel: 043 44 / 41 22 10

www.casa-loca.de
Tel: 06 184 / 622 86

www.elsol.ch
Tel: 00 41 / 61 / 33 19 312

Home.tiscali.de / mexal / mexal
Tel: 02 41 / 91 85 40

www.dona-lissy.de
Tel: 089 / 53 68 468

www.mexicotrading.de
Tel: 040 / 85 33 88 00

www.tacoweb.de
(Allgemeine Infos zur mexikanischen Küche und viele interessante Links)

DANKSAGUNG

Marilyn Tausend dankt ihrem Ehemann Fredric ebenso herzlich wie ihren zahlreichen Freunden in Mexiko, die zum Entstehen dieses Buches beigetragen haben, insbesondere Ana Elena Martinez, Ricardo Muñoz Zurita, María Dolores Torres Yzábal und Diana Kennedy. Ein besonderer Dank geht an Kathie Vezzani und Susan Goldberg, die sich als fähige Tester erwiesen, sowie an Chris Keff, Jodi Olson, Claire Archibald und Lupe Peach für ihre kompetente Beratung.

Foodfotograf Noel Barnhurst dankt seiner Fotoassistentin Noriko Akiyama, Suzanne Cushman, die bei den Requisiten behilflich war, und Cokes-Diko in Santa Rosa. George Dolese dankt der Food-Stylistin Leslie Busch und ihrer Assistentin Elisabet der Nederlanden sowie Iguana Ameramex und Artemisia für die Requisiten. Ein besonderer Dank geht an El Plato Design für die großzügige Bereitstellung der auf dem Cover abgebildeten Tischdekoration.

Der Landschaftsfotograf Steven Rothfeld bedankt sich bei Andrea Fenton dafür, dass sie mit ihm in Yucatán in die Vergangenheit reiste und ihm dabei half, sich mit all jenen zu verständigen, die ihnen unterwegs begegneten. Ihre Kenntnis der Gegend, ihre Geduld und ihr erlesener Geschmack machten aus diesem Unternehmen ein unvergessliches Erlebnis. Dank gebührt außerdem Marisela Castro von den Villas La Hacienda in Yucatán, Luis Fernando Sosa vom Hotel Casa Vieja in Mexiko-Stadt und Alberto Chiarpei aus Playa del Carmen.

Ignacio Urquiza, der dritte Fotograf, bedankt sich bei Laura und seinen Söhnen Ignacio, Sebastián und Alonso für ihre Begleitung auf seinen Reisen. Dank geht auch an seine Assistenten René und Rosi, an seinen Freund und Partner Antonio Galvez, der gastfreundlich sein Haus in Morelia öffnete, an die Hacienda Temozón für ihren herzlichen Empfang und an Marilyn Tausend.

Weldon Owen dankt Sandra Eisert, Linda Bouchard, Kathryn Meehan, Desne Border und Ken DellaPenta. Für ihre Mithilfe beim Cover-Foto bedanken wir uns auch bei Marie-Pierre Colle, Lucy Muñiz de Gevins und dem wunderbaren Mitarbeiterteam in Costa Careyes in Jalisco, Mexiko. Dank gebührt auch den anderen Fotografen für ihre herrlichen Mexikobilder (o = oben, M = Mitte, u = unten, ur = unten rechts): Durch Vermittlung der **Tony Stone Agency: Robert Frerck** 6–7; **Ted Wood** 12–13; **Steven Rothfeld** 1, 4–5, 26o, 30u, 70o, 106–107, 110o, 113M, 113u, 115o, 115u, 163u, 209ur; alle anderen Landschaftsfotos stammen von **Ignacio Urquiza**.

Aus dem Englischen übersetzt von Susanne Vogel
Redaktion: Margit Bogner
Korrektur: Petra Tröger
Umschlaggestaltung: Caroline Georgiadis, Daphne Design
Satz: Fotosatz Völkl, Türkenfeld

Copyright © 2004 der deutschsprachigen Ausgabe
by Christian Verlag, München
www.christian-verlag.de

Die Originalausgabe mit dem Titel *Savoring Mexico*
erschien erstmals 2001 bei Time-Life Inc.
TIME-LIFE ist ein Warenzeichen von Time Warner Inc. U.S.A.

Die Reihe wurde konzipiert und produziert
von Weldon Owen Inc., San Francisco, in Zusammenarbeit
mit Williams-Sonoma Inc., San Francisco.

Copyright © 2001 by Weldon Owen Inc.
Design: Sarah Gifford
Foodfotos: Noel Barnhurst
Landschaftsfotos: Steven Rothfeld, Ignacio Urquiza
Illustrationen: Marlene McLoughlin
Kalligraphie: Jane Dill

Druck und Bindung: Tien Wah Press Ltd.
Printed in Singapore

Alle deutschsprachigen Rechte vorbehalten

ISBN 3-88472-549-1

Hinweis

Alle Informationen und Hinweise, die in diesem Buch enthalten sind, wurden von der Autorin nach bestem Wissen erarbeitet und von ihr und dem Verlag mit größtmöglicher Sorgfalt überprüft. Unter Berücksichtigung des Produkthaftungsrechts müssen wir allerdings darauf hinweisen, dass inhaltliche Fehler oder Auslassungen nicht völlig auszuschließen sind. Für etwaige fehlerhafte Angaben können Autorin, Verlag und Verlagsmitarbeiter keinerlei Verpflichtung und Haftung übernehmen.

Korrekturhinweise sind jederzeit willkommen und werden gerne berücksichtigt.

Seite 4–5: Südlich von Cancún bieten sich dem Besucher in der Nähe der Maya-Stätte Tulúm zauberhafte, palmenbestandene Strände, die zu einem Bad im Karibischen Meer einladen.
Seite 6–7: In der Weihnachtszeit bauen Händler ihre Stände auf dem *zócalo* (Hauptplatz) von Oaxaca auf, gleich neben der imposanten Kathedrale. **Seite 8–9:** In Teotitlán del Valle, einer Stadt im Bundesstaat Oaxaca, bereiten zwei *señoras* das Essen für eine Hochzeitsfeier am folgenden Tag vor. Es wird *carnitas* geben, kleine Fleischstücke, die in dem großen Kessel zunächst in Wasser sanft gegart werden. **Seite 12–13:** Die Maya-Anlage von Palenque, am Fuße des Hochlands von Chiapas gelegen, gilt als bedeutendste archäologische Stätte Mexikos.